GUIARAMA **COMPACT**

AF277691

Santiago
de Compostela

por **Miguel Anxo Murado**

ANAYA
TOURING

Autores: **Miguel Anxo Murado, Antón Pombo**
Responsable de proyecto: **Esther García González**
Edición y actualización de la presente edición: **Susana Folgado**
Cartografía: **ANAYA Touring**
Equipo técnico: **David Lozano**
Cartografía: **Anaya Touring**
Diseño tipográfico y de cubierta: **marivies**

Fotografías: Archivo Anaya: 25, 32 (a y b), Sanguinetti, J. A.-Foto-teca de España: 88. **Archivo Andantes:** Polo, Luis: 58. **Istockphoto:** Alexat25: 31; Castro, Paulo: 68; Gutiérrez, David Andres: 24; kb79: 38-39; 50-51, 53; Lansbricae: 70 d; leezsnow: 66; lkonya: 81; Martín L., Diego: 65 a; max8xam: 52 b; MHJ Hoek Beheer BV: 99; percds: 64 a; Rancaño, O., Mercedes:98; sandorgora: 55; Tenreiro: 20, 84; Velasco, Manuel: 27; Xacoba:87. **Dreamstime:** Avictorero: 19, 73, 104 c; Cofre-ces, Juan Bautista: 22, 24, 30 b; Crusat, Francisco: 9; Daboost: 40-41; Díaz, Jaime: 16; Díez, Santos: 15; Dudlajzov: 80; E55evu: 100; Ernst, Rudolf: 92; Garcia H., Raúl: 83; García M, Andrés: 30 d; García M., Andrés: 104 a; Garcia, A. Ricardo: 7; George, Kevin: 104 d; George, Kevin: 50; Gutierrez, A. Roberto: cabecera "10 indispensables"; Homydesign: 8; Homydesign: 82; Juan Bautista: 28; Konya, Laszlo: 2, 21 78, 86, 102; Lunamarina: 89; Monysasi: 105 b; Otavioaugustosspires: 48, 49; Rob-ba, Fabrizio: 100 a; Rodríguez, Rubén: 104 b; Saiko3p: 90-91; Sánchez, José Miguel: 93; Soloway: 42; Soto, Iván: cabecera "Visita a Santiago"; Topdeq: 38; Víc V.: 64 b; Zharava, Alena:77. **Shutterstock:** A.B.G.: 45 c; arousa: 10 a; auralaura: 33; Bellens, Kristof: 44 d; Campos, Marcos: 101; Díaz, Francisco Javier: 13, 65 b, 67 b, 72, 75, 76; FCG: 26; Forma-toriginal: 39; Gasalla, Xan: cabecera "Dónde"; Greenspainplus: 105 a; imagoDens: 52 a; JJFarq: 34-35; Lansbricae: 70 c; Lisowski T., Andrzej: 105 c; lkonya: 71; M. Vinuesa: 23; Marevan: 59; MARIADELAO: 54 a; ms.yenes: 36; peresanz: 57; Ricardo J de E: 105 d; Rini: 67 a; Rokhin, Valery: 17; Sergio TB: 45 d, 54 b; Takashi Images: 11; Tenreiro: 12, 79, 85, 94, 95, 96; tichr: 97; Uvamen: 44 c; Workman, Mike: 30 (a). (a= arriba, b=abajo, c=izquierda, d=derecha).

10ª edición: febrero 2025

© Grupo Anaya, S. A., 2025
   Valentín Beato, 21.
   28037 Madrid

Depósito legal: M-24928-2024
ISBN: 78-84-9158-880-1
Impreso en España-Printed in Spain

PAPEL DE FIBRA
CERTIFICADO

La información contenida en esta guía ha sido comprobada an-tes de su publicación. Pero dado el carácter variable de algunos datos, como horarios de visita o precios, los editores declinan toda responsabilidad por las molestias que pudieran ocasionar a los usuarios de la guía y agradecen de antemano las sugeren-cias y aportaciones que ayuden a mejorarla.
En **guiasdeviajeanaya.es,** la página web de Anaya Touring, se puede consultar nuestro catálogo de publicaciones.

Contenido

El Pórtico de la Gloria

3

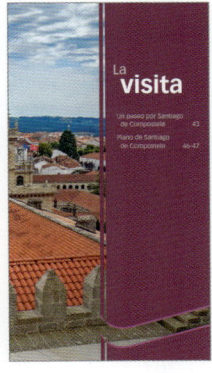

La **visita**

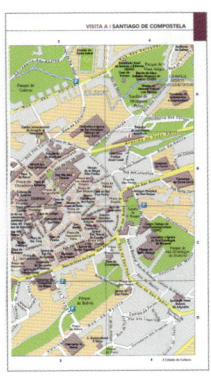

VISITA A I SANTIAGO DE COMPOSTELA

Cómo usar esta guía

Antes del viaje

Se sugiere la lectura del apartado **Diez Indispensables** (de la página 6 a la 39), artículos sobre la historia, el arte, la naturaleza y las gentes de Santiago de Compostela. Para quienes opinan que la **gastronomía** es uno de los atractivos del viaje, la sección del mismo nombre (páginas 104 a 105) ofrece una visión bastante completa de aquellas especialidades gallegas que pueden despertar la curiosidad del viajero.

Durante el viaje

En el apartado dedicado a la **Visita a Santiago de Compostela** (de la página 40 a la 101) se describe la localidad a través de diversos itinerarios, proporcionando una información detallada de los lugares de mayor interés. El **plano** que aparece en las páginas 46-47 puede ser de gran utilidad para realizar estos desplazamientos por la ciudad.

La hora de comer (y cenar)

Dentro del capítulo titulado **Informaciones prácticas** se incluye una amplia selección de **alojamientos** y **restaurantes** por calidades y precios. En esta misma sección se facilita también información sobre un buen número de actividades con las que ocupar el tiempo libre que van desde las fiestas de las principales localidades, a otras como alojamientos, museos, compras, transportes...

Use los índices

Finalmente se ha elaborado un **índice de lugares** de interés que permite localizar con facilidad las páginas en las que hay alguna información de utilidad.

Planificación del viaje

En función del tiempo del que se disponga, puede conseguirse el máximo provecho a la estancia siguiendo las sugerencias siguientes:

Una semana. Visite la ciudad de Santiago siguiendo el **itinerario urbano** que se proponen en esta guía. Para comer, siga los consejos de la sección **Gastronomía y Restaurantes.**

Fin de semana. Si no desea salir de la ciudad de Santiago, recorra el **itinerario urbano** propuesto. La lista de **restaurantes** de esta guía le será de utilidad.

Unas horas. Si está de paso en la ciudad y dispone solo de unas horas, visite el **recinto histórico** antes de comer o cenar en alguno de los **restaurantes** recomendados entre las páginas 106 y 108.

Clasificación por estrellas

La mayoría de los lugares descritos en el libro se han clasificado por su grado de interés como sigue:

★★★	Visita obligada
★★	Muy Interesante
★	Interesante

SÍMBOLOS UTILIZADOS

A lo largo de la guía se han utilizado símbolos sencillos y claros para indicar las siguientes categorías:

- **ℹ** información práctica
- **◐** referencia a los planos
- **✉** dirección o localización
- **☎** número de teléfono
- **🏠** página web
- **◔** horario
- **🖥** precio

SIGNOS CONVENCIONALES EN EL PLANO

- ▬ Edificios de interés turístico
- ▬ Parques y jardines
- **ℹ** Información turística
- ▬ Vías rápidas
- ▨ Calles peatonales
- **P** Aparcamientos

10
Lugares
indispensables

La praza do Obradoiro

El monumento referencial de Santiago de Compostela, la catedral, está rodeada por cuatro plazas que ensalzan aún más el protagonismo artístico que mantiene sobre la ciudad. De ellas, la principal es la llamada do Obradoiro, cuyo nombre hace referencia a los trabajos que canteros y escultores realizaron tanto en el templo como en los edificios que la enmarcan.

Info

◎ B3
Praza do Obradoiro

▼ Fachada del Hostal Dos Reis Católicos, que cierra la plaza por uno de sus laterales.

Está presidida por la imponente fachada barroca de la catedral; frente a ella, el pazo de Raxoi, arquitectura de fuertes referencias francesas; y a ambos lados, el colexio de San Xerome, sede del rectorado de la Universidad, y el antiguo Hospital Real, hoy Parador de Turismo. Es el símbolo de la peregrinación a Compostela, como lo atestigua la placa existente en el centro de la plaza: "Camino de Santiago. Primer Itinerario Cultural Europeo. Consejo de Europa. 23-10-87". Junto a ella, otra placa incluye el emblemático kilómetro cero de todos los Caminos de Santiago.

Aunque siempre fue conocida con el nombre de praza do Obradoiro o del Hospital, recibió otras denominaciones que reflejan los cambios políticos acaecidos en el país. Así, a comienzos del siglo XX fue la plaza de Alfonso XIII, en los años treinta se la llamó la plaza de la República, y en la dictadura de Franco tuvo como nombre oficial plaza de España hasta que con los vientos democráticos recuperó su nombre actual, más universal. Es, en definitiva, un espacio único, que fusiona lo sagrado y lo profano, que ha mutado en varias ocasiones a lo largo de la historia, acogiendo en su seno desde procesiones religiosas hasta manifestaciones políticas, estatuas que con el tiempo se fueron a otras ubicaciones, festejos populares y hasta corridas de toros en algún tiempo, un recinto, en suma, que se ha convertido en un símbolo no solo para Compostela, sino para el conjunto de Galicia.

Cinco son los elementos que dan forma y sentido a este paisaje de piedra. Cuatro son las edificaciones que la delimitan, el quinto es el viento, la luz y el color; elementos todos etéreos y cambiantes que dependen de los ojos del que mira y de la climatología, convirtiendo este lugar en un espectáculo ante la mirada de peregrinos, turistas o habitantes de la ciudad. Si un viajero llega por el Camino Francés a la tumba del Apóstol, cruzará el arco de Xelmírez y, ya en la plaza, visionará al norte la majestuosidad del hostal dos Reis Católicos. Se trata de un edificio patrocinado

▲ Plaza del Obradoiro, presidida por la impresionante fachada barroca de la catedral.

por Isabel de Castilla y Fernando de Aragón en 1501 con cargo a las rentas del nuevo reino de Granada. De estilo plateresco con añadidos barrocos, su primigenia función fue la de acoger a los enfermos, peregrinos y pobres. De su sobria fachada destaca la puerta de acceso, enmarcada con esculturas realizadas por los maestros franceses Martín de Blas y Gillén Colás y donde distinguimos perfectamente a los monarcas, los apóstoles y el escudo de armas del hospital. Hasta 1954 cumplió perfectamente con sus funciones sanitarias y, desde mediados del siglo XX, forma parte de la nómina de paradores.

Frente a la catedral se sitúa el pazo de Raxoi, sufragado por el arzobispo Bartolomé Rajoy y Losada en 1767 y diseñado por el ingeniero francés Charles Lemaur. En un principio fue seminario de confesores, residencia de músicos y niños del coro catedralicio y consistorio de la ciudad. La construcción está muy condicionada por el fuerte desnivel del terreno, reaprovechando como cimientos la antigua muralla medieval. Se trata de la más moderna de las construcciones de la plaza y, aunque de un innegable gusto francés, se insertó perfectamente en el urbanismo compostelano. En altura está distribuido en tres cuerpos longitudinales, compuesto el inferior de soportales, el del medio, más destacado, presenta dos filas de vanos y el superior un remate en forma de balaustrada. En la parte central un frontón esculpido por Gambino representa la batalla de Clavijo; sobre él, redundando en la poco evangélica idea de Santiago caballero, protector de las armas españolas, fue dispuesta la estatua del Matamoros, nombre que se da a este tipo iconográfico, obra de José Ferreiro (1775). En la actualidad, sus instalaciones están ocupadas

▲ Fachada del colexio de San Xerome.

por el Ayuntamiento, la presidencia de la Xunta de Galicia y el Consello da Cultura Galega.

En el lado sur se sitúa el colexio de San Xerome, actual rectorado de la Universidad. Su origen es el Estudio Vello que estaba ubicado en las proximidades de San Martiño Pinario y que fuera fundado por el arzobispo Alonso III de Fonseca, impartiéndose en él enseñanzas de Gramática y Artes. De la construcción original del siglo XV tan solo se conserva la portada, que fue trasladada a este espacio en el XVII, destacando de ella las figuras de San Francisco, San Juan y Santiago Peregrino, a la izquierda, y San Pedro, San Pablo y Santo Domingo de Guzmán, a la derecha, y en el tímpano la Virgen con el Niño entre Santa Catalina y el Arcángel San Miguel.

Cerrando la plaza por el este se presenta ante nosotros la majestuosidad de la fachada principal de la catedral, la del Obradoiro. Obra barroca de Fernando de Casas y Novoa, fue construida entre 1738 y 1750. De la primigenia románica tan solo restan los cuerpos inferiores de las dos torres, llamadas *de la Campana y de la Carraca,* que recibe este nombre porque desde ella se llamaba a los fieles en Semana Santa con una carraca. Ambas flanquean el espejo, un gran vano que lleva la luz al interior del templo. El acceso al edificio se realizaba a través de una escalinata renacentista, adornada con esculturas pétreas. Sobre ella, cada 24 de julio y hasta que fue prohibida en 1999, se procedía a la quema de la fachada mudéjar que, adosada a la real, daba lugar a un espectáculo pirotécnico que se mantiene, si bien la quema ha sido sustituida por una sesión audiovisual con proyecciones de láser; comienzan, de este modo, los festejos más importantes de Santiago, cuya fiesta mayor coincide con el Día Nacional de Galicia. A ambos lados, y completando este museo al aire libre, la fachada del claustro con sus torres escalonadas del Tesoro y de la Corona, y el pazo de Xelmírez, obra civil del siglo XII que, entre otros acontecimientos destacados, fue el espacio que albergó el primer Parlamento autonómico en 1981.

El patriarca de las letras gallegas, Ramón Otero Pedrayo, definió a esta plaza como "un gran campo encuadrado por cuatro grandiosas fachadas y cuatro expresiones simbólicas: la religión, la caridad, la justicia y la enseñanza". Así, en este espacio pétreo se fundamenta el espíritu humanista y cultural de una ciudad, que mira al futuro sin olvidar un pasado glorioso, siendo la praza do Obradoiro el lugar que ejemplifica perfectamente la fraternidad entre los pueblos que desde el medievo peregrinaron y pisaron sus piedras.

La praza da Quintana

La praza da Quintana, situada tras la cabecera de la catedral, es uno de los espacios más visitados de la ciudad porque en ella se encuentra la Puerta Santa, por la que acceden los peregrinos a la basílica en los años jubilares.

Su nombre hace referencia al antiguo cementerio que, hasta 1780, existió en el lugar; es la llamada Quintana de Mortos, unida por una escalera a la Quintana de Vivos. Bajo este acceso se encuentran los restos de lo que fue un intento de ampliación del templo, o más bien la sustitución del edificio románico por una catedral gótica.

Se trata de una plaza con trazas barrocas en su concepción y organización. Está delimitada por la casa da Conga o de los Canónigos, el convento de San Paio de Antealtares, la casa da Parra y la propia catedral. Su protagonismo, aparte del religioso, se debe a que los compostelanos la sienten más suya que cualquier otra, siendo definida como el ágora pública por excelencia de la ciudad. Aquí es donde se reúnen los santiagueses para hablar, tomar el sol o, simplemente, descansar. Fue y es escenario de acontecimientos de vital importancia para la ciudad; así, en 1808 los estudiantes de la Universidad juraron aquí bandera antes de enfrentarse a las tropas napoleónicas, como nos recuerda una placa de 1896; también fue el lugar elegido para esculpir el nombre de José Antonio Primo de Rivera tras la Guerra Civil y, hoy en día, acoge conciertos y espectáculos culturales de diverso signo.

2

Info

◎ B-C3
Praza da Quintana

▼ Escalinata de la praza da Quintana.

► Fachada lateral del convento de San Paio.

Una leyenda recreada por Xosé Manuel Pintos y Valentín Lamas Carvajal sobre una monja de San Paio, tiene en este lugar su ubicación real. Cuentan que, una novicia enamorada de un estudiante decidió fugarse con él, bajando a la plaza desde una de las ventanas del convento, pero con tan mala suerte que la cuerda se rompió muriendo delante de él, quedando el lugar marcado para siempre. También desde esta plaza salen las procesiones de la basílica compostelana por la puerta de Platerías, adquiriendo de este modo especial importancia en los ritos litúrgicos que, en determinadas épocas del año, se celebran en la catedral, sobresaliendo los que tienen lugar cada 25 de julio y con motivo de la apertura de la Puerta Santa.

Al igual que ocurre con la praza do Obradoiro, aquí también se distinguen cinco elementos que confieren a la Quintana un carácter singular. Cuatro son las edificaciones que la encierran, el quinto se vincula más con las sensaciones, donde el agua de la lluvia y la luz adquieren un valor especial matizado por la preeminencia pétrea de todos los elementos que la forman.

De las fachadas circundantes, una de las más impresionantes es la del convento de San Paio de Antealtares. Fue edificado en la primera mitad del siglo XVII en sustitución de otro edificio medieval y alberga una congregación de monjas benedictinas. Se trata de un gran panel de piedra con 48 ventanas enrejadas. Su sobriedad minimalista, libre de aderezos decorativos, cautivó a los arquitectos contemporáneos de la vanguardia, y proporciona a la plaza intimidad, resguardando a sus pies las confesiones de la gente que se acomoda, aprovechando el sol compostelano, en el banco corrido que tiene adosado. En el lado norte y, tras ascender por la escalinata, nos encontramos con la casa de la Parra, construida alrededor de 1683 con la participación de fray Tomás Alonso y bajo las directrices de Domingo de Andrade. Está decorada con guirnaldas pétreas de fruta y, tras diversos usos a lo

► Torre del Reloj o Berenguela.

largo de los años, en la actualidad va a ser restaurada para que posiblemente albergue la sede gallega del Consejo Superior de Investigaciones Científicas (CSIC). En el sur y con presencia también en la praza de Platerías, está la casa da Conga o de los Canónigos. Iniciada por Domingo de Andrade, su conclusión, en 1730, se debe al arquitecto Fernando de Casas y Novoa. Fue residencia de canónigos y en la actualidad es la sede del Colegio Oficial de Arquitectos de Galicia. La parte inferior presenta una arcada a modo de soportal, al gusto de las *loggias* italianas, y el piso superior una hilera de ventanas.

La praza da Quintana está cerrada por su lado oeste con el muro que oculta la cabecera románica de la basílica. Fue construido en el siglo XVII para urbanizar parte de este espacio y en él se encuentra la Porta Santa, levantada en 1611 por Jácome Fernández y González de Araújo, aprovechando las veinticuatro estatuas de apóstoles y profetas del coro del Maestro Mateo, a las que añadieron las tres figuras barrocas de Santiago y los discípulos que trajeron su cuerpo a Galicia, Atanasio y Teodoro, realizadas por Pedro del Campo. Esta entrada permanece abierta en los años santos, cuando el 25 de julio coincide en domingo, y su apertura solemne tiene lugar el 31 de diciembre del año anterior. A su izquierda se sitúa el Pórtico Real (1657), primera pieza del "forrado" barroco. Mención especial merece la torre del Reloj o Berenguela, que recibe este nombre en honor al obispo don Berenguel de Landoira, aunque de su época es tan solo la parte inferior, mientras que la superior, esbelta y llena de fuerza, debe su traza a Domingo de Andrade. Tiene un simbolismo especial para los compostelanos, ya que con sus campanadas despiden el año viejo cada diciembre.

Este lugar, que durante años fue de muertos, se eleva hoy como uno de los centros más dinámicos y vivos de la Compostela del siglo XXI. Aunque la fama recae en la praza do Obradoiro, son muchos los visitantes que la encuentran más especial, mística o atrayente, sin duda más íntima, y tal cosa puede ser conjugable con su monumentalidad. En una de sus visitas a la ciudad, el escultor vasco Eduardo Chillida quedó asombrado ante la plaza, manifestando que la materialización del espacio y de la luz que él perseguía en sus obras adquirían en este lugar un significado poético. Ciertamente, cuando nos adentramos desde Platerías, Azabachería o la Conga, sentimos acceder al interior de una escultura y de repente no solo son de piedra los muros, el suelo o los edificios, también lo es el viento, el sol o la lluvia.

El Pórtico de la Gloria

Si el visitante curioso observa los dinteles que soportan el tímpano principal del Pórtico de la Gloria, podrá leer en la parte inferior una inscripción en latín que aquí ofrecemos traducida: "En el año de la Encarnación del Señor, 1188, era MCCXXXVI, a primero de abril, fueron asentados los dinteles del pórtico principal de la iglesia del Bienaventurado Santiago. Fueron colocados por el Maestro Mateo, que dirigió la obra desde los comienzos".

Imaginamos el orgullo de *magister* de Mateo al estampar su firma en el dintel: estaba culminando una obra magna que no solo se circunscribía al extraordinario conjunto escultórico que hoy solo podemos admirar en parte; también había diseñado las trazas arquitectónicas que suponían el cierre occidental de una construcción, la catedral de Santiago, que se había comenzando hacía más de cien años y que terminaría por consagrarse solemnemente en 1211.

Mateo había concebido el pórtico como un auténtico escenario teatral en el que se conjugaban la arquitectura y la escultura para servir a la representación de un drama litúrgico, el *Ordo Prophetarum*, inspirado en una homilía atribuida a San Agustín. Para comprender mejor el mensaje de piedra que Mateo transmitió no hay que ceñirse exclusivamente al tríptico principal que da acceso a la catedral: este forma parte de un conjunto arquitectónico que se cimenta en la cripta que le sirve de base, en cuyas bóvedas los ángeles portan el sol y la luna, emblemas de una bóveda celeste sobre la que se levanta la Gloria, que se representa en el piso superior; un *Agnus Dei*, el Cordero de Dios, corona la clave de la bóveda en la tribuna superior, iluminando simbólicamente la Jerusalén Celeste que San Juan profetizara en su Apocalipsis: "La ciudad no necesita de sol ni de luna que la alumbren, porque la ilumina la gloria de Dios, y su lámpara es el Cordero". Todo un programa alegórico que tiene su culminación en el piso central, en el conjunto escultórico en el que se representa la historia de la Redención y la creación de esa Jerusalén Celeste.

En el parteluz central, que sirve de eje al pórtico, el apóstol Santiago recibe a los peregrinos sobre una columna en la que se llamado árbol de Jessé nos muestra la genealogía de Cristo, culminada por la Virgen. La costumbre secular de posar las manos sobre esta columna, prohibida desde 2009, ha dejado en ella la huella desgastada de cinco surcos sobre el mármol.

Info

- ✉ Acceso por Praza do Obradoiro.
- ☎ 902 044 077.
- 🖥 www.catedraldesantiago.es
- ⏱ L-D: 16-17.30 h.
- 🏛 Museo (Colección permanente, Pazo de Xelmírez, Cripta del Pórtico y exposiciones temporales)+Pórtico de la Gloria: 12 €; peregrinos con credencial 10 €.
  Visita nocturna guiada catedral+Pórtico: 25 €.
- ❗ Cada día se ofrece un pequeño número de invitaciones para visitar el Pórtico por la web de la catedral siete días antes de la fecha de la visita.: visitas.catedraldesantiago.es

Sobre la imagen de Santiago, otro capitel nos muestra la Santísima Trinidad. A ambos lados del parteluz se reparten los profetas y los apóstoles: los primeros, con barbas largas, se representan como ancianos; los segundos, con barbas más cortas y cuidadas, como hombres en la plenitud de su madurez. Unos y otros se identificaban con rótulos –los que nada escribieron– y con códices –los autores de evangelios o epístolas–. A la derecha del apóstol abre la procesión del Antiguo Testamento Moisés, con sus tablas de la ley. A la izquierda de Santiago aparece en primer lugar Pedro. Esta elección no es casual, ya que uno y otro son las cabezas visibles de los pueblos judío y cristiano. Este paralelismo entre los personajes de ambos testamentos continúa en cada figura, en cada estatua, y remite, de nuevo, a la representación del drama litúrgico *Ordo Prophetarum*. Llama la atención la figura imberbe de Daniel, jovial y sonriente, recordando un pasaje de la Biblia en el que el profeta se rió al descubrir ante el rey Ciro los embustes de los sacerdotes de Bel. El paso del tiempo ha borrado algunos textos, lo que impide la segura identificación de todos los personajes. El tímpano central lo preside Jesucristo, mostrando las llagas de manos y pies y la herida del costado. Lo rodean los evangelistas con sus símbolos, ocho ángeles que portan los instrumentos de la Pasión y otras cua-

▲ Detalle del tímpano del Pórtico de la Gloria.

▲ Figura del restaurado Pórtico de la Gloria.

renta figuras que representan al pueblo redimido. En la arquivolta superior, los veinticuatro ancianos del Apocalipsis hablan animadamente entre ellos con instrumentos musicales, ensayando un concierto. En el arco de la derecha, llamado *de la Epístola,* se nos muestra el Juicio Final y su resultado: los demonios torturan a los condenados con tormentos apropiados para sus pecados y los justos son acompañados por ángeles. En el arco de la izquierda, *del Evangelio,* Cristo baja a los infiernos para salvar a los justos que se guiaron por la antigua ley.

Muchas otras figuras componen un conjunto que hoy solo podemos admirar en parte. Hasta treinta y siete grandes esculturas pudo llegar a tener el Pórtico de la Gloria, incluyendo las que correspondían a la fachada exterior y a sus jambas. A partir del siglo XVI la obra de Mateo fue sufriendo modificaciones: se cerró el Pórtico con puertas, se levantaron nuevas escaleras y, finalmente, en el siglo XVIII, Fernando de Casas y Novoa construyó la actual fachada del Obradoiro. Los viejos patriarcas que Mateo había esculpido para el exterior terminaron, con el paso del tiempo, en colecciones particulares, incluida la familia Franco, con la que el Estado sostiene un litigio para la devolución de las estatuas de Abraham e Isaac. Y la policromía tampoco es la original: lo que hoy vemos es, sobre todo, fruto de un repintado de mediados del siglo XVII.

De la extraordinaria fortuna del Pórtico de la Gloria pueden dar fe los numerosos monumentos que se levantaron en Galicia bajo su influencia, el más relevante de los cuales puede ser el conocido como Pórtico del Paraíso de la catedral de Ourense, realizado a su imagen y semejanza. Con todo, el reconocimiento internacional hacia la obra de Mateo se acrecentó a mediados del siglo XIX, cuando se llevó a cabo un vaciado del pórtico que hoy se guarda en el Victoria and Albert Museum de Londres.

Debido al gran deterioro que sufría la obra debido a las filtraciones de humedad en la piedra, en 2008 se iniciaron las obras de rehabilitación bajo el mecenazgo de la Fundación Barrié. Finalmente en junio de 2018 los trabajos llegaron a su fin consiguiendo recuperar las policromías originales y los detalles iconográficos que habían permanecido ocultos (como los instrumentos musicales sostenidos por los 24 ancianos del Apocalipsis), permitiendo así que el Pórtico haya recobrado todo su esplendor medieval.

En octubre de 2024 Ana Laborde, artífice de la recuperación del Pórtico de la Gloria, ha sido galardonada con el Premio Nacional de Restauración y Conservación de Bienes Culturales 2024.

La Universidad de Santiago

La Universidad representa, junto con la catedral, uno de os emblemas de Santiago. La ciudad se define por la tradición que marca la Iglesia y la modernidad que emana de su Universidad.

4

E l espíritu universalista de las aulas compostelanas fue uno de los principales alicientes que en el siglo XVI mostró el impulsor de este proyecto educativo, el arzobispo Alonso III de Fonseca. A este humanista se debe la fundación del colegio de Santiago Alfeo en 1522 y el de San Jerónimo años más tarde, y, para la posteridad, quedó la inscripción del actual edificio del rectorado: *Gallaecia Fulget,* Brilla Galicia.

Los inicios de esta institución se encuentran a finales del siglo XV, en 1495, cuando el burgués Lope Gómez de Marzoa, notario y regidor de la urbe, consigue la cesión del monasterio de San Paio de Antealtares para establecer en él un colegio de estudiantes pobres dotándolo con parte de su fortuna, aunque el proyecto fracasa por la férrea oposición de los religiosos. En 1501 varios canónigos crean el Estudio General o Viejo, germen directo de la Universidad y del que se conserva únicamente la portada de acceso del edificio de San Xerome en la praza do Obradoiro. Sin embargo, será la llegada a la sede compostelana de Alonso III de Fonseca lo que marcará el despegue definitivo de los estudios en la ciudad, que se establecen como universitarios desde 1555. En 1602 el prelado Juan de Sanclemente fundará el colegio de San Clemente de Pasantes, instaurándose después el

Info

◷ B3
Colexio de San Xerome

◷ B2
Colexio de Fonseca
✉ Praza de Fonseca, s/n.
☎ 647 344 128.
🖥 www.usc.gal
◷ Claustro: horario de la biblioteca de la universidad (lunes a viernes, de 8.30 h a 21.30 h; fines de semana y festivos, de 10 h a 19.30 h). Salón artesonado y capilla: horario sujeto a exposiciones (de lunes a domingo de 11 h a 14 h y 17 h a 20.30 h).
✉ Entrada gratuita a las exposiciones y al claustro.

▼ Claustro del colegio de Fonseca.

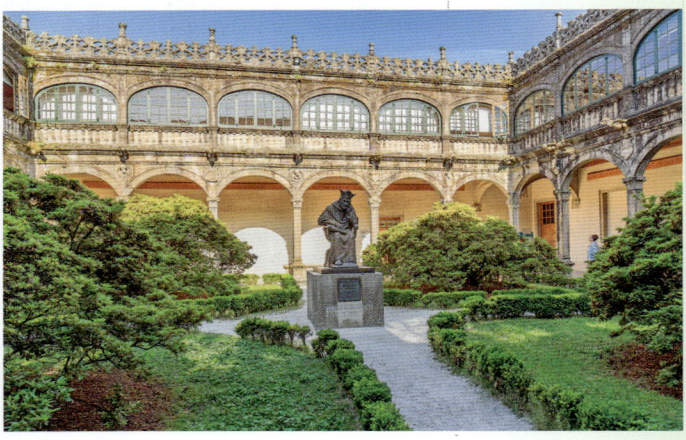

de San Patricio de los Irlandeses en la actual rúa do Vilar. Durante el siglo XVII, las asignaturas, más relacionadas con las humanidades hasta ese momento, se enriquecen con la incorporación de la enseñanza de medicina y leyes, existiendo, a mediados de la centuria, 23 cátedras.

Tras la expulsión de los jesuitas de los reinos de España ordenada por Carlos III en 1767, la Universidad compostelana adquiere de nuevo un empuje, ya que será quien herede muchas de sus propiedades, entre ellas el edificio central, la iglesia de la Compañía y buena parte de su biblioteca. Desde los años setenta del siglo XVIII se establece un nuevo plan de estudios con 29 cátedras y los grados de bachiller, licenciado y doctor. Sin embargo, su preeminencia social será cada vez menor al tiempo que las Sociedades Económicas de Amigos del País y las Academias iban conquistando parte de su terreno. Aún así, durante estos años y también en el siglo XIX el número de estudiantes va en aumento, incorporando la facultad de Medicina y Veterinaria desde 1915 por intercesión directa del político compostelano Eugenio Montero Ríos. En el primer tercio del siglo XX se procede a la construcción de lo que será el futuro campus universitario y, ya en los años sesenta y setenta, la masificación estudiantil provoca que se amplíe el número de edificios con la construcción de las facultades de Ciencias Económicas, Derecho, Filosofía o Magisterio.

Esta Universidad formó a multitud de gallegos de manera exclusiva hasta que, en 1990, se crean dos nuevas universidades, la de Vigo con los campus de Pontevedra y Ourense, y la de A Coruña con el de Ferrol, al tiempo que se iban agregando nuevos estudios a la de Santiago como fueron, ya en los años noventa, Ciencias Políticas, Ciencias de la Comunicación o, en el campus de Lugo, Veterinaria.

A lo largo de más de quinientos años de existencia, la Universidad de Santiago de Compostela pasó por momentos significativos que no solo confirmaron su prestigio, sino que también contribuyeron a cambiar la historia de la ciudad e incluso de Galicia. Cuando Alonso III de Fonseca funda los colegios de Santiago Alfeo y San Jerónimo, dio comienzo a un proceso que con los años se convirtió en la empresa más importante de la ciudad, y de este modo no solo la tumba del Apóstol será el referente de la urbe. Sobre el espacio ocupado por el colegio de la Compañía de Jesús, entre 1769 y 1805 se edificó el actual edificio de la facultad de Geografía e Historia, con proyecto de Miguel Ferro Caaveiro. Hoy, tras las reformas acontecidas en la construcción a finales del

Info

◯ C3
Facultade de Xeografía
e Historia

◯ C3
Archivo Histórico
Universitario

siglo XIX, son los próceres quienes presiden el edificio y las esculturas primigenias están depositadas en la facultad de Química del campus sur compostelano. De este edificio destacan dos espacios: la iglesia de la Compañía y el Paraninfo. El primero de ellos es el único, de los tres que formaban el colegio de la Compañía de Jesús, que se conserva sin grandes alteraciones, salvo las obligadas tras la expulsión de los religiosos. Comenzó a construirse en 1622 y se concluye prácticamente en 1662. De su fachada destacan las esculturas de San Pedro y San Pablo, que en realidad son reutilizaciones de santos jesuitas a los que se les habrían sustituido las cabezas por las de aquellos. Hoy está secularizada y es una importante sala de exposiciones temporales. El Paraninfo es obra del arquitecto Arturo Calvo, inaugurándose en el curso 1906-1907, y en él se refleja la azarosa historia de la Universidad, Galicia e, incluso, España. Los frescos del techo son obra de José María Vellonera Ibáñez bajo un programa iconográfico ideado por Rafael de la Torre, y representa a la diosa de la sabiduría, Palas Atenea. En un lateral de la sala se encuentra el escudo constitucional de España, en un registro superior el de la II República, enfrente la lista de los alumnos y profesores muertos en la Guerra Civil. Entre otros acontecimientos dignos de reseñar, en 1932 se reunió aquí la Asamblea de municipios que aprobó el proyecto de estatuto de autonomía de Galicia.

Un hecho de profundo calado simbólico fue la exclusión del catedrático de Historia Natural, Augusto González de Linares, de la docencia en 1875, por enseñar a sus alumnos la teoría de la evolución de las

▲ Biblioteca de la Facultade de Xeografía e Historia de la Universidad de Santiago.

▲ Fachada del Colexio de Fonseca donde actualmente se encuentra la Biblioteca Xeral da Universidade.

Info

⏰ A4
Campus Norte

⏰ A1
Campus Sur

especies de Charles Darwin, en contra de la legislación promulgada por el ministro católico de Fomento Manuel Orovio. Este hecho ocasionó un revuelo importante en la Universidad española y dio lugar a la fundación en Madrid, bajo auspicios krausistas, de la Institución Libre de Enseñanza.

De especial significado fue también la presencia de mujeres en las aulas, hecho que aconteció a principios del siglo XX en la facultad de Medicina. Jimena y Elisa Fernández de la Vega se convirtieron en las primeras féminas que se matricularon en estudios superiores en Galicia; años después, en 1924, se contrata por primera vez a una profesora, será en la facultad de Filosofía y Letras y, en 1942, esta licenciatura presenta una promoción íntegramente femenina.

En la década de 1920 se amplía la Universidad con el proyecto de residencia gestado en primer lugar con el rector Blanco Rivero y más tarde con Rodríguez Cadalso, implicando a varios ayuntamientos de Galicia en la recogida de fondos, así como a las sociedades de emigrantes en América. Se trataba de construir colegios mayores siguiendo la estela marcada por la Residencia de Estudiantes de Madrid, aunque esta experiencia se interrumpió con el comienzo de la Guerra Civil. Hoy, tan solo restan algunas edificaciones en el campus sur, aunque en recuerdo de su principal promotor una de las residencias universitarias lleva el nombre de Rodríguez Cadalso.

La Universidad durante la Dictadura experimenta un crecimiento sin precedentes, sobre todo a partir de la década de 1970, cambiando de este modo la relación con Galicia en general y con la propia ciudad en particular. El nuevo ensanche se llena de estudiantes que protagonizan los movimientos políticos y sociales de protesta al final del franquismo. Así, en mayo de 1972 el cantautor portugués José Afonso se presenta en el burgo das Nacións con la canción *Grándola vila morena* que, dos años después, se convirtió en el símbolo de la Revolución de los Claveles en Portugal.

La historia de Santiago sería incomprensible sin tener en cuenta los hechos marcados por los estudiantes que, con su saber, lograron transformarla y modernizarla. Fue la institución académica la que introdujo las ideas y las inquietudes entre la población y la que las trasladó a otros lugares de Galicia y España. La presencia de la Universidad está patente en cada rincón de Compostela, tanto en edificios como en la vida diaria de sus ciudadanos, definiendo la ciudad con el paso de los años, más como estudiantil que como religiosa.

La Alameda
y el parque de Bonaval

Santiago cuenta con más de un millón de metros cuadrados de espacios verdes. Esta circunstancia la convierte en una de las urbes españolas con más metros cuadrados de verde por habitante. Sin embargo, dos de ellos destacan sobremanera por su localización, en el casco antiguo, y por su valor histórico: la Alameda y el parque de Bonaval.

5

La Alameda es el símbolo y principal pulmón de la ciudad. El primer intento de ordenación del robledal de Santa Susana tiene lugar en 1717. Dicha actuación consistió en la apertura de un paseo entre dos templos vecinos, el Pilar y Santa Susana. En el primer tercio del siglo XIX se fue desarrollando un paseo público arbolado de gusto burgués y romántico, al estilo de las *promenades* francesas o de los salones que entonces estaban de moda en España. A partir de este germen, el cardenal García Cuesta y el alcalde Juan Pimentel, marqués de Bóveda, sufragaron las obras del paseo da Ferradura. Ambos paseos, Alameda y Ferradura, quedaron comunicados a finales del siglo XIX, época en que también fueron creados los jardines de Méndez Núñez. En este período queda perfectamente definido el uso social de los tres paseos arbolados de la alameda, con sus bancos fundidos en las Reales Fábricas de Sargadelos, que sería glosado por Ramón Otero Pedrayo: el central

Info

🕐 B-C1-2
La Alameda

▼ Palomar del parque de la Alameda.

▲ Parque de San Domingos de Bonaval.

reservado para los señores, el de la izquierda para los eclesiásticos, catedráticos y ancianos, y el de la derecha para el vulgo o pueblo llano, con gran presencia del servicio doméstico; una pura organización clasista que reflejaba una sociedad rígida, encasillada. El conjunto estaba casi completo, pero faltaba un detalle imprescindible: el palco de la música.

Los jardines y paseos de los que estamos hablando rodean una pequeña masa forestal, compuesta por robles, cuya pervivencia se puede calificar de auténtico milagro. Nos referimos a la carballeira de Santa Susana, donada por los condes de Altamira al concejo en 1546 y presidida por la iglesia homónima. Bajo los robles, jueves tras jueves entre 1882 y 1971, en este monte se celebraba la feria, generando un ambiente pueblerino y popular que convivía sin estridencias con el ordenamiento burgués del entorno.

El siglo xx comenzó con mucha actividad en la zona, pues en la parte oeste de la Ferradura tuvo lugar la Exposición Regional Gallega, y de aquel período aún restan un par de pabellones modernistas de López de Rego (1905) y Antonio Palacios (1909). Alameda y Ferradura estaban concluidas en el siglo xix, pero desde entonces se fueron introduciendo modificaciones y mejoras, así las escaleras que ascienden a Santa Susana, varios miradores sobre la ciudad, los estanques de los patos en torno a la estatua de Méndez Núñez, monumentos como los de Rosalía de Castro, erigido por suscripción popular en 1917 (Isidro de Benito y Francisco Civilles) y, como gran novedad, la escalera neobarroca que comunica A Ferradura con el Campus Universitario. Entre las últimas incorporaciones al parque cabe destacar la inclusión de

esculturas como las repintadas Marías, obra de César Lombera, del mismo autor la de Valle Inclán, sentada en un banco; o la gran composición pétrea dedicada a Castelao por Francisco Leiro. Una nueva incorporación ha sido la estatua de García Lorca (Álvaro de la Vega), autor de los *Seis poemas galegos*. Reciente construcción de vanguardia es la de la cafetería de la alameda (César Coll, 2014), edificio en metal y cristal que ha integrado un árbol en su interior.

Un segundo parque romántico, aunque concebido en plena modernidad por los arquitectos Álvaro Siza, portugués y premio Pritzker, e Isabel Aguirre, es el de Bonaval. Además de contribuir al embellecimiento del antiguo convento dominico, junto al cual el propio Siza había creado el Centro Galego de Arte Contemporánea, permitió la recuperación del huerto del convento y del espacio que había sido ocupado, desde el siglo XIX hasta su traslado a Boisaca, por el cementerio de la ciudad. El proyecto fue acometido con la voluntad de recuperar todos los elementos tradicionales existentes.

El espacio del parque, muy umbroso y con un gran protagonismo del agua, aparece organizado a través de terrazas. En la parte inferior fue recuperado el Xardín dos Frades, evocador del usado en su día por los dominicos para el paseo y la reflexión. En una segunda plataforma contemplaremos la fuente de San Domingos y, hacia el norte, una gran escultura de Eduardo Chillida, titulada *Porta de Música;* su hueco encuadra una hermosa vista de la ciudad. Por escaleras y rampas se accede a la siguiente zona, donde permanecen las ruinas de una antigua caballeriza, la fonte dos Arcos y un lavadero. A partir de aquí, ganamos altura a través de una carballeira, obteniendo vistas inéditas sobre el casco antiguo.

Hacia el sur del parque propiamente dicho se alza un alto muro continuo, con puertas de comunicación, que separa la zona verde del que fue cementerio decimonónico. Este conserva sus divisiones e inquietantes hileras de nichos, con el añadido de piezas escultóricas de Leopoldo Nóvoa. Desde la parte inferior del viejo camposanto se divisa perfectamente la cabecera gótica tripartita del convento de San Domingos. El espacio central, muy alargado y con entrada desde la rúa de Bonaval, se encuentra totalmente flanqueado por las hileras de nichos, pero de ellas han desaparecido las lápidas. La parte superior presenta un diseño más cartesiano, con arbolado, y carece de enterramientos.

Tanto la frecuentada Alameda como el solitario parque de Bonaval, se han convertido en parte indisociable de la Compostela monumental.

Info

⊙ C4
Parque de Bonaval

▲ Monumento a Rosalía de Castro en La Alameda.

La fundación de la ciudad

6

La fundación de la ciudad de Santiago se diluye entre el mito y la historia. Como la mayoría de las urbes medievales, el peso de la tradición ocultó en muchas etapas de su devenir histórico parte de la realidad.

Info

◆ **Patrimonio Mundial UNESCO desde 1985**

«Por ser un extraordinario conjunto de monumentos agrupados alrededor de la tumba de Santiago El Mayor, y destino de todas las rutas de la mayor peregrinación de la Cristiandad entre los siglos XI y XVIII, Santiago de Compostela es sin duda alguna uno de los más ▶

Sin embargo, es innegable que su concepción como ciudad santa hizo que su trama urbana, sus habitantes y su relación con el espacio gallego se realizara de un modo especial, diferente a otras poblaciones vecinas, más vinculadas con el mar, el comercio o la agricultura. No obstante, será tras el descubrimiento del sepulcro apostólico, cuando las fuentes escritas citen una y otra vez a este lugar que, desde el siglo IX, se incorpora como punto referente en la historia de los reinos cristianos europeos.

Cuenta la leyenda que durante siete días una barca gobernada por Dios realizó el traslado del cuerpo de Santiago el Mayor desde Tierra Santa hasta el confín del mundo, Iria Flavia. Amarraron la embarcación a un "pedrón" –de ahí el nombre de la vecina villa de Padrón– y depositaron el cuerpo en una roca que se convirtió en un sepulcro. Con intención de enterrarlo, sus discípulos pidieron permiso a la reina Lupa, dueña de estas tierras, a lo que ella respondió que primero tendrían que amansar unos bueyes y matar un dragón, actos que realizaron ante el asombro de la monarca, que se convirtió al cristianismo. Uncieron los animales

▶ Sepulcro donde se encuentran los restos del Apóstol en la catedral de Santiago.

a un carro con el cuerpo de Santiago y, cuando se detuvieron en el bosque del Libredón, depositaron las reliquias en una arca de mármol y levantaron un mausoleo para darle sepultura. Desde ese momento el cuerpo santo permanece oculto hasta el momento de la *inventio* o *revelatio,* entre 820-830. Según la fuente escrita más antigua que narra el descubrimiento del cuerpo del Apóstol, la *Concordia de Antealtares,* suscrita entre el abad san Fagildo y el obispo Diego Peláez (1077), un ermitaño de la aldea de Solivio llamado Pelagius, alarmado ante extraños acontecimientos que sucedían en un bosque cercano, advirtió al obispo de Iria Flavia, Teodomiro, el cual, tras ayunar durante tres días, descubrió un pequeño túmulo que identificó como el sepulcro del Apóstol.

En ese instante cambió la historia de Compostela, de Galicia e, incluso, de Europa. En diversos escritos de la Alta Edad Media se manifestaba que el apóstol Santiago el Mayor había venido a Hispania a predicar la fe en Cristo; entre ellos sobresalen las obras de San Jerónimo, San Isidoro de Sevilla o el Beato en su célebre *Comentario al Apocalipsis de San Juan* del 786, donde representa, en una carta geográfica, la cabeza de Santiago en su santuario del occidente peninsular. Con estos precedentes, el hallazgo o inventio del cuerpo del Apóstol fue más fácil.

Realizado el análisis mítico, la ciencia arqueológica también aporta datos sobre la fundación de la ciudad. En la zona de Porta da Mámoa, cerca de la iglesia de San Fiz de Solovio, estaba emplazado un castro que se romanizó, coincidiendo sus restos con la mansión romana de Asseconia, nudo de comunicaciones donde se cruzaban las vías que se dirigían a *Dugium* (Fisterra), *Brigantium* (A Coruña), *Lucus Augusti* (Lugo) y *Aquae Urentes* (Ourense). De esta forma, lo que Teodomiro encontró fue, en un antiguo cementerio, una construcción funeraria que albergaría el cuerpo de Santiago bajo unos arcos de mármol. Entre los últimos años del Imperio hasta la aparición milagrosa del Apóstol, pasaron siglos en los que la zona permaneció prácticamente desierta, tan sólo habitada por pequeños grupos de campesinos que fueron los que edificaron la iglesia de San Fiz y, por este motivo, pretendieron edificar un pequeño cementerio cerca aprovechando el ya existente, pero el descubrimiento apostólico cambió por completo sus intenciones.

Tras el hallazgo, el rey de Asturias, Alfonso II el Casto, peregrina a Compostela mandando construir una iglesia para acoger el mausoleo. La basílica era de reducidas dimensiones, de una sola nave y adosada al edificio romano. Al lado estaba el solar

▲ Página miniada con la representación del rey de León y Castilla Alfonso VI.

◀ indiscutibles bienes patrimoniales de la Humanidad. Esta ciudad, debido a su integridad monumental, reúne valores específicos y universales. Al carácter único de sus obras maestras románicas y barrocas se añade la trascendental contribución estética que hace uso de elementos diacrónicos y dispares para construir una ciudad ideal que desborda a la vez Historia e intemporalidad. La modélica naturaleza de esta ciudad de peregrinación cristiana, enriquecida por las connotaciones ideológicas de la Reconquista, tiene su eco en la enorme significación espiritual de uno de los pocos lugares tan profundamente embuidos de fe como para convertirse en sagrados para toda la Humanidad [...].» UNESCO

▲ Las vieiras, símbolo del peregrino jacobeo, se pueden ver por las rúas de Compostela.

monacal, de ahí el nombre de Antealtares dado al lugar, y una iglesia dedicada al Salvador. Todo estaba protegido con una pequeña muralla. Posteriormente, el rey Alfonso III mandó erigir otro edificio más grande, iniciándose las obras en 872 y consagrándose en 899 con la presencia del monarca. Este será el templo que destruye Almanzor en 997.

La ciudad se transforma rápidamente y, ya en el siglo XI, el obispo Cresconio, que ciñe la mitra iriense entre 1037 y 1066, construyó la última muralla defensiva de la urbe, con las siete puertas de acceso definitivas: las del Camino, Algalia, San Francisco, Trinidad, Faxeira, Mámoa y Mazarelos. Todas ellas se conservan en el callejero actual de la ciudad, restando solo físicamente la de Mazarelos o de los Portugueses. Dicho prelado llegó a titularse como obispo de la sede apostólica, lo que le valió la excomunión.

En el siglo XII destaca la figura de Diego Gelmírez, nombrado obispo en 1100. Entre sus logros está la continuación de las obras de la grandiosa catedral, la institución de un cabildo compuesto por 72 canónigos, el *pío latrocinio* de las reliquias de los santos Fructuoso, Cucufate, Silvestre y Susana en Braga, y la consecución de la dignidad metropolitana, transferida de Mérida, convirtiéndose en el primer arzobispo compostelano. Coronó al hijo de doña Urraca, Alfonso VII, como rey de Galicia en la catedral, para luego enemistarse con él, ya que Gelmírez pretendía crear un reino tutelado por la iglesia. Aunque su importancia para la sede compostelana fue fundamental, los vaivenes políticos lo relegaron al ostracismo, muriendo en el 1140, sin que se conozca donde está enterrado. Por fortuna, sus hechos han quedado compilados en la *Historia Compostelana*.

Al tiempo que Santiago se encumbraba como ciudad referente de la cristiandad, iba creciendo como núcleo económico y poblacional de primer orden, convirtiéndose en la más importante de Galicia, con presencia de artesanos, médicos, mercaderes y, desde 1495, estudiantes en su recién fundada Universidad. A finales de la Edad Media, Santiago no solo era importante como sede apostólica, sino que estaba presente en todo el reino de Castilla a través del Voto de Santiago, privilegio establecido en el siglo X por el que determinados territorios tendrían que pagar un impuesto a la sede apostólica gallega, privilegio que se confirma en el 1570, cuando por mandato real lo tendrían que ejecutar todas las tierras situadas al sur del Tajo; este volumen de rentas logró situarse en cuatro millones de reales a finales del siglo XVIII, lo que convertía a Santiago en uno de los centros

religiosos más ricos de la corona tras Toledo y Sevilla. El voto, considerado falso, fue suprimido por las Cortes de Cádiz y, tras reinstaurarlo el absolutismo fernandino, de nuevo lo eliminó Mendizábal en 1834. Asimismo, lo que distinguía a Santiago de otras ciudades episcopales era la Ofrenda al Apóstol, que aún perdura en nuestros días. Fue instaurada por Felipe IV en 1627 y confirmada en 1643; con esto se pretendía oponerse al intento de convertir a Santa Teresa de Ávila en copatrona de España. La bonanza económica que durante la Edad Moderna tiene Santiago puede verse en los numerosos edificios que pueblan la ciudad. En este período se lleva a cabo la reedificación de monasterios y conventos urbanos, los burgueses e hidalgos edifican sus palacios y la Universidad se consolida como principal foco cultural de Galicia.

La decadencia será a partir del siglo XIX con la aplicación de las leyes desamortizadoras de 1835 y la firma del Concordato de 1851, que reduce el clero catedralicio, ya sin el peso de antaño. Antes, en 1833, Santiago deja de ser capital de provincia, que pasa a la ciudad de A Coruña, de mayor pujanza económica y de ideología más liberal. La ciudad resiste en torno a sus símbolos, la Iglesia y la Universidad.

Permanece dormida durante buena parte del siglo XX y, tras la instauración de la autonomía gallega en 1981, se convierte en la capital de Galicia, albergando la primera reunión del Parlamento autonómico en el pazo de Xelmírez en octubre de ese mismo año. Junto a él, el gobierno de Galicia también se establece en la ciudad, al igual que la televisión autonómica (1986).

En 1985 es declarada Patrimonio de la Humanidad por la UNESCO, en 1987 el Camino de Santiago recibe el título de Primer Itinerario Cultural Europeo y en 1993 se declara, también, Patrimonio de la Humanidad (en 2015 lo serían también los Caminos de Santiago del Norte). En 2000 es designada como Capital Europea de la Cultura.

A lo largo de los años, Santiago de Compostela asumió un protagonismo que supo rentabilizar en la mejora de su condición urbana y también en la de sus habitantes. La perfecta combinación de tradición y modernidad hicieron posible que perviva aún en la actualidad con un espíritu de integración, modernidad y respeto por su pasado, lo que responsabiliza a los que en ella habitan de manera especial, ya que en sus manos está una urbe milenaria que, sin olvidar lo que fue, quiere alcanzar las cotas más altas en el futuro. La Compostela de Teodomiro se transforma, estableciendo un diálogo ejemplar entre la tradición y la innovación.

▲ Esculturas de la Puerta Santa de la catedral de Santiago.

Arquitectura contemporánea

7

La ciudad de Santiago de Compostela, dentro de toda lógica vital, ha visto transformada su fisonomía urbana a lo largo del siglo pasado.

Desde la segunda mitad del siglo XX se diseñaron numerosos proyectos arquitectónicos que convirtieron a Santiago en una ciudad moderna, con un sello indiscutible que fusiona la memoria medieval y las etiquetas barrocas con una nueva estructura arquitectónica actual. La creación de un núcleo poblacional paralelo al casco histórico, siempre emblemático, supuso la proyección de una serie de nuevos barrios desde los años sesenta y la creación, consiguientemente, de un conjunto urbanístico que fue aumentando acorde con las exigencias sociales pero siempre de manera paralela a los diversos movimientos artísticos y constructivos de mediados del siglo XX.

Diferentes autores interpretaron de manera personal la arquitectura de los años centrales del siglo, ideando las soluciones que demandaba una sociedad como la compostelana cada vez más cosmopolita y que, acostumbrada al historicismo y eclecticismo, apreciaba en estos años nuevas maneras constructivas. Entre los ejemplos más relevantes ejecutados en la ciudad durante estos años sobresale, en los terrenos del campus universitario, el **Centro Superior de Investigaciones Científicas,** diseñado por Manuel Fisac, o la **Escuela de Magisterio** (Facultad de Ciencias de la Comunicación) trazada por Fernando Moreno Barberá en 1967.

Durante los años setenta y ochenta la urbe adopta a una nueva generación de arquitectos gallegos, herederos de José Bar Boo y Alejandro de la Sota, así como del denominado Movimiento Moderno, que se propone trabajar en la ciudad atendiendo las premisas constructivas vinculadas a la contemporaneidad y con criterios contrastados. Unos años que resultaron de vital importancia formativa y colectiva para la disciplina arquitectónica, con la creación del **Colegio Oficial de Arquitectos de Galicia,** con sede en la praza da Quintana, y de la Escuela Técnica Superior de Arquitectura de A Coruña. De este modo, el equipo formado por Rafael Baltar, José Antonio Bartolomé y Carlos Almuiña llevan a cabo diferentes trabajos en Santiago, como las viviendas para cooperativistas de Aviación Civil en Vite, el edificio para almacén y servicios eléctricos en Galeras o, más recientemente, los juzgados en Fontiñas y la remodelación del **Teatro Principal** en la rúa Nova. Otro de los más destaca-

▼ Sede de la Sociedade Xeral de Autores e Editores (SGAE) en Galicia.

dos profesionales gallegos, Manuel Gallego Jorreto, proyecta la rehabilitación de los **pabellones de San Caetano** para la nueva sede de la Xunta de Galicia a mediados de los ochenta y, ya en el presente siglo, los edificios de investigación universitarios y la residencia oficial del presidente autonómico, o la nueva sede del **Museo de las Peregrinaciones,** que ocupa el antiguo edificio (solo resta la fachada) del Banco de España (Praterías). Alberto Noguerol y Pilar Díez proyectan el **pazo de Exposicións e Congresos** y la **facultade de Filoloxía,** mientras que Alfonso Penela diseña el Centro de Saúde en el barrio de Conxo.

La actividad constructiva de arquitecturas de calidad, con una fuerte implicación de promotores y el gusto por las creaciones denominadas de autor, atrajo a Compostela a arquitectos foráneos y del resto de la península, que promovieron con obras representativas de su trayectoria el despegue definitivo de la capital de Galicia como ejemplo de contemporaneidad arquitectónica. Una realidad que se advierte perfectamente en la presencia del Premio Nacional de Arquitectura, Víctor Cotelo, en el **complejo residencial de La Vaquería,** en el barrio del Carmen; de Antón García Abril con la **Escola de Altos Estudos Musicais de Galicia (EAEM);** o de César Coll con las llamativas viviendas Barcelona Mateo. La nómina de arquitectos se puede prolongar a la incorporación de obras diseñadas, sobre todo desde comienzos de los años noventa, por profesionales extranjeros de reconocido prestigio: el premio Pritzker Álvaro Siza realiza en Compostela dos de sus obras más conocidas: el **Centro Galego de Arte Contemporánea** y la **Facultade de Ciencias da Comunicación;** Josef Kleihues elabora el progra-

Info

⊙ f.p. (B4)
Xunta de Galicia (Pabellones de San Caetano)

⊙ C3
Museo de las Peregrinaciones y de Santiago

⊙ f.p. (D4)
Pazo de Exposicións e Congresos

⊙ C3
Facultade de Xeografía e Historia

⊙ D4
Escola de Altos Estudos Musicais de Galicia (EAEM)

⊙ C4
Centro Galego de Arte Contemporánea (CGAC)

⊙ f.p. (A4)
Facultade de Ciencias de la Comunicación

▼ Escola de Altos Estudos Musicais de Galicia, obras de Antón García Abril.

▲ La Cidade da Cultura de Galicia fue diseñada por Peter Eisenman.

Info

🕐 **A2**
Escola Raíña Fabiola

🕐 **f.p. (D4)**
Torres monte Gaiás

🕐 **D3**
C. Sociocultural A Trisca

🕐 **f.p. (A4)**
Dársena de la avda. Xoán XXIII

🕐 **D1**
Parlamento de Galicia

🕐 **f.p. (D4)**
Cidade da Cultura

ma especial del conjunto histórico de la ciudad y el polideportivo y aparcamiento de San Clemente; Giorgio Grassi diseña la **Escola Raíña Fabiola,** John Hejduk las dos **torres en el monte Gaiás** y el **Centro Sociocultural A Trisca** (Belvís), Albert Viaplana y Helio Piñón la **dársena de la avenida Xoán XXIII,** y el americano Peter Eisenman el controvertido macro proyecto de la **Cidade da Cultura** de Galicia, detenido por la crisis cuando solo se ha ejecutado poco más del 60%.

Un apartado especial lo protagonizan las recuperación de edificios emblemáticos para albergar instituciones representativas del gobierno autónomo gallego: el cuartel de la rúa do Hórreo que hoy acoge el **Parlamento de Galicia,** obra de Andrés Reboredo; la biblioteca de esta institución y la sede del Valedor do Pobo, trabajos ambos de Iago Seara; o la rehabilitación del pazo de Raxoi, en plena praza do Obradoiro, para albergar la sede del **Consello da Cultura Galega,** obra de Pedro de Llano. La fachada principal del Pazo de Raxoi ha recuperado todo su esplendor en 2024, recuperando el color original de la piedra y luciendo nuevos forjados.

Por último, no podemos olvidar la labor de la Oficina de Rehabilitación del Consorcio de Santiago, empeñada en recuperar y rehabilitar edificios históricos como los conventos de San Paio de Antealtares, Santa Clara, San Martiño Pinario o, en el último año santo (2021), el de San Domingos de Bonaval para ampliar el Museo do Pobo Galego.

El Museo do Pobo Galego

El convento de San Domingos de Bonaval, sito extramuros pero muy próximo a la Porta do Camiño, por la que entran a la ciudad la mayoría de los peregrinos, constituye uno de los tesoros de la ciudad por varios motivos: en primer lugar por el propio valor de su arquitectura, que va desde el gótico mendicante del templo al barroco del edificio conventual, sin olvidar la proeza de diseño de su triple escalera de caracol; en segundo, por albergar un notable museo dedicado a la etnografía y antropología de Galicia, muy nutrido, cuidado y bien expuesto; por último, porque el templo también acoge en una capilla el Panteón de Galegos Ilustres, donde entre otros reposan Rosalía de Castro y Castelao.

La desamortización de Mendizábal propició un cambio radical en la Compostela levítica, provocando la exclaustración de los regulares y la confiscación, por parte del Estado, de sus bienes, desde entonces destinados a otros cometidos. Al convento de San Domingos, fundado a principios del siglo XIII, le cupieron desde entonces numerosas funciones (cuartel, hospicio, colegio de sordomudos y ciegos, museo municipal…), pero la última, hasta el momento, ha sido una de las más dignas: acoger en su extenso recinto el Museo do Pobo Galego, esto es, la colección que guarda la memoria de la forma tradicional de vida de los gallegos, campesinos, pescadores o artesanos, desde todos los puntos de vista posibles.

Si principiamos por la iglesia, actualmente desacralizada y destinada a sala de exposiciones y conciertos, hemos de admirar su fábrica de los siglos XIII y XIV, remodelada en el XVII con trazas de Domingo Antonio de Andrade, genial arquitecto del primer barroco compostelano que concibió la actual fachada en ele que forman el templo, con su esbelta torre, y las dependencias conventuales.

En el interior del templo, los nativos solemos visitar con veneración el Panteón de Galegos Ilustres, un recinto cargado de gran valor simbólico, pues allí reposan, amén de otros egregios hombres de letras y ciencias, las dos grandes figuras claves del renacimiento cultural y político de Galicia, al menos en el imaginar o colectivo: Rosalía de Castro (1837-1885), como el Apóstol Santiago trasladada desde Padrón, principal personaje del *Rexurdimento* literario decimonónico, y Alfonso Daniel Rodríguez Castelao

Info

⊙ C4

Museo do Pobo Galego

✉ San Domingos de Bonaval.

☎ 981 583 620.

🔗 http://museodopobo.gal

🕐 M-S: 11-18 h. D y festivos: 11-14 h. L: cerrado.

🎫 5 €. Domingo: exposiciones temporales e iglesia gratis.

▼ Convento de San Domingos de Bonaval, sede del Museo do Pobo Gallego.

▲ Sobre estas líneas, banco de Zoqueiro (arriba) y encaje de Bolillos, ambos expuestos en el Museo do Pobo Galego.

(1886-1950), cuyo cuerpo fue traído en 1984 desde el exilio de Buenos Aires, hombre polifacético y, sobre todo, padre del nacionalismo gallego como líder del Partido Galeguista y autor de *Sempre en Galiza*.

De regreso al Museo, merece ser destacado el trabajo de una Fundación privada, pues no se trata de una institución creada con fondos públicos, sino de un organismo que hunde sus raíces en el trabajo del meritorio Seminario de Estudios Gallegos, desaparecido con el golpe de estado de 1936. Desde entonces, la colección ha ido recibiendo fondos a través de donaciones, siendo inaugurada en 1977 en las instalaciones cedidas a tal fin por el ayuntamiento de Santiago. Durante muchos años, los miembros del Patronato recorrieron las aldeas de Galicia de forma desinteresada para recuperar piezas de todo tipo. Una vez expuestos los materiales, algunos visitantes, así las familias de un fabricante de gaitas o un alfarero, se vieron motivados para donar sus talleres. Se recuerda también el caso de un telleiro (fabricante de tejas), que al jubilarse se acercó al Museo para entregar todos los utensilios de su oficio, pues ningún lugar mejor que este para recordar una profesión que, como tantas otras, ha desaparecido. En reconocimiento a tan destacada labor, el Museo obtuvo en 2008 el Premio Nacional de Cultura Tradicional y de Base.

Bajo el paraguas de una concepción antropológica y etnográfica, sin ignorar las permanentes referencias al medio natural, la historia, el pensamiento, la ciencia o el arte, las salas permanentes del Museo están dedicadas al mar, el campo, el hábitat y la arquitectura, los oficios rurales y urbanos, el traje, la música y la sociedad; también son expuestas colecciones de arte y arqueología, sin olvidar el tema de la prensa y la imprenta. Completan este recorrido, de por sí extenso, las muestras temporales. El museo también reúne una completa biblioteca de temas gallegos, publicando libros y un boletín, a la vez que organiza diversas actividades culturales y premios. Desde su apertura se ha convertido en la cabeza rectora de los numerosos museos de antropología y etnografía que han ido abriendo en Galicia.

Entre las 9000 piezas recuperadas y expuestas, cabe citar algunas. Así, en la Sala del Mar, que ocupa el antiguo refectorio conventual, encontramos embarcaciones tradicionales, maquetas, referencias al oficio de la carpintería de ribeira, aparejos de pesca, redes, anzuelos… El Campo hace acto de presencia con un pedagógico diorama, en el que asumimos la transformación del paisaje desde el Neolítico hasta

el presente, pasando luego a conocer los aperos de labranza, sistemas de transporte, pesas y medidas… Una sección de gran peso, detalladamente representada, es la de los Oficios: *zapateiros, zoqueiros, canteiros, pedreiros, ferreiros, carpinteiros, serranchíns, telleiros, albardeiros, afiadores, latoeiros, tecedeiras, cesteiros…* La vida cotidiana y los días de fiesta quedan representados a través del Traje, con un apartado dedicado al fino encaje de bolillos. Galicia tampoco se puede entender sin la Música, con sus instrumentos y bailes tradicionales. Por medio de fotografías, planos y maquetas nos adentramos en la tipología de la Arquitectura, con la vivienda tradicional y sus anexos, siendo el más singular el hórreo. Por fin, creencias, costumbres, prácticas religiosas, fiestas y ciclos son considerados en el apartado de la Sociedad.

Tres secciones quedan un tanto al margen de las anteriores: la de Arqueología, dispuesta en el claustro, con sus estatuas castreñas, lápidas romanas y fragmentos del edificio medieval desaparecido; la de Arte, con la imaginería religiosa en el coro alto de la iglesia (a destacar el *Cristo del Desenclavo* de Ferreiro) y una colección de pintura que va del siglo XVI a principios del XX; y la dedicada a la Prensa y la Imprenta, que además de la maquinaria hace hincapié en los primeros periódicos y libros editados en gallego. El museo fue ampliado en 2021, triplicando su superficie expositiva, en la rehabilitada ala sur del convento.

Hemos dejado para el final la alusión a la triple escalera helicoidal o de caracol, un alarde arquitectónico de Domingo Antonio de Andrade, demostración de su depurada y virtuosa técnica, que llamaba la atención de los viajeros de los siglos XVIII y XIX. Hay quien ha apuntado la similitud de dicha escalinata con la del castillo de Chambord, en el Loira, pero aquí el granito impone su rotundidad y su peso, haciendo aún más prodigioso el efecto de que las tres rampas, instaladas en un único hueco, parecen volar etéreas. Podemos admirar la pieza en conjunto, a través de sus perspectivas, y valorarla como un capricho propio del estilo, a la vez que como una demostración del propio arquitecto, pero en el detalle también hallamos mucha sabiduría técnica, pues los peldaños, labrados en piezas enteras de piedra, no están engastados en el muro ni unidos entre sí, sino que aparecen sostenidos por un nervio. ¡Prodigioso! Solo por contemplar esta maravilla valdría la pena entrar a San Domingos de Bonaval, pero además tenemos el museo. Ambos son citas ineludibles en la ciudad.

▲ Escalera de caracol del antiguo convento de San Domingos de Bonaval.

Espacios de creación contemporánea

9

La ciudad de Santiago de Compostela tiene tras de sí una larga historia cultural, donde los periodos más florecientes del hacer humano dejaron su huella en las piedras que la conforman. Hoy en día son muchos los acontecimientos que confirman este hecho desde diferentes ámbitos como la música, el arte, la arquitectura o la movilización vecinal.

En una urbe universitaria se presupone lógica la existencia de espacios alternativos de cultura donde poder explicar las otras facetas de la creación que en un tiempo son excepcionales y, con el paso de los años, se convierten en comunes. No es una casualidad que, a lo largo del siglo xx, buena parte de las experiencias culturales más innovadoras de Galicia surgieran al calor de las aulas universitarias, desde el arte de principios de siglo hasta buena parte del generado alrededor de la lucha contra la Dictadura. A este respecto destacan los conciertos del grupo Voces Ceibes, el de Raimón en la Facul-

Info

◐ A4
Auditorio de Galicia

tade de Económicas e Empresariais o el de José Afonso en el Burgo das Nacións.

Desde el punto de vista de las artes plásticas, es un referente su colección de pintura y escultura contemporánea, con obras de importantes artistas gallegos como Camilo Otero, Fernando Casás, Francisco Leiro, Quintana Martelo, Alfonso Sucasas o Conde Corbal, entre otros. De los espacios de cultura alternativos más dinámicos existentes en Compostela, destacan los que dependen de la Universidad: el auditorio, situado en el campus sur, recibe el nombre de sala Roberto Vidal Bolaño, en homenaje al dramaturgo santiagués ya fallecido. Presenta una programación especial basada en actos de pequeño formato con un aforo de cincuenta localidades. Dedicado más a albergar conciertos y exposiciones temporales, la igrexa da Universidade es un lugar de obligada visita. Se trata del antiguo edificio religioso de la Compañía de Jesús hoy secularizado y que ofrece muestras de pintura, conciertos de música de cámara e intervenciones de arte actual. En la misma línea, el salón Artesonado y la capilla del pazo de Fonseca disponen de una programación continua albergando distintas facetas creativas.

Las salas dependientes de la administración local también albergan multitud de actos. El auditorio de

◄ El Auditorio de Galicia fue diseñado por los arquitectos Julio Cano Lasso y Diego Cano Pintos.

▲ Durante todo el año el auditorio ofrece una extensa programación musical y expositiva.

Galicia es un importante edificio diseñado por Julio Cano Lasso, en 1989, donde se llevan a cabo exposiciones temporales en la sala Isaac Díaz Pardo, conciertos en las salas Mozart y Ángel Brage, y conferencias en la sala Central. Desde hace varios años, alberga el premio de artes plásticas Auditorio de Galicia para artistas jóvenes.

Más clásico en la vida compostelana es el Teatro Principal, construido en 1842 por Manuel de Prado y Vallo, y rehabilitado en 1988, donde cada mes de noviembre, con ya 35 ediciones, se desarrolla el popular certamen *CineEuropa,* ahora extendido a varias sedes. También dependientes del municipio son los cuarenta centros socioculturales existentes en los diversos barrios de la ciudad. Sus funciones se centran en la diversificación de la oferta cultural para, mediante pequeños espacios instalados directamente en los diferentes barrios, poder llegar a una mayor cantidad de santiagueses. Cuentan con una programación estable de exposiciones, conferencias, ciclos formativos y audiovisuales, destacando, por su valor arquitectónico, el de A Trisca, obra de John Hejduk, o el de Fontiñas, del arquitecto gallego Javier Suances.

La capitalidad de Galicia, ostentada por Santiago desde 1981, posibilita la existencia de varios espacios culturales dependientes del poder autonómico en los que se llevan a cabo espectáculos teatrales, musicales y relacionados con las artes visuales. El Salón Teatro es un edificio de 1919 construido a iniciativa de la Liga Mutua de Señoras de Santiago y diseñado por el afamado arquitecto compostelano Jesús López de Rego. Gestionado por el Instituto Galego das Artes Escénicas e Musicais, dependiente de la Xunta de Galicia, su programación está formada por exhibiciones de danza, música y, sobre todo, es un referente para el mundo teatral, ya que acoge los estrenos del Centro Dramático Galego.

Dentro de las instalaciones musicales de la ciudad, es referente el auditorio al aire libre del monte do Gozo, que acoge cada verano multitudinarios, entre ellos el festival O Son do Camiño. Fue edificado conjuntamente con el complejo de peregrinación de esta zona de Compostela, con albergues, restaurantes y una iglesia en 1993. Asimismo, de menores dimensiones, es el Multiusos Fontes do Sar, espacio cubierto que, entre otras funciones, también programa espectáculos musicales. Por último, dependiente de la Xunta de Galicia, sobresale el Centro Galego de Arte Contemporánea, un edificio diseñado por el arquitecto portugués Álvaro Siza, galardonado con el prestigioso premio Pritzer, y construido entre 1988 y

1993. Cuenta con diferentes salas de exposiciones temporales, desarrollando al mismo tiempo diversas actividades culturales como conferencias, debates, presentación de publicaciones o *performances*.

La iniciativa privada representa en Santiago un punto esencial en la programación cultural. Son muchas y variadas las salas que ofrecen actividades de esta índole, atendiendo a un público cada vez más exigente y comprometido con la modernidad. La Casa das Crechas es un pub mítico compostelano, lugar de reunión para los amantes de la música folk. En lo referente a música de nuevas tendencias, la sala Capitol mezcla el ámbito musical con el expositivo, sus promotores la definen como "un foro de la cultura y de la comunicación urbana, su actividad se dirige al fomento de la creación artística, con unos parámetros diferentes de los habituales". El local de la antigua Sala Nasa es ahora la Sala Malatesta, que se ha especializado en los conciertos de música rock, rap, hip-hop e indie, aunque abierta a otros estilos. Por último, la cooperativa Numax tiene su sala de cine, que se puede encuadrar en el arte y ensayo, y se complementa con un laboratorio de artes visuales y librería, en la céntrica rúa Concepción Arenal.

Existen en Santiago galerías de arte que atienden a un mercado cada vez más importante. Algunas, como DF-Arte Contemporánea, presenta expresiones artísticas innovadoras de arte no convencional, otras ya clásicas y referentes como Trinta, fundada en 1985 –que acerca a sus clientes experiencias relacionadas con la contemporaneidad gallega a través de las obras de artistas como Xosé Freixanes, Pamen Pereira o Berta Cáccamo–, y Sargadelos (Doutor Teixeiro, 1), en funcionamiento desde 1978 y que ofrece también la posibilidad de adquirir libro gallego o cerámicas de la marca Sargadelos al tiempo que es promotora de diversas iniciativas culturales. Además a su visita se añade el atractivo de que muchas de ellas se ubican en edificios históricos, y eso supone una ocasión única para conocer estos interesantes espacios.

Por último, de obligada mención son las fundaciones culturales, así las de Torrente Ballester (rúa do Vilar, 7), Eugenio Granell (praza do Toural, 8) o la de Afundacion-Abanca, con su sede en la praza de Cervantes, auditorio ocupando el antiguo pazo de Ramirás en la vecina rúa do Preguntoiro, 23, y sala de exposiciones en la rúa do Vilar, 19.

En todas ellas las actividades culturales forman parte esencial de su programación, tanto a través de muestras pictóricas, talleres o exposiciones históricas relacionadas, en muchos casos, con Santiago.

El clima.
Donde la lluvia es arte

10

Llover llueve. Masas de agua en suspensión llegan del océano, penetran por la ría de Arousa, ascienden por el valle del Sar, tropiezan con el monte Pedroso y vierten lluvias en Compostela. Un prolongado invierno, que a veces salpica el verano. Aunque, como ya es tópico, "los inviernos ya no son lo que eran". Ni siquiera aquí; las fábricas de paraguas, que eran una industria tradicional, están cerrando todas. También los chinos los hacen más baratos.

Pero haciendo virtud del defecto, exceso en este caso, se inventó el reclamo "Santiago, donde la lluvia es arte". No creo que se llegue a tanto porque, como es sabido, el arte es obra humana. Pero sí que en Compostela además de abundancia hay una cierta variedad. Desde el chaparrón hasta la nube que se posa tragando la ciudad, pasando por lluvias gordas, finas y "orballos"o "calabobos". En ese sentido un cierto mérito sí que tiene la lluvia compostelana.

Además, cada cosa es para lo que es. Santiago es para las lluvias. El desierto no es lo mismo sin sol y Compostela no es la misma sin lluvia. Sus rúas no tendrían soportales y sus casas no tendrían

galerías o gárgolas. Y verá que las postales turísticas reflejan una ciudad de piedras brillantes y mojadas. Por algo será.

Lo bueno de los tópicos es que casi siempre se asientan sobre una buena dosis de verdad, lo malo de los tópicos es que empobrecen esa dosis de verdad. La Lluvia y la Piedra, así con mayúsculas, son los tópicos que sepultan la hermosura que en Santiago haya. Cronistas, guías turísticos y escritores de diversa fortuna han repetido el tópico hasta el hartazgo. No hagan caso de lo que lean al respecto. Lo mejor que puede hacer es deambular hasta cansar el cuerpo por rúas y rincones. Si llueve, agradézcalo y salga con un paraguas. Verá que, efectivamente, a ciertas horas en ciertos días y con ciertas lluvias la ciudad vieja es un espacio y un tiempo particular e íntimo. Además de sensaciones íntimas puede sentirse perdido en las proporciones de la praza do Obradoiro o en la de la Quintana. Pero aun esos grandes espacios se humanizan y se vuelven humildes por el efecto monótono e implacablemente igualador de la lluvia o la *brétema,* la niebla. Y ya que sale la niebla, la praza do Obradoiro es digna de ser atravesada en noche de niebla y apenas el ruido de alguna veleta oxidada.

Claro, que también puede ser que el visitante llegue a Santiago y encuentre día soleado, incluso caluroso. Pero, qué se le va a hacer, no siempre hay suerte. Aun con sol, Compostela vale la pena. A veces me gustaría no ser de aquí para venir a conocerla.

▼ Compostela se encuentra rodeada de un verde paisaje gracias a la humedad del clima.

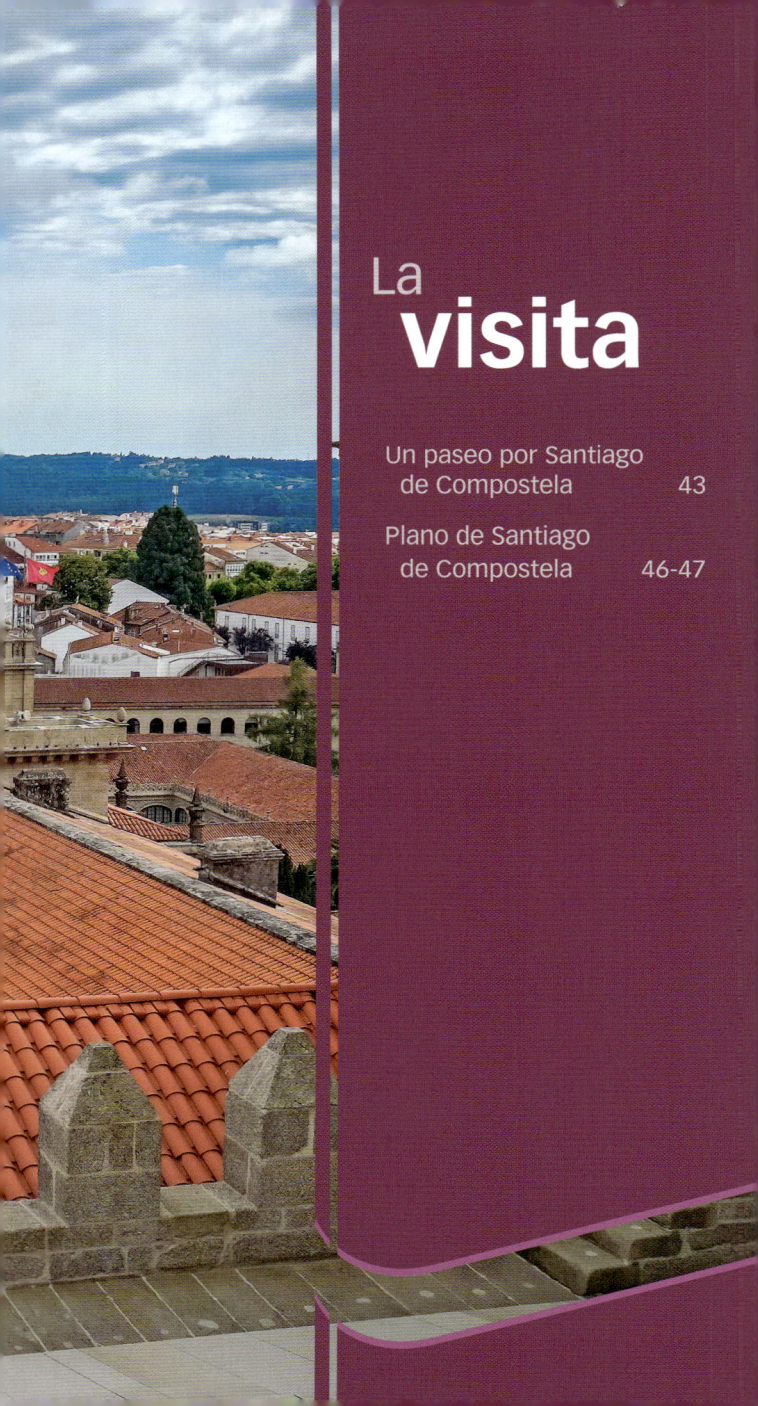

La
visita

Un **paseo** por **Santiago** de **Compostela**

Santiago es paso, casi obligado, entre las tierras septentrionales y meridionales de Galicia y, de hecho, su céntrica ubicación desempeñó un importante papel en su designación como capital autonómica. Cuenta con el aeropuerto internacional de Lavacolla, aunque algunos viajeros llegan a la ciudad caminando. Desde el siglo IX, por lo menos, los peregrinos visitan esta ciudad que guarda los restos del hijo de Zebedeo, quien escogió las tierras que orillan el Sar y el Sarela como lugar de reposo eterno. Vienen a besar la espalda del santo, cubierta de oro, plata, rubíes y otras piedras de admirar, como las propias de granito, que en uno de los más espléndidos templos del románico protegen la sacra tumba del Apóstol de las inclemencias del tiempo. En Compostela a la lluvia se le dice arte, un arte fino, húmedo y penetrante que impregna la universal urbe de una belleza que a veces toma la forma del barroco, otras del románico, del gótico o hasta

del plateresco... o carga de un perfume de liquen, ácido como el fondo del alma gallega, cada uno de los rincones y rúas de la villa.

Compostela es una ciudad que admite el vagabundeo, de modo que el itinerario que proponemos aquí no tiene por qué ser tomado al pie de la letra. Si uno desea perderse en la ciudad vieja, a buen seguro que acabará viéndolo casi todo. Como buena ciudad de planta medieval, Santiago sabe conducirlo a uno si uno se deja. Lo que nosotros sugerimos a continuación es una manera de hacerlo.

▌ PRAZA DE GALICIA

Comenzaremos nuestro itinerario en la praza de Galicia, la antigua plaza de Entrecarretas. Esta plaza es fácil de localizar si el visitante llega a la ciudad en tren o autobús. Desde ambas estaciones, ahora reunidas en la Intermodal y muy céntricas, un paseo de menos de 10 minutos nos dejará en la plaza. Si dispone de su propio vehículo, es bueno saber que aparcar en el centro es un cometido sumamente complicado, e incluso en muchos barrios el espacio ha sido reservado para los residentes (zona verde): si no se quiere recurrir a los aparcamientos subterráneos de pago, varios para elegir, una buena opción es la del Campus Sur (máximo 4 horas en zona azul a un precio barato), el aparcamiento de pago al aire libre de Belvís (pocas plazas), las zonas libres del Campus Norte y el vecino barrio de Vista Alegre o el gran aparcamiento gratuito de Salgueiriños, aunque desde él son 2 km hasta la catedral (25 minutos a pie). Por las tardes, y a partir del sábado al mediodía, resulta mucho más fácil aparcar por la desbandada de alumnos, profesores y funcionarios de la Xunta.

La plaza en sí no reviste un interés especial desde el desafortunado derribo del edificio Castromil, una muestra de modernismo que ocupaba el centro del lugar hasta 1974. Mirando hacia la zona monumental, se tendrá a la derecha el **hotel Compostela** (Adolfo de Cominges, 1927), un edificio regionalista almenado. No muchos de sus clientes sabrán que duermen en el solar del antiguo edificio de la Inquisición. De hecho, la calle que sigue a la Senra, Fonte de San Antonio, se llamaba antiguamente calle de la Inquisición. Anteriormente esta institución había tenido su sede frente al convento de benedictinos

▌ Planificación de la visita

Santiago es una urbe infinita; otros dirían que es inagotable, o agotadora, porque es tanto su patrimonio visible como ese otro hondo, forjado por las centurias, que no se aprecia a primera vista. A continuación se propone un paseo por la villa jacobea, que comienza en una de las siete puertas desde la que se puede abordar, con rodeos, o agotadora, el asalto a la imprescindible **praza do Obradoiro,** tesoro al descubierto donde está oculta una de las entradas del cielo, el restaurado **Pórtico de la Gloria.**

Las estrellas (✷ o ✷✷) que acompañan a los monumentos hacen referencia a su importancia o especial interés. Para no extraviarse por las rúas santiaguesas, la guía cuenta con un **plano** de la ciudad, en las páginas 46-47. El símbolo ◐ remite a la localización en el plano.

• • • • • • • •

◐ C2
Praza de Galicia

▲ Antiguas escaleras en el Pazo do Hórreo.

▶ Fachada del Parlamento de Galicia.

D1
Parlamento de Galicia

de San Martiño Pinario. La proximidad del Santo Oficio les resultaba tan poco grata a los monjes que ellos mismos se ofrecieron a construirles un nuevo palacio si cambiaban sus actividades de lugar. Fue aquí donde lo construyeron, lo más lejos posible en aquellos tiempos. Luego acogió a la Administración de Rentas e incluso un cine, el Royalty. Frente a él se situaba el histórico **café Derby,** inaugurado en 1929 y favorito de Valle-Inclán, a quien han dedicado un busto en la plaza. En 2020 cerró y ha sido sustituido por una cervecería en la que se conservan su barra y parte de la decoración. Muy cerca de él, en paralelo a la plaza y la rúa da Senra, se prolongan las estrechas rúas Entremurallas y do Peso, testimonio del camino de ronda de la cerca medieval, levantada por el obispo Cresconio a mediados del siglo XI. Una de sus torres perdura en la vecina rúa da Fonte de Santo Antonio.

Al fondo de la plaza, en su salida más al sur, se inicia la **rúa do Hórreo.** Los hórreos son una construcción típicamente gallega que sirve de almacén para el maíz, y aquí estuvieron los del cabildo catedralicio, entre ellos uno de gran tamaño. En la actualidad, el número 63 de la rúa do Hórreo es la sede del **Parlamento de Galicia.** Es importante que resista la tentación de seguir hacia esa parte moderna. Es cuesta abajo, cierto, pero se arrepentirá si lo hace. Déjelo si acaso para la noche y entre en la ciudad por la **porta da Mámoa.**

Hay muchas maneras de entrar a Santiago: siete en total, tantas como antiguas puertas tenía la muralla de la ciudad. Algunas guías recomiendan la de porta do Camiño, para experimentar la ciudad

◀ Pazo de Bendaña, en la praza do Toural.

▲ Atlas del remate de la fachada del pazo de Bendaña.

como lo hacen los peregrinos del Camino Francés; otras menos modestas, la porta Faxeira, para imitar el recorrido del Apóstol. Pero nosotros sugerimos entrar por esta pequeña calle. *Mámoa* es el vocablo popular gallego para los túmulos funerarios de la Edad de Bronce, tan numerosos en Galicia. Estará, pues, pisando el mismo germen de la ciudad, su origen más remoto.

I PRAZA DO TOURAL

Se llega siguiendo los soportales del Cantón do Toural, que aparecen inmediatamente a la izquierda. La **fuente** que hay en el centro es todo un ejemplo de lentitud administrativa. Fue solicitada en 1584 y colocada casi tres siglos después, en 1820. El agua que la nutre es la que venía empleando el edificio de la Inquisición –un agua, pues, bastante siniestra–. El remate es un ánfora con la que se sustituyó un busto de Marte cuando a alguien se le ocurrió señalar el extraordinario parecido del dios romano con el entonces famoso y rebelde general Quiroga, que había participado en el levantamiento liberal de Rafael del Riego, en ese mismo año de 1820.

A la izquierda de nuestro itinerario se alza el **pazo de Beldaña,** con su Atlas sosteniendo el mundo en lo alto de su fachada. En Santiago se dice que lo dejará caer cuando bajo el umbral pase una joven virgen o, según otros autores más comedidos –o que desean ponérselo más difícil a Atlas–, un estudiante con todo aprobado. El pazo es sede del **Museo-Fundación Eugenio Granell,** dedicado a difundir la obra del pintor surrealista coruñés.

🕐 C2
Praza do Toural

🕐 C2
Museo-Fundación Eugenio Granell
✉ Praza do Toural 8. Pazo de Bendaña.
☎ 981 572 124.
💻 www.fundacion-granell.gal
🕐 Octubre- mayo:
M-V, 11-14 h y 16-20 h.
S: 10.30-14.30 h.
Junio-septiembre:
M-J, 11-14 h y 16-20 h.
V: 11-14 h y 17-20 h.
S: 11-14 h. D-L y festivos: cerrado.
🎫 General: 2 €; peregrinos con credencial: 1 €.

Santiago, ciudad de moda en la Edad Media

Hubo unos siglos en los que Santiago estaba de moda. El Camino era entonces tan popular como lo pueda ser ahora cualquier otra ruta cultural, turística, deportiva o espiritual. Con la diferencia de que el Camino las englobaba todas. En Francia, siempre tan permeable a la moda y tan vinculada a Compostela –que es, en cierto modo, una ciudad francesa– el nombre Jacques era, con mucho, el más frecuente. Tanto es así, que Jacques Bonhomme pasó a significar "el hombre del pueblo", como el Jedermann alemán o el Juan Nadie español. Era el apelativo por el que se conocía a la gente común y, cuando esta se rebeló, esas rebeliones recibieron la denominación de *jacqueríes*. Hoy el nombre está muy extendido en todo el mundo en diversas formas: Xaime o Lago en gallego; Jaime, Jacobo; Diego o Yago en castellano; James en inglés, etc.

⊙ C2
Porta Faxeira

▲ Rúa do Franco.

⊙ C2
Rúa do Franco

PORTA FAXEIRA

Esta es otra de las siete puertas de la ciudad, su nombre alude a los hayedos que debió de haber en otro tiempo. Tampoco aquí se conserva la puerta que le da nombre y que, como dice el libro V del *Codex Calixtinus* –una especie de "guía turística" medieval a la que nos referiremos varias veces–, conduce a Padrón. Sería por aquí por donde habría llegado el cuerpo santo, en un carro tirado por bueyes. En la actualidad es una plazuela muy concurrida, especialmente los festivos y los días soleados –que vienen a ser también una especie de festivo en Compostela–, con sus terrazas de cafetería. Un ambiente bien distinto al que describía Neira de Mosquera, uno de los cronistas de la ciudad en el siglo XIX, quien recordaba aún haber visto de niño malhechores colgados en el arco de la puerta. Por aquí pasaba la vía romana de *Bracara* a *Lucus*. Los bueyes seguían el tramo desde Padrón, un tramo que continuaba por la siguiente calle que se verá.

RÚA DO FRANCO

Todas las ciudades gallegas tienen su *rúa dos viños,* su calle de los vinos, siempre muy concurridas a horas fijas. El Franco de Santiago, junto a la Raíña, es un poco la capital de esos territorios, con sus más de medio centenar de bares, tabernas y restaurantes donde uno puede probar todas las variedades imaginables del marisco y el pescado fresco y beber el ribeiro en algún lugar aún en la tradicional taza blanca. Es característico que algunos de estos locales se conozcan por el número de casa que les corresponde en la calle, como "O´46".

Fíjese además en los rótulos metálicos, algunos son verdaderamente simpáticos. Es quizás la parte más gallega de la ciudad, a pesar de su nombre, al que dieron origen las numerosas hospederías francesas.

El nombre Franco deriva de francés. Fue aquí donde se establecieron los obreros de ese origen que levantaron la catedral. Hay que pensar lo que suponía la construcción de una catedral en la Edad Media: al menos dos generaciones de centenares, incluso miles de trabajadores especializados. Encontrarlos en la península era entonces imposible, a pesar de la larga tradición de talla en granito desarrollada en esta tierra. Estos constructores fueron virtualmente los primeros peregrinos. Se organizaban en cuadrillas y estaban orgullosos de su oficio, entonces el sector punta de la tecnología. En la catedral veremos luego sus firmas en la piedra. En esta calle, en la que tanto se ha bebido, los primeros en hacerlo fueron precisamente los bueyes que llevaban el cuerpo del Apóstol. A mano derecha una fuente señala el lugar donde, según la tradición, abrevaron. Se dice que esas aguas curan la ceguera y para probarlo se aduce la leyenda del milagro de San Franco de Sena.

Ya llegando al final de la calle nos encontramos con la pequeña praza de Fonseca. Frente a ella se alza el **colexio de Fonseca** (Juan de Álava, 1532-1550). Se trata del colegio que fundó el famoso arzobispo del mismo nombre en el solar de la que había sido su propia casa.

En total hubo tres Fonsecas en la ciudad, tres arzobispos que ocupan sesenta años de su historia. Antiguamente un sereno recorría esta calle pidiendo una oración por el alma del último de ellos, en agradecimiento por las edificaciones y mejoras que había impulsado. El palacio, que se organiza en torno a un bello claustro renacentista de arcos escarzanos y carpaneles, fue primero dedicado al estudio de la teología y luego a colegio mayor. Eran dieciocho colegiales que vestían la beca de lana. En 1841 fue suprimido y llegó a utilizarse, por asombroso que parezca, como posada para arrieros. Aquí tuvo también su sede el Seminario de Estudios Galegos, cuyos miembros redactaron el primer anteproyeto de estatuto de autonomía de Galicia. En 1982 acogió el primer Parlamento de la autonomía y actualmente acoge la **biblioteca** general **de la Universidad,** y su capilla tardogótica y el salón noble artesonado salas de exposiciones.

Paralela a Franco va la **rúa da Raíña.** *Raíña* es reina en gallego. Se piensa que pueda aludir a doña Urraca o a la infortunada Isabel de Portugal, quien peregrinó dos veces en hábito de mendiga. Isabel era

▲ Praza de Fonseca.

· · · · · · · ·

🅱 B2
Colexio de Fonseca
✉ Rúa do Franco 3.
☎ 647 344 128.
🖱 www.usc.gal/gl/usc/
historia-patrimonio/visitas-
guiadas
🕐 Biblioteca: L-V, 8.30-
21.30 h. S-D: cerrado.
Claustro: horario de la
biblioteca.
Salón artesonado y capilla
gótica: horario sujeto a
exposiciones (L-D, 11-14 h
y 17-20.30 h).
💶 Gratis exposiciones
y claustro.

la esposa de don Dinis, el rey portugués que era a la vez poeta, "saboroso e de amor trovador" pero poco de fiar –Isabel llegó a santa por la paciencia que tuvo con sus infidelidades, y por su probada caridad para con los pobres, de ahí que también se le atribuya el celebre milagro de las rosas–. Don Dinis escribía en gallego-portugués, junto al provenzal el único idioma literario del amor en esos siglos. También en gallego-portugués escribieron los poetas compostelanos Joam Airas y Airas Nunes, lengua que se partió luego en dos ramas igual de largas.

PRAZA DO OBRADOIRO ★★

El antiguo nombre de esta plaza es del Hospital, pero ha sido rebautizada como del Obradoiro, pues aquí se encontraban los talleres al aire libre de la fábrica catedralicia. Sobre ella se alza la fachada de la catedral que lleva este nombre, obra del arquitecto Casas y Novoa, y que es la que domina el conjunto.

Se trata sin duda de una de las plazas más hermosas de Europa, con la particularidad de que es un auténtico resumen de la historia del arte. Sin moverse de ella el visitante puede recorrer mil años de arquitectura con solo echar un vistazo a su alrededor: la portada medieval del colexio de San Xerome, el renacimiento del Hospital Real, el barroco de la

► Fachada del Obradoiro de la catedral.

PRAZA DO OBRADOIRO

🕐 B3
Praza do Obradoiro

fachada de la catedral y el neoclásico del pazo de Raxoi. Cuando decimos que el conjunto es armónico –y es cierto que lo es– a menudo nos olvidamos de que difícilmente un conjunto podía ser más dispar.

Empecemos por el **Obradoiro.** La palabra es el término gallego para taller, obra, andamio. Seguramente recibió esta denominación durante la época de su construcción, entre los años 1738 y 1750. La fachada en sí tiene el aspecto de un retablo dominado por la urna y el Apóstol en el arco superior, a quien adoran dos reyes. A los lados de la urna se disponen las figuras de los discípulos de Santiago: San Atanasio y San Teodoro. Las estatuas que aparecen en el ala derecha son las de Santa Bárbara, Santiago Alfeo y Santa María Salomé –la madre del Apóstol– en un nicho. Las de la izquierda representan al Zebedeo –su padre–, San Juan –el hermano– y Santa Susana. Se deben a algunos de los grandes artistas del barroco gallego, como Antonio Vaamonce y Gregorio Fernández.

Las torres que enmarcan la fachada son medievales, lo que se puede observar en las bandas decorativas –las características bandas lombardas–, pero coronadas posteriormente por remates que debían conjugarse con el Obradoiro. A la que está al norte –a la izquierda mirando de frente– se la llama *da Carraca,* por el artilugio de madera que se hace sonar en ella

▲ Coro pétreo del Maestro Mateo en el Museo de la Catedral. Abajo, detalle de la fachada del Hostal dos Reis Católicos.

• • • • • • • • •

🕒 B3
Pazo de Xelmírez
o Antiguo Palacio Arzobispal
✉ Praza do Obradoiro.
☎ 981 552 985.
🕐 Mismo horario que el Museo de la Catedral (lunes a domingo, 10-20 h).
🎫 Entrada gratuita con la entrada del museo o de la catedral.

• • • • • • • • •

🕒 B3
Hostal dos Reis Católicos
✉ Praza do Obradoiro. Parador de Turismo.
☎ 981 582 200.
🌐 www.parador.es
🕐 L-V y D: 12-14 h y 16-18 h (patios interiores y capilla).
🎫 3 €. Lunes gratis.

durante la Semana Santa, cuando tradicionalmente enmudecen las campanas. Fue su sonido, un tanto extraño, el que puso en fuga a las tropas napoleónicas que hacían noche en el claustro, al confundirlo con el ruido de los zuecos de un ejército de campesinos.

A la izquierda de esta torre está el **pazo de Xelmírez** o **Palacio Arzobispal,** iniciado por el engrandecedor de Compostela, el arzobispo por excelencia: Diego Gelmírez. En su interior estuvo la fábrica de la moneda, un privilegio que fue concedido por Alfonso VI –el rey de León y Galicia que acabó siendo rey de Castilla– para que el arzobispo, al que tanto debía, terminase de construir su catedral. Hoy solo su interior es realmente medieval, pero merece mucho la pena, sobre todo el llamado comedor o salón de fiestas, decorado con temas de la vida cotidiana de la época, incluyendo a unos nobles degustando la clásica empanada gallega. Músicos, criados, un juglar haciendo bailar a un oso... un auténtico documental en piedra acerca de la sobremesa de hace mil años. En el otro piso se encuentran un gran salón, algunos aposentos y la cocina. Parte del palacio es el **arco Arzobispal,** en el lado izquierdo. Pruebe a gritar algo en su interior –piense antes bien qué–. Su eco es famoso en Santiago, y por ello plaza en la que siempre actúa un gaiteiro. El escritor Álvaro Cunqueiro, que decía haberse dedicado a coleccionar los ecos de la ciudad con el escultor Eiroa, lo proclamaba vencedor.

El norte de la plaza lo ocupa el **Hospital Real** u **Hostal dos Reis Católicos.** Fue mandado construir por la reina Isabel la Católica para acoger a los peregrinos enfermos o reventados por el largo viaje. Fue realizado por Enrique Egas en el estilo plateresco que entonces triunfaba. Sería como un pequeño pedazo de Salamanca en Galicia de no ser por la piedra de esta parte del mundo, que condiciona a cualquier creador. Fernando e Isabel están en los medallones de las enjutas de la puerta, con su arco de medio punto característico. Se dice que en una de las estatuillas de las pilastras junto a esa puerta el autor se representó a sí mismo. En los nichos se nos muestran, a la derecha, a Eva, Santa Lucía y Santa Isabel; en la izquierda, Adán, Santa Catalina y San Juan Bautista. Pero sobre todo observe las gárgolas –la quinta empezando por la derecha, por ejemplo–, se llevará alguna sorpresa. Si ha visto *Orgullo y pasión,* aquel descabellado drama sobre la guerra de la Independencia que rodó el director Stanley Kramer en España –con Sofía Loren y Frank Sinatra haciendo de bravos guerrilleros–, recordará que el hospital de los Reyes Católicos era la guarida de los bandoleros.

Las cadenas del hospital

Todos los edificios nos cuentan una historia, porque se hacen para algo y contra algo. El Hospital Real era en Santiago de Compostela el pequeño territorio de la realeza en un dominio feudal de los arzobispos. Atravesar la cadena que hay ante él suponía sustraerse a las normas locales y acogerse al asilo del rey. Los privilegios que llegó a adquirir el hospital fueron tan importantes que ello condicionó a su edificio vecino, el pazo de Raxoi, en lo que constituye toda una lección de historia política. Cuando el arzobispo Rajoy inició su construcción, el director del hospital empezó a elevar quejas al monarca: que si el nuevo edificio le quitaba el sol al hospital, que si impedía la circulación del aire en la plaza. Fue una polémica que duró años y que se saldó con un empate. El palacio se hizo, pero debió retrasar su fábrica unos metros, con lo que nosotros, si bien se mira, hemos salido ganando.

Luego todos iban de Santiago a Ávila pasando por Zaragoza, a pie y tirando de un cañón. Merece la pena visitar el interior. Después de muchos siglos de servir de hospital, hoy es un hotel de lujo de la red de Paradores. Sin ánimo de ser morbosos, creemos que la cafetería ocupa el lugar del antiguo tanatorio. Pero, como decimos, es inexcusable una visita a su interior; sobre todo a la recargada iglesia gótica isabelina, con monumental reja, y a los patios (dos renacentistas, dos barrocos). Hoy en día el Hostal se encuentra en proceso de rehabilitación de varias fases estipuladas hasta 2026. Una de esas fases conlleva trabajos en la Capilla Real para la conservación de los conjuntos escultóricos, tallados en piedra caliza, un tipo de material muy sensible a la humedad y que se estaba deteriorando en los últimos años.

Justo frente a la fachada de la catedral se encuentra el **pazo de Raxoi,** que fue creado por este arzobispo, don Bartolomé de Rajoy y Losada (o Raxoi en su forma gallega), como Seminario de Confesores,

🌀 B2-3
Pazo de Raxoi

▼ Pazo de Raxoi.

Hogar de los Niños del Coro y Consistorio. A lo largo del tiempo ha ido cumpliendo todo tipo de funciones, desde cárcel hasta sede del Centro Regional de TVE o del Presidente de la Xunta. Hoy alberga fundamentalmente las dependencias municipales. Su impresionante porte neoclásico, con sus tres ejes, su friso y los soportales poderosos, se debe al ingeniero y arquitecto francés Carlos Lemaur. Observe la curiosa simetría que supone la imagen de Santiago Matamoros que corona el frontón –obra del escultor Ferreiro– y la de la fachada del Obradoiro.

En el tímpano se representa su figura en la mítica batalla que a finales del siglo IX mantuvo el rey Ramiro I contra los árabes en Clavijo, en la que, según la leyenda que lo ha hecho patrón de España y de la caballería, participó aniquilando musulmanes, por lo que recibe el sobrenombre de "Santiago Matamoros", que no es precisamente su advocación más bonita.

Por último tenemos el cierre de la plaza al sur: el **colexio de San Xerome,** donde se puede comprobar uno de los rasgos definitorios de la escultura gallega: la persistencia del románico hasta muy tarde –en este caso el siglo XV–. El pórtico procede de un hospital para peregrinos que había antes en la praza de la Acibechería. Esto explicará al visitante suspicaz la presencia de todos los santos relacionados con la salud, como San Cosme y San Damián, los galenos gemelos. Como es la sede del rectorado de la Universidad, puede usted hacer como que va a protestar un examen de geografía y visitar el patio y el claustro de su interior. Pero sobre todo son interesantes las jambas de la fachada. Se creó como colegio menor para "artistas estudiantes pobres". Asombrosamente eran solo 24, y como dice Otero Pedrayo: eran "gallegos, vestidos de manto de buriel sin beca, gobernados por un vicerrector, sometidos a una disciplina y penuria que contrastaban con la riqueza de sus vecinos de Fonseca".

Y ahora que ya lo ha visto todo con más detalle, vuelva a contemplar el conjunto, la plaza desde su mismo centro. Si tiene la suerte de haber llegado a la ciudad en julio, vuelva aquí por la noche. En estas fechas se celebraban antiguamente corridas de toros en la plaza, lo que resulta bastante difícil de imaginar hoy en día. Ahora el número fuerte de estas festividades lo constituyen los *fuegos del Apóstol,* espectáculo pirotécnico que para no dañar la fachada catedralicia ha sustituido la quema de la fachada mudéjar por un juego de efectistas proyecciones, juegos de láser y música concordada, cada año diferentes. Pero si no ha tenido la suerte de haber llegado a la ciudad

● ● ● ● ● ● ● ●
🕐 B3
Colexio de San Xerome

▲ Detalles de la portada del colegio de San Xerome.

El campo de la Estrella

Santiago se llamaba en realidad Jacob –nombre frecuente entre los hebreos–. Santiago es la forma contracta de Sant-Iacob. Era hijo de Zebedeo y María Salomé, y tanto él como su hermano eran conocidos como "Bonaerges", los hijos del Trueno. Fue mandado ejecutar por Herodes Agripa, no confundir con Herodes el Grande (el de la Matanza de los Inocentes), en el 44 d. C., con lo que se convirtió en uno de los primeros mártires cristianos tras San Esteban. Según la creencia, sus discípulos trasladaron sus restos a Galicia, donde decían que había ejercido su apostolado. Llegaron en una barca de piedra a Padrón y pidieron un medio de transporte a la reina Lupa, señora de estos territorios. Deseando burlarse, les dejó unos toros bravos, pero los toros se convirtieron en mansos bueyes. En el lugar donde estos se detuvieron a beber, los discípulos sepultaron al Apóstol. La arqueología nos dice que el lugar era una necrópolis. El sepulcro permaneció ignorado hasta el siglo IX. Entonces el ermitaño Pelayo, que vivía en las proximidades, vio extrañas señales sobre el lugar y advirtió de ello a su obispo, que era el de Iria, Teodomiro. Cuando llegaron al sitio donde hoy se alza la catedral, se encontraron con el sepulcro. Entre las señales maravillosas que vio Pelayo había una estrella de la que se ha querido derivar el nombre de la ciudad: *campus stellae,* el campo de la estrella. En realidad la filología nos dice que deriva de *compositum tellus,* lugar arreglado, hermoso, bien compuesto (algunos todavía defienden una etimología a partir del sentido funerario de *componere,* enterrar). Pero la otra versión permanece en pie para los que prefieren la belleza a la exactitud.

en julio, no se preocupe y vuelva de todas maneras por la noche y observe la Vía Láctea. Es otro de los nombres poéticos del Camino de Santiago desde que los peregrinos se dieron cuenta de que señalaba en el cielo exactamente la ruta a seguir en la tierra. A esta constelación que los bosquimanos llaman "el hueso de la noche", los suecos "la calle invernal que lleva al paraíso", los escoceses de las Hébridas "el sendero de la gente secreta", los noruegos "el camino de los fantasmas" o los patagones la "pampa blanca

·········

📍 B3
Catedral

✉ Acceso por Praza de Praterías: basílica, misas, abrazo al Apóstol y sepulcro.
Acceso por Praza do Obradoiro a: escalinata, Pórtico de la Gloria y museo (colección permanente, visitas guiadas y visitas temáticas).

📞 902 044 077.

🔗 www.catedraldesantiago.es

🕐 Basílica: todos los días de 7 h a 21 h.
Acceso al camarín (abrazo al Apóstol): todos los días, 8.30-19.30 h. Cubiertas y torre de la Carraca: todos los día, 10-20 h.
Visitas nocturnas: M-D: 22.30 h, 22.45 h y 23 h.

💶 Basílica: gratis.
Visita nocturna guiada: 25 €.

Pórtico de la Gloria

🕐 L-D: 16-17.30 h.

💶 Museo+Pórtico de la Gloria: 12 €; peregrinos con credencial 10 €.

ℹ Cada día se ofrece un pequeño número de invitaciones para visitar el Pórtico por la web de la Catedral siete días antes de la fecha de la visita. Información actualizada en: visitas.catedraldesantiago.es

donde los fantasmas cazan ñandúes", en Occidente se llamó durante siglos el "Camino de Santiago". Se trata de un edificio más de la plaza, uno con ese extraño horario de visita.

El *Calixtino* cuenta la leyenda de que el Apóstol se le apareció una noche al emperador Carlomagno y le explicó el significado del firmamento: ese camino de estrellas representaba el ejército que él debía conducir hasta Compostela y también las multitudes que le seguirían en peregrinación a lo largo de los tiempos.

La relación de Carlomagno con Santiago es muy estrecha, pero de orden literario. Aunque en la *Chanson de Roland* no se la menciona, en *L'Entreé en Espagne* dicha entrada la hará "par l'amour de Saint Jacques" y en la *Prese de Pampelune* se lucha por "le chemin du bon Saint de Galice". Esta protección la ciudad se la agradeció también de un modo legendario: todos los meses de agosto y por un plazo tan largo como la eternidad se dice una misa por su alma, y en la *Historia Karoli Magni* es un gallego quien pone sus buenas obras en el platillo derecho de la balanza de su Juicio Final. Entre esas buenas obras está la fundación –imaginaria– de la catedral de Santiago. Así que qué mejor modo de pasar a verla. Gritemos ¡ultreya! (más allá) como hacían los peregrinos a la vista de la fábrica basilical y empecemos dando un rodeo.

❚ LA CATEDRAL ✱✱

Santiago es una ciudad edificada en torno a una tumba. La tumba de un ser a la vez histórico y legendario. Se levantaron nada menos que tres santuarios sobre su sepulcro, ya que, como Jerusalén, Compostela ha perdido varias veces su templo. La primera construcción fue la de Alfonso II el Casto (siglo IX), una iglesia que hizo Teodomiro casi con sus propias manos, amasando materiales de derribo procedentes de un palacio. La segunda es la de Alfonso III el Magnánimo (siglo X), quien realmente hubo de serlo porque hizo llegar mármoles de Eabeca y columnas de Oporto para su ornato. Un esfuerzo efímero, porque la basílica solo estuvo en pie cien años. Esta fue la que destruyó Almanzor en su campaña por tierras gallegas. Se dice que el pérfido canciller musulmán incluso abrevó a su caballo en la pila bautismal. Quiere la tradición que el caballo reventase allí mismo por este bautismo indebido, y en la muerte de Almanzor –por unas fiebres en la Medinaceli del mercurio, irónicamente– quiere también ver un castigo divino. Dos Diegos, Peláez y Gelmírez (siglos XI-XII), levantaron el tercer santuario, a partir de 1075, en poco más de cien años. Se ha señalado con acierto que se tardaba en construir una

catedral el mismo tiempo que hoy se tarda en edificar una ciudad como Nueva York. Con Gelmírez se concluyen el transepto y las naves. Ya con el Maestro Mateo al frente, se realizan la fachada occidental y el coro, dando comienzo al claustro. La consagró en 1211 Pedro Muñiz, el arzobispo nigromante.

La basílica ocupa 11 880 varas cuadradas, por decirlo en la medida de la época, y sus torres alcanzan más de 240 pies de altura (la vara y el pie son antiguas medidas, hoy en desuso, que equivalen a 83 y 30 cm, respectivamente). Son 63 las vidrieras. En una de ellas aparece la catedral representada con nueve torres, sin duda un proyecto para el futuro que no se completó.

La escalinata de doble rampa es del siglo XVII y entre esas dos rampas está la entrada a la **cripta**, también llamada la catedral vieja. En realidad se trata de una construcción necesaria para salvar el desnivel del terreno, puesto que la catedral fue

▲ Peregrinos en la fachada del Obradoiro de la catedral.

construida en la ladera de una colina. Es obra del Maestro Mateo, de quien hablaremos seguidamente.

Del **Pórtico de la Gloria** se ha dicho que contiene la primera sonrisa del románico, la del profeta Daniel, y seguramente es cierto. Su autor se le conoce como el Maestro Mateo y era un pontífice en el sentido estricto, puesto que era un "hacedor de puentes". Por ejemplo, trabajó en el muy reformado de Pontecesures. Pocos oficios tan sugerentes para un personaje tan legendario. Un relato romántico ha querido interpretar una figurita, popularmente conocida como el *Santo dos Croques* o, antiguamente, la *Santiña da Memoria,* como el verdadero retrato del artista, dispuesto al pie del parteluz y mirando al altar, castigado sin poder contemplar su obra, por haber osado situarse en la Gloria entre los elegidos. En el centro del arco vemos a Cristo mostrando sus llagas. Le rodean los evangelistas con sus atributos –San Juan y su águila, San Marcos y su león, etc.–. En la base ocho ángeles portan los instrumentos de la Pasión. Toda esa gente desconcertada que hay en los espacios libres es el pueblo redimido. Los veinticuatro ancianos de la arquivolta son los del equipo titular del Apocalipsis de San Juan, habituales de los pórticos románicos. Todos hablan entre sí de dos en dos salvo uno, pruebe a descubrirlo. Los instrumentos que sostienen algunos de ellos sobre las rodillas revisten una gran importancia musicológica.

En el parteluz se encuentra el autorretrato del Maestro Mateo. Los naturales lo llaman *o santo dos*

▼ Pórtico de la Gloria. Detalle del arco central, con las imágenes de los apóstoles Pedro, Pablo, Santiago y Juan.

Introducción a los símbolos jacobeos

Una leyenda asociada al episodio de la Traslación, esto es, el traslado del cuerpo decapitado del Apóstol hasta Galicia, indica que un caballero, en la costa portuguesa de Maia, se introdujo con su cabalgadura en el mar para mejor contemplar aquella nave prodigiosa. Al salir, comprobó que su caballo estaba cubierto de conchas marinas. Como en la Afrodita de Botticelli esas conchas son de venera –de Venus–. De esta palabra latina procede el término gallego *vieira*. Este bivalvo se convirtió pues en el símbolo por excelencia del Apóstol, el *pectem Iacobeus*. Los peregrinos se la cosían en el sombrero o en la ropa, el cabildo catedralicio las mandaba grabar en sus propiedades inmobiliarias y las familias de la nobleza que habían hecho el Camino la incluían en sus blasones.

Winston Churchill, por ejemplo, hizo decorar con *vieiras* su escaño de la Cámara de los Lores. Uno de sus antepasados, uno de la rama Spencer, había viajado a Compostela.

El otro símbolo jacobeo más repetido es la cruz de Santiago. Su extraña forma son en realidad dos lirios florecidos y una espada. Está relacionado con la aparición del Apóstol en la batalla de Clavijo. De ahí que pasara a ser el emblema de la Orden de Santiago. Llevarla bordada en el pecho era el gran orgullo de Quevedo, y Velázquez rehizo sus Meninas solo para poder añadir la cruz de Santiago que le concedieron después.

croques –el santo de los coscorrones– debido a la costumbre popular de golpear contra él la cabeza de los niños para aumentar su inteligencia. Se convirtió en un rito multitudinario y banalizado, que causaba daños a la imagen y por ello, se optó por prohibirlo.

Sobre el árbol de David, que representa la genealogía de Cristo, hay una estatua del Apóstol. En este árbol de David se han quedado grabadas las huellas de tantos peregrinos como han apoyado la mano en él. Es otra de las tradiciones que igualaban al peregrino actual con sus desconocidos compañeros cientos de años atrás, pero por el mismo motivo que el arriba comentado fue suprimido en 2009.

En el pilar de la derecha vemos a algunos de los apóstoles y en el de la izquierda a cuatro de los profetas, entre ellos Daniel. El Padre con el Hijo dividen en dos el arco de la derecha: a su izquierda los condenados, a su derecha los bienaventurados. Algunos personajes llevan en la mano un pergamino y otros un libro. Es la distinción entre los que nacieron antes de la venica de Cristo –y por tanto siguen la Torá– y los nacidos después –por tanto siguen el Evangelio.

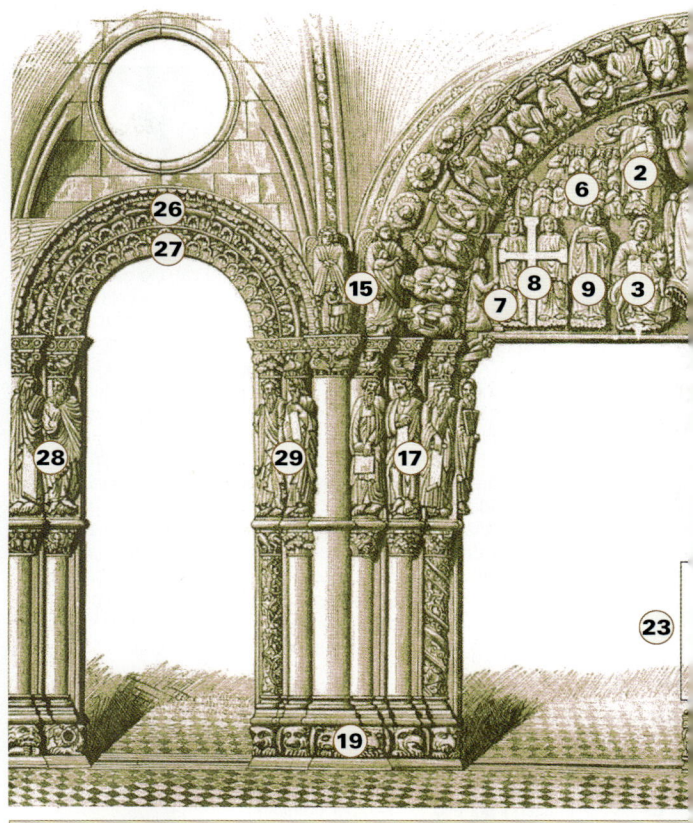

ARCO CENTRAL

1. Cristo redentor mostrando sus llagas como símbolos del triunfo sobre el dolor y la muerte

Los Cuatro evangelistas
2. San Juan
3. San Lucas
4. San Mateo
5. San Marcos

6. Justos y bienaventurados en la Gloria

Ángeles con los elementos de la Pasión
7. La columna
8. La cruz
9. La corona de espinas
10. Los clavos y la corona que hirió a Cristo
11. La sentencia de la condena y jarra de vinagre
12. Látigo y flagelos
13. La lanza y la esponja

14. Los veinticuatro ancianos del Apocalipsis con sus instrumentos y redomas de perfume
15. Ángeles conduciendo a los hebreos fieles, en forma de niños, hacia la Gloria
16. Ángeles conducen a los justos, en forma de niños, hacia la Gloria
17. Pilar de los profetas (de izquierda a derecha): Jeremías, Daniel, Isaías y Moisés
18. Pilar de los apóstoles (de izquierda a derecha): San Pedro, San Pablo, Santiago y San Juan
19. Osos, lobos, leones y animales fantásticos del bestiario medieval

El parteluz
20. Capitel de las Tentaciones de Cristo
21. Apóstol Santiago sentado en un trono portando el báculo de los arzobispos de Compostela
22. Capitel de la Santísima Trinidad
23. Árbol de Jesé
24. *Santo dos Croques* (al dorso del parteluz)
25. Figura luchando con dos leones de fauces abiertas (¿Sansón, Adán, Gilgamesh o Daniel?)

ARCO DE LA IZQUIERDA

26. Arquivolta con once figuritas coronadas que aparecen oprimidas por una moldura
27. Bajada de Cristo al limbo, entre Adán y Eva y otras figuras del pueblo hebreo para salvar a los justos que murieron antes de su llegada a la Tierra
28. Dos profetas menores: ¿Amós/Malaquías? (derecha) y Abdías/Oseas? (izquierda)
29. Dos profetas menores: ¿Joel/ Habacuc? (izquierda) y ¿Oseas/Ezequiel? (derecha)

ARCO DE LA DERECHA

30. En las claves del arco, Cristo y San Miguel dividiendo a los bienaventurados de los condenados
31. Ángeles trompeteros
32. Los justos son llevados por los ángeles a la Casa de Dios
33. Dos apóstoles
34. El apóstol San Bartolomé (izquierda) y el apóstol Santo Tomás (derecha)
35. ¿El rey Nabucodonosor entre las bestias?

CATEDRAL DE SANTIAGO

1. Baptisterio
2. Lauda de Teodomiro
3. Capilla de Mondragón
4. Capilla de San Pedro o de la Azucena o Doña Mencía
5. Capilla del Salvador
6. Capilla de Nuestra Señora la Blanca
7. Capilla de San Juan Apóstol
8. Capilla de la Santa Fe o San Bartolomé
9. Capilla de la Concepción o Capilla de Prima
10. Capilla del Espíritu Santo
11. Capilla de San Andrés
12. Capilla de San Antonio
13. Capilla de Ntra. Sra. de Lourdes o Santa Catalina
14. Camarín de Santiago Caballero
15. Capilla del Cristo de Burgos
16. Fachada del Obradoiro
17. Órganos
18. Botafumeiro
19. Cripta Apostólica
20. El Trasaltar
21. Capilla de Alba
22. Pazo de Xelmírez

QUINTANA DE VIDAS

Puerta de los Abades

Capilla de Corticela

PRAZA DA INMACULADA

Puerta de la Azabachería

Capilla de la Comunión

22
Pazo de Xelmírez
(Museo de la Catedral)

↑
ACCESO MUSEO
(Pazo de Xelmírez)

PRAZA DO OBRADOIRO

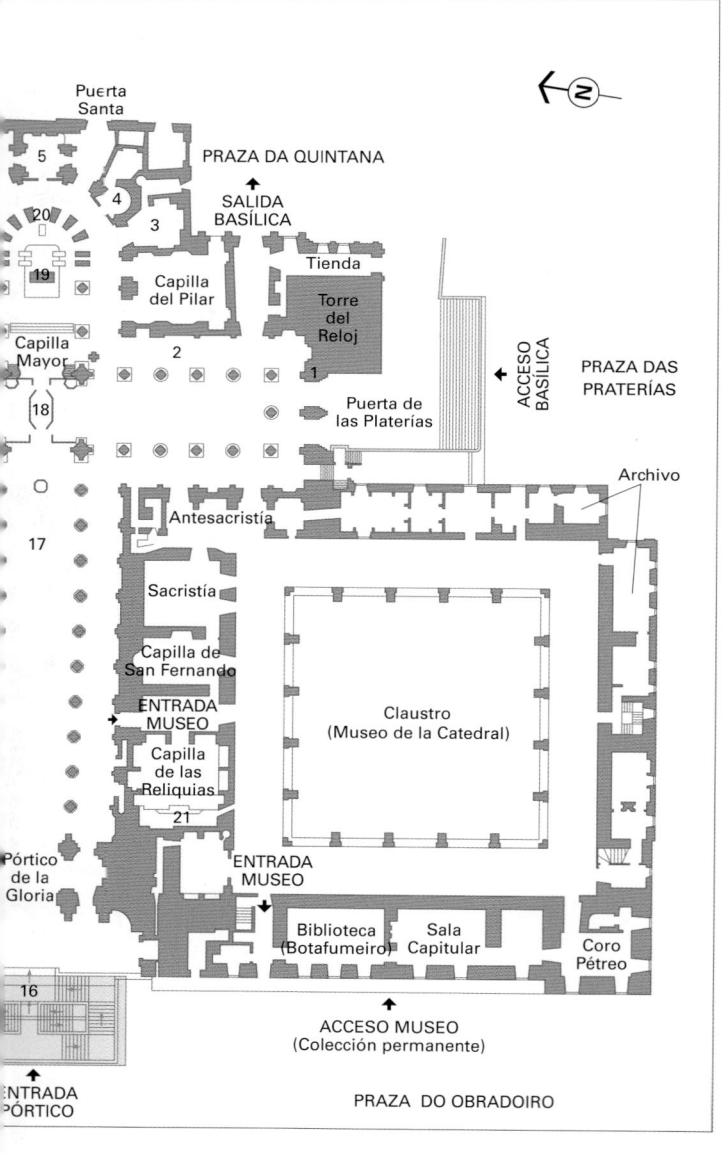

Puerta
Santa

5

4

20

3

19

PRAZA DA QUINTANA

SALIDA
BASÍLICA

Tienda

Capilla
del Pilar

Torre
del
Reloj

Capilla
Mayor

2

1

(18)

Puerta de
las Platerías

ACCESO
BASÍLICA

PRAZA DAS
PRATERÍAS

Archivo

Antesacristía

17

Sacristía

Capilla de
San Fernando

ENTRADA
MUSEO

Capilla
de las
Reliquias

21

Claustro
(Museo de la Catedral)

Pórtico
de la
Gloria

ENTRADA
MUSEO

16

Biblioteca
(Botafumeiro)

Sala
Capitular

Coro
Pétreo

ENTRADA
PÓRTICO

ACCESO MUSEO
(Colección permanente)

PRAZA DO OBRADOIRO

▲ Parteluz del Pórtico de la Gloria.

▼ La Puerta Santa se abre la víspera del Año Santo. El próximo será en 2027.

El escultor ha tenido dos ideas geniales para representar los tormentos del infierno: un condenado trata de beber de una bota, lo que le resulta imposible por estar boca abajo; otro, con una argolla en la garganta, trata infructuosamente de comerse una empanada. Toda una teología popular. En la pared derecha entre el pórtico y la pila de agua bendita podemos distinguir una marca de cantero. En el otro arco: los profetas menores y diversas decoraciones simbólicas. Los arcos de la fachada se ven de espaldas al pórtico y completan sus representaciones.

A nuestra izquierda San Lucas, junto a San Marcos, parece conminar a las estatuas del pilar de enfrente a salir a hablar a la calle. La reina de Saba, que comparte el arco central con San Juan Bautista, es la protagonista de una anécdota, quizás apócrifa: otro escultor debió rebajar el tamaño de sus pechos al apercibirse el Cabildo de que era hacia allí hacia donde dirigía su sonrisa el profeta Daniel. De esta reina de Saba –la "esposa" del rey Salomón–, iniciadora de la estirpe de los Rastafari que culmina con Haile Selasie, decía Otero Pedrayo que tenía "belleza de hidalga gallega" y le adivinaba ojos verdes y cabellos rubios. Imposible saberlo, la policromía que cubría el pórtico se perdió en gran medida en el año 1866, al hacerse un vaciado en yeso para el museo inglés de Kensingthon, aunque la última restauración ha conseguido recuperarla parcialmente.

Desde su restauración en 2018, el acceso para su visita se ha ido realizando a través de diferentes puntos, adaptándose a las necesidades de conservación y logística. En la actualidad, el acceso para su visita se realiza a través del Pazo de Xelmírez.

Adentrémonos ahora al interior de la catedral. El acceso se realiza por la **Puerta de las Platerías**, ubicada en la fachada sur de la catedral. Empezamos nuestro recorrido por el lado derecho encontrándonos el Baptisterio donde se encuentra una pila bautismal de mármol que se cree proviene de la primera basílica prerrománica de Alfonso III y que según la tradición, abrevó el caballo de Almanzor. Más adelante, se sitúa el lauda sepulcral del obispo Teodomiro.

A continuación empezaremos el recorrido de las capillas que bordean la **girola** que como toda iglesia de peregrinación debía de tener ya que esto permitía una visita ordenada de los fieles cuando acudían en masa.

Por orden, las **capillas del Pilar,** en donde sobre el sepulcro del arzobispo Monroy, figura una bella inscripción: "Detente, lee y llora.", la **de Mondragón** y de **San Pedro o de la Azucena.**

Si seguimos avanzando nos encontraremos ante la **Puerta Santa,** abierta exclusivamente en los años jubilares. Aquí recibían los peregrinos la Compostela, una cédula que acreditaba su condición de tales y les permitía hospedarse gratuitamente en el hospital de los Reyes Católicos.

Continúa la **capilla del Salvador** que como fue dotada por Carlos el Sabio –el hermano del duque de Berry, el de *Las dulces horas*– se la llama también capilla del rey de Francia. Este origen se delata en las decoraciones de flor de lis sobre los escudos azules de la parte superior. Es la única con forma rectangular para adaptarse al espacio central de la girola.

Si nos fijamos justo enfrente veremos en la parte posterior del altar mayor una luz que ilumina una urna sobre la que hay una estrella. Señala el punto del subterráneo donde se hallan las reliquias del Apóstol.

Continuando la visita nos encontramos con las capillas de **Nuestra Señora la Blanca** y de **San Juan Apóstol.** A continuación le siguen la **capilla de San Bartolomé,** hasta el siglo xvi dedicada a Santa Fe de Conques, donde sobresale el altar esculpido por Arnao, que incluye un Santiago Peregrino, en la "difícil piedra de Coimbra" y la de **Concepción.**

Cerca ya del crucero está la **capilla del Espíritu Santo** o la **Soledad,** gótica del siglo xiii. La Virgen de la Soledad luce, en las solemnidades, el manto que le compró el arzobispo Vélez tras empeñar su pectoral y cruz de Carlos III.

A continuación una pequeña escalera conduce a una de las partes más antiguas de la catedral, la llamada **Corticela,** y que más que una capilla es en realidad una iglesia que fue absorbida por la catedral. La reina doña Urraca se ocultó aquí para salvar la vida cuando la acuciaban los burgueses compostelanos. Aquí podemos ver un románico auténtico que nos releva de tantas transformaciones como ha obrado el gusto barroco en la ciudad y que, si bien más vistoso, oculta un poco lo que es su verdadera esencia. La esencia nos parece esta. Aquí escuchaban misa los "bascos y extranjeros", a los cuales servía de parroquia. Una extraterritorialidad conmovedora que nos incluye a todos, vengamos de donde vengamos.

De vuelta hacia el crucero, a la izquierda la **capilla de San Andrés,** otro apóstol venerado por los gallegos que según la leyenda llegó por mar a Teixido (Cedeira).

Junto a la puerta de la Azabachería, la **capilla San Antonio** comparte su capilla con la Virgen de Fátima

▲ La capilla de la Corticela es la más antigua de la catedral.

▼ Vista del altar principal y de la nave central.

El botafumeiro

Es uno de los elementos más emblemáticos de la catedral compostelana. Servía, en su origen, para extender el aroma del incienso, cuando a los peregrinos se les permitía pernoctar en gran número dentro de las naves. Con el tiempo se ha ido convirtiendo en una parte de la liturgia. Aunque este tipo de incensarios existieron en otros lugares, ninguna catedral del mundo cuenta con algo semejante. Es realmente todo un espectáculo. El botafumeiro actual es de mediados del siglo XIX, de latón plateado, obra de José Losada. Su peso son 80 kilos y levanta 1,60 m. Antiguamente soltaba brasas que la gente trataba de recoger y apagar llevándolas a sus casas como tizón pascual. Respondiendo a esa pregunta que muchos se harán viéndolo en funcionamiento diremos que sí, que cayó varias veces. Una en 1499, en presencia de doña Catalina, que iba camino de Inglaterra a casar con el Príncipe de Gales. También el 23 de mayo de 1622, que sepamos. En ningún caso hubo víctimas, a pesar de la leyenda que circula acerca del homicidio de una castañera.

en una convivencia que nos parece más acertada, puesto que San Antonio, aunque conocido como de Padua, era en realidad portugués nacido en Lisboa.

Del otro lado, la **capilla de Santa Catalina,** hoy "invadida" por el culto a la Virgen de Lourdes.

Ya en las naves, accedemos a la **capilla de la Comunión,** donde se expone el Santísimo Sacramento, a horas fijas, por un privilegio especial. Se trata de una interesante capilla circular a la que se ha dotado de un desafortunado cierre de puertas de cristal. En tiempos se concedía aquí el grado de la Universidad. Seguidamente, nos encontramos es la **capilla del Cristo de Burgos.** Ya los pies de la nave central nos encontramos con los restos de varios prelados. Entre ellos quizá sea el más llamativo el **enterramiento de don Pedro Muñiz,** un arzobispo por el que los escritores siempre han sentido una especial predilección. Hombre al parecer de vasta cultura, fue inevitablemente tenido por hechicero por sus feligreses, que aseguraban haberlo visto volar en varias ocasiones. Según ellos era este su medio de transporte cada vez que iba y venía de Roma. Como desagravio, las procesiones de los días mayores se detienen a orar aquí durante un momento.

Continuando hacia el altar mayor pasamos bajo uno de los dos enormes **órganos** y visitamos las capillas que nos restan a la derecha, que son dos, ambas

de mucho interés pero de solo acceso con la entrada del Museo Catedralicio, ya que forman parte de él.

La primera, la **capilla de las Reliquias** en donde se custodian los tesoros espirituales que ha ido sumando la basílica en sus más de ochocientos años de existencia. Es posiblemente uno de los relicarios más nutridos de la Cristiandad, a pesar de que hoy en día, cuando el culto a las reliquias resulta un tanto excéntrico, no podamos valorar su importancia. Para el curioso enumeraremos que aquí se guardan respetuosamente: la cabeza de Santiago el Menor, que fue regalada por doña Urraca; gran parte de la verdadera Cruz de Cristo; parte de las vestiduras de este y la Virgen María; una muela de Santa Teresa de Jesús; ocho cabezas de las once mil vírgenes y mártires; las gargantas de Santa Novela y Santa Gaudencia mártires; cenizas y sangre de Santa Olalla de Mérida y diversos cuerpos de santos. Aquí fue también trasladado, desde el crucero, el relicario del siglo XII que, se dice, contiene el bordón de Santiago y, con más seguridad, el del peregrino San Franco de Siena, que recuperó la visión al llegar a Compostela.

Un equivalente laico de esta colección es el **Panteón Real** que se encuentra en la misma capilla. Aquí están enterrados aquellos reyes, reinas y algunos nobles vinculados al lugar santo. El conde Ramón de Borgoña, la reina Berenguela, los reyes leoneses Fernando II y Alfonso VII... y sobre todo el túmulo de doña Juana de Castro, la hermana de doña Inés, esposa de Pedro I de Portugal. La inscripción se ha borrado parcialmente dándole la belleza de una historia sin terminar: "*Aquí jaz doña Joana de Castro Reina de Castela que se...*". Al lado está la **capilla de San Fernando**, donde se guarda el **tesoro** de la catedral.

Ya en el transepto, varias puertas dan acceso a distintas dependencias de la catedral como la sacristía. La del medio conduce al **claustro**, al que se accede con la entrada al Museo Catedralicio. Fue ejecutado en estilo plateresco, en sustitución del románico, bajo la dirección de Juan de Álava y Rodrigo Gil de Hontañón (1521-1590). En su centro permanece la gran **fuente del Paraíso**, en la que los peregrinos se lavaban antes de entrar por la ahora denominada de Azabachería.

Pero volvamos a la nave del crucero, entre sus dos extremos de excepción: los pórticos de Platerías y Azabachería. Luego hablaremos de ellos. En su centro la linterna es gótica con retoques barrocos. En las solemnidades prescritas, o cuando un grupo paga la ofrenda, de ella pende el famoso **botafumeiro**, que se hace balancear, de una punta de la nave a la otra, por medio de una cuerda. No es tan sencillo como

▲ Botafumeiro movido por los tiraboleiros.

▼ Imagen del Apóstol a la que los peregrinos abrazan.

▲ Órgano de la catedral.

pudiera parecer en principio, un ingenioso sistema de poleas tuvo que ser inventado específicamente para este propósito.

La nave del crucero es además la que contiene, lógicamente, la **capilla Mayor.** En ella, el altar, diseño de Vega y Verdugo y hechura barroca de Peña de Toro. De los reyes que adoran al Apóstol uno es Felipe IV. Fue él quien instituyó la costumbre de la ofrenda, al regalar a la sede el doblón, un disco de oro de 2 pies de diámetro con las armas reales en el anverso. El patronazgo de Santiago y su orden de caballería han llevado hasta este altar los más inesperados objetos militares, como un águila napoleónica donada por el general Castaños, banderas tomadas al otro bando en la guerra de Sucesión y otras de la batalla de Pensacola, en los Estados Unidos. Extraños presentes para un pobre pescador del mar de Galilea. Bajo este altar están los restos que han generado todo este mundo alrededor. Se cuenta una curiosa discusión para decidir cuál de los huesos era el más noble. Se pensaba en regalárselo al emperador Carlomagno –entonces era el dirigente máximo de la Cristiandad–. Finalmente se optó por el hueso frontal, por ser en la frente donde el Maestro besaba a sus discípulos. No son solo los restos de Santiago el Mayor, sino también los de sus discípulos Atanasio y Teodoro. Se encuentran en la **cripta** y desde el siglo XIX se los puede visitar a través de un pasadizo. Allí, en un habitáculo que debió de ser el que le hicieron sus otros discípulos en el siglo I, se puede contemplar la arqueta de plata confeccionada por los plateros compostelanos en 1886 para contener las reliquias. No siempre han estado allí. En el siglo XVI, cuando las tropas del corsario inglés Drake amenazaban con llegar hasta Compostela, el arzobispo Juan de San Clemente se aterrorizó con la idea de que los luteranos profanasen la tumba. No se le ocurrió mejor cosa que esconder los restos en algún lugar. El escondite resultó demasiado eficaz, porque ni los luteranos, ni el arzobispo San Clemente ni nadie volvió a encontrarlos hasta trescientos años después en que otro arzobispo, el valenciano Payá y Rico, dio con ellos.

Otra entrada, esta vez ascendente, nos lleva al **camarín** sobre esta cripta. Aquí la tradición es darle un cordial abrazo al Apóstol. El príncipe Cosme de Médicis, que visitó Compostela en el siglo XVII y trajo consigo un pintor que nos dejó un insólito dibujo de la pobre ciudad pre-barroca, comentaba que la gente solía dejar sus sombreros sobre la cabeza del Apóstol para abrazarlo, lo que le parecía cómico.

El triste, el viudo, el desesperado...

De entre todos los peregrinos que han venido a Compostela, el romance popular ha escogido solo a uno. Quizás porque él fue también un competente trovador. Guillermo X de Aquitania era hijo de Guillermo IX, el primer poeta del amor en la Edad Media. Su hija, Leonor de Aquitania, fue la mujer más interesante de su siglo. De Guillermo X se dice que "era un gigante de fuerza física legendaria y de apetito inalterable, capaz de comer de una sentada la ración de ocho personas". Peregrinó ocho veces a Compostela. Siempre lo hacía bajo un seudónimo poético, como era costumbre entre los caballeros. El suyo era Gaiferos de Mount-Marsan, que aquí se pronunciaba Mormaltán. Es de aquí de donde sale el don Gaiferos al que se refiere Cervantes en *El Quijote*. También sobre él escribió Gerard de Nerval su poema "El desdichado": *Je suis le triste, le veuf, l'inconsolé, le prince d'Aquitaine, á la tour abolie...*
Murió Guillermo en su última peregrinación, al pie del altar, un 9 de abril Viernes Santo de ese año. Un romance gallego lo recuerda así:

¿Onde vai o meu romeiro? *Camiño de Compostela*
Meu romeiro ¿onde irá? *Non se aló chegará.*

I MUSEO DE LA CATEDRAL

No se podrá entender del todo la historia de la basílica sin haber visitado su museo. El recorrido se inicia desde pazo de Xelmírez, ya descrito, o traspasando la puerta situada a la derecha de la escalinata del Obradoiro. La planta baja está dedicada a la arqueología, y en ella son mostrados interesantes fragmentos escultóricos de la fábrica románica, por ejemplo las piezas procedentes de la desaparecida fachada del Paraíso. Sin embargo, lo más sobresaliente es el **coro de piedra del Maestro Mateo** (c. 1200), totalmente reconstruido con fragmentos originales y mucho de obra nueva, que en su día había sido destruido para colocar una sillería de madera más acorde con la moda de la época. En la primera planta localizamos escultura y pintura de los siglos XIII al XVIII, a destacar el **retablo** inglés en alabastro donado por John Goodyear (1456), que relata la Vida y Leyenda de Santiago, y una *Virgen de la Leche* de La Roldana. Tras pasar por las ya descritas **capillas de las Reliquias** (entre sus relicarios más notables se encuentran el busto de Santiago Alfeo, de 1332, tres de Santiago Peregrino de los siglos XIV y XV, y el de la Santa Espina, de 1420), del **Tesoro** (reparado en la custodia procesional renacentista de Antonio de Arfe, 1545) y **Panteón Real,** desde el claustro se accede a la **Sala Capitular,** en la que se encuentra el **botafumeiro,** obra de 1851 que sustituyó al anterior, robado por los franceses. Para concluir, en la tercera

🕐 B3
Museo de la Catedral
📍 Praza do Obradoiro.
📞 902 044 077.
💻 www.catedraldesantiago.es
🕐 L-D: 10-20 h.
💶 Museo (Colección permanente, Pazo de Xelmírez, Cripta del Pórtico y exposiciones temporales)+Pórtico de la Gloria: 12 €; peregrinos con credencial 10 €.
Museo+cubiertas+torre de la Carraca: 12 €; peregrinos con credencial 10 €.
MUSAR+Museo Colexiata de Sar: 2 €; peregrinos con acreditación, gratis.

▲ Detalle de Adán y Eva en la Puerta de Platerías.

planta se expone una colección de artes textiles entre los que destaca el gallardete de la nao capitana de la Batalla de Lepanto, y varios tapices según cartones de Rubens, Teniers y Goya. La visita al museo se puede completar con la de las cubiertas de la catedral y a la torre de la Carraca o el nombrado Pórtico de la Gloria. El ascenso a las **cubiertas** es un recorrido de gran interés para comprender el sentido de la basílica medieval. Primeramente pasaremos por la tribuna, en la cual los peregrinos hacían vigilias y pernoctaban, y luego saldremos al exterior, comprobando que la techumbre está cubierta de losas de piedra. Desde allí disfrutaremos de una nueva perspectiva sobre las torres, de un sinfín de detalles arquitectónicos y de una vasta panorámica sobre el casco antiguo y los alrededores de la ciudad, todo ello sin olvidar la *cruz dos Farrapos,* de bronce, donde eran depositados los harapos de los peregrinos para su posterior quema, vistiendo otras ropas nuevas que les proveía el cabildo. Un modo más de reafirmar el sentido de resurrección atribuido al Camino.

❙ PRAZA DA INMACULADA O DA ACIBECHERÍA

La industria del azabache comenzó en el siglo XII y tuvo su apogeo en los siglos XV y XVI. Esta piedra negra constituye desde entonces la otra artesanía de la ciudad, junto con la orfebrería. La mayor parte de los

●●●●●●●●
❂ B3
**Praza da Inmaculada
o da Acibechería**

azabacheros tenían sus establecimientos cerca de la entrada norte de la catedral. Aún es así de hecho, de ahí el nombre de la plaza (praza da Acibechería o da Inmaculada) y de la **portada** norte de la catedral, la **Acibechería.** La actual, que sustituyó a la románica del Paraíso, es obra de Lucas Ferro Caaveiro, la parte inferior barroca, y de Domingo Lois Monteagudo, el segundo cuerpo y el remate, mucho más académicos y supervisados por Ventura Rodríguez. En el *Calixtino* se la llamaba la puerta de Francia, el Camino Francés termina justo aquí. Hoy el neoclásico, con sus frontones fingidos y su equilibrio escrupuloso nos parece un tanto aburrido. En su época fue visto en cambio como un regreso a las proporciones clásicas, prescindiendo de la barbarie y el exceso de lo barroco (barroco es, de hecho, un término insultante, lo mismo que gótico y casi todas las denominaciones de la historia del arte, lo cual no deja de ser curioso). El arzobispo Rajoy era uno de estos incondicionales del estilo neoclásico para el que se consideraba a los canteros gallegos como faltos de preparación intelectual. Hubieron de importarse obreros de Francia. La catedral volvía así a sus orígenes de obra francesa.

Justo enfrente, en el otro lado de la praza da Inmaculada o da Acibechería, podremos ver el enorme **monasterio de San Martiño Pinario,** hoy Seminario Mayor de la archidiócesis, archivo, sede del Instituto Teológico Compostelano y hospedería. El complejo, con más de 20 000 m², alberga una iglesia rica en arte barroco y de hermosa fachada-retablo renacentista.

B3
Monasterio de San Martiño Pinario
✉ Praza da Inmaculada, 3.
☎ 881 607 003.
🖥 www.espaciocultural smpinario.com
🕐 J-L: 11-14 h y 15.30-19 h; guiadas a las 12 h y 17 h. X: solo por la tarde. V-L: guiadas, de 12 h y 17 h.
💶 General: 6 €. Guiada: 8 €.

▼ Fachada del monasterio de San Martiño Pinario.

▼ La fuente de los Caballos en la Praza da Quintana está decorada con caballos que emanan agua por su boca y remata con la figura de una mujer que porta una estrella, referencia etimológica de la ciudad, el *Campus Stellae* (campo de estrellas).

I PRAZA DAS PRATERÍAS ✶✶

Esta plaza alojaba tradicionalmente al gremio de plateros, de ahí el nombre. La correspondencia entre un oficio y el nombre del lugar donde se ejercía es frecuente en las ciudades de médula medieval. No lo es tanto, en cambio, que dicha correspondencia se haya prolongado hasta la actualidad. En Platerías es así, como atestiguan los escaparates de las proximidades. En alguna de esas tiendas funcionan aún los talleres de los orfebres, una visita interesante pero que deberá afrontar el visitante con coraje, porque no hay nada organizado al respecto.

La plaza es reciente, responde al gusto barroco por los espacios abiertos. En el siglo XV todavía ocupaba el lugar una manzana de casas que lo dividía en dos calles. Una era la rúa do Portal dos Ourives –los orífices– y otra era calle de los buhoneros y los especieros –un gremio quizá más importante que el del oro en aquella época en la que los condimentos culinarios eran el motor del comercio–. La plaza en sí es uno de los conjuntos más afortunados de la ciudad y el favorito de muchos buenos conocedores. También aquí conviven los estilos. La **portada** de la catedral es románica. En conjunto es un *collage* un tanto anárquico. Los elementos que la componen proceden de otros lugares, lo que ha roto la gramática escrupulosa que tenían estas tallas. Los aficionados a la iconografía descubrirán que el tímpano derecho representa la Flagelación de Jesús y el izquierdo la Tentación. En el centro, en la parte superior, figura la Epifanía de los Magos, y en la derecha lo más llamativo: una mujer adúltera besando la cabeza de su amante cortada por su marido. Una advertencia extraña para ser esculpida en este lugar, pero así es.

Entre ambas portadas se localiza un crismón sostenido por dos leones. Para los amigos de las cosas curiosas diremos que los ángeles buenos de la Tentación eran blancos y los malos, negros –*Calixtino*–; y para los amigos de las cosas inquietantes les llamaríamos la atención acerca del crismón. Es ese símbolo circular que representa el nombre de Cristo en abreviatura griega y las letras alfa y omega están al revés: es decir omega y alfa. Existen varias teorías al respecto –el final del Camino es el renacer de una nueva vida, etc.–, pero lo cierto es que se trata de un hecho muy infrecuente.

Saliendo de la catedral a la derecha encontramos el **Tesoro,** que cierra el ala oriental del claustro. Se trata de un edificio renacentista de aspecto palaciego, obra de Rodrigo Gil de Hontañón a mediados del siglo XVI, rematado por una vistosa crestería. La

torre que la corona en un ángulo, conocida como **torre del Tesoro**, presenta un peculiar remate escalonado que se inspiró en las recién descubiertas pirámides aztecas, que el arquitecto conocía a través de grabados. En la esquina rebajada de la torre fue insertada, por el arquitecto barroco Fernando de Casas, la estrecha y alta fachada del Esconce (1723), modelo de fachada-telón generadora de perspectivas. Otro elemento arquitectónico singular, elogiado en el ayer y que hoy suele pasar desapercibido, es la gran concha de piedra situada en el ángulo con la fachada de Praterías, que sostiene una escalera.

La **fuente de los Caballos,** al final de la escalinata, es una fuente de los deseos, de las que tanto abundan. Es lógico que así sea si consideramos la cantidad de deseos insatisfechos que arrastramos los humanos. El procedimiento es aquí el usual: tirar dentro una moneda por encima del hombro y de espaldas después de formular la petición. Suerte. Añadimos que la fuente está compuesta por una escultura de fines del siglo XVIII completada en 1829, que representa a cuatro caballos marinos que sostienen una alegoría de la Religión con la estrella sobre el arca del Apóstol.

Cierra la plaza por el sur la **casa do Cabildo.** Es solo una fachada de tres metros de fondo, pero verdaderamente original, producto de la mente barroca del arquitecto Clemente Fernández Sarela. No se contente con un vistazo y obsérvela con detenimiento, y acceda a su interior, donde ha sido instalada una cámara oscura. El otro edificio de la plaza es el antiguo **Banco de España** (mediados del siglo XX), que se inspiró en la casa del Deán y desde 2012 es sede del **Museo de las Peregrinaciones y de Santiago.** La remodelación, en realidad vaciado completo del edificio, es obra de Gallego Jorreto. Desde su terraza acristalada, donde se sitúa la cafetería, descubriremos interesantes panorámicas sobre la catedral y el casco antiguo.

┃ PRAZA DA QUINTANA ✳✳

Caminamos sobre tumbas. Esta plaza era el antiguo cementerio. Su nombre completo es Quintana de Mortos. Bajo estas losas se encuentran los restos mortales de los compostelanos de los primeros tiempos, y sin embargo la Quintana está asociada al paseo, a la simple holganza en sus escalinatas cuando hay sol.

La plaza se encuentra limitada por el muro de la basílica que oculta la cabecera medieval, por la Quintana de Vivos, el convento de San Paio y la casa da Conga. En este lado de la basílica se sitúa

▲ La torre del Tesoro fue sometida a un proceso de restauración que concluyó en 2020.

● ● ● ● ● ● ● ● ●

🕐 C3
Casa do Cabildo
✉ Praza da Praterías, 2.
☎ 981 576 661.
🕐 M-S: 10-14 h y 16-20 h (verano de 17 h a 21 h).
D: 11-14 h.
💶 Gratis.

Museo de las Peregrinaciones y de Santiago
✉ Praza da Praterías, 2.
☎ 881 867 401.
🌐 museoperegrinacions.xunta.gal
🕐 M-V: 9.30-20.30 h.
S: 11-19.30 h. D y festivos: 10.15 -14.45 h. L: cerrado.
💶 Gratis.

● ● ● ● ● ● ● ● ●

🕐 B-C3
Praza da Quintana

El Año Santo

Se llama año santo o jubilar a aquel cuyo 25 de julio –día del Apóstol– coincide en domingo, algo que sucede en ciclos fijos de 6, 5, 6 y 11 años; en este año, por concesión papal, se consigue la indulgencia plenaria de los pecados si se acude a la catedral cumpliendo con los sacramentos de confesión y comunión. El año comienza la tarde del 31 de diciembre con la apertura de la Puerta Santa o de los Perdones. Una procesión sale del altar mayor, por la puerta de Praterías, camino de A Quintana. Al llegar frente a la puerta el arzobispo da un primer golpe con un pequeño martillo de plata y pronuncia la frase ritual en latín: "Abridme las puertas de la Justicia". Después de un segundo golpe canta: "Entraré en tu casa, Señor"; y después del tercero "Abrid las puertas que está con nosotros el Señor". Es entonces cuando caía la puerta, cerrada con un muro de piedras, y comenzaba a asperjar el agua bendita. A continuación el prelado, sin mitra, se arrodilla frente a la puerta y entona un *Te Deum* junto con la capilla de música. El "derribo" de la puerta ha sido sustituido por la no tan simbólica y vistosa apertura de las actuales hojas de bronce, obra del escultor Suso León, instaladas en 2003. Así pues, nos hemos quedado sin los cascotes de piedra, a los que la superstición popular les atribuía poder contra las tormentas.

la **Puerta Real** (1700), con sus decoraciones suntuosas, y más cerca de la escalinata, la **Puerta Santa,** entre numerosas esculturas procedentes del antiguo coro románico y entre los que el buen fisonomista reconocerá al Apóstol y a algunos de sus discípulos. Generalmente está tapiada. Solo en los años santos se abre, cuando el arzobispo anuncia simbólicamente su derribo con los golpes de su martillo de plata.

El conjunto de esta parte de la plaza lo domina la magnífica **torre del Reloj,** que también es llamada **torre de la Trinidad** o, recordando el arzobispo que la mandó construir en el siglo XIV –don Berenguel de Landoria–, **Berenguela.** Sobre un fuste medieval levantó el polifacético Domingo Antonio de Andrade –también inventaba complicadas armas de guerra para el conde de Lemos– ese remate en clave barroca donde se aloja el reloj de una sola aguja. De este reloj decía Julio Camba que daba las horas tan despacio que aún no había terminado de dar una cuando ya tenía que ponerse a dar otra. Pero lo que de verdad hace famosa a esta torre es su campana: la *Berenguela.*

En la parte alta de la plaza, la Quintana de Vivos, se alza la **casa da Parra,** una celebridad arquitectónica. Son de destacar las características decoraciones frutales de su fachada y también la chimenea en forma de cubo, típica del siglo XVII, y el lugar. En esta parte de la plaza se encontraban antiguamente los tribunales.

· · · · · · · · ·
🔊 B3
Casa da Parra

La mole del **convento de San Paio** cierra de un modo contundente la plaza por su lado oriental. Fue virtualmente la primera construcción de Santiago de Compostela, aunque lo que hoy vemos es una reedificación posterior. Recibe el apellido "de Antealtares" por su proximidad a la catedral. En el muro del convento es muy llamativo el homenaje a los "Héroes del Batallón Literario". Se refiere al batallón formado por estudiantes de Santiago que combatió a los franceses en la guerra de la Independencia, y que perdió a casi todos sus componentes en la batalla de Pontesampaio. Pero la historia de ese muro es la de la novicia que, intentando reunirse con su galán, se descolgó desde una ventana y murió a consecuencia de la caída. Una historia popular sobre la que Lamas Carvajal llegó a escribir un poema de corte zorrillesco.

Una fama menos dramática relacionada con las monjas de este convento es la de su proverbial habilidad confeccionando tartas. En tiempos, las tartas de bodas de Compostela solían salir de sus manos, y aún ahora incluso, a diario en el torno, se pueden adquirir pastas de té y tartas de Santiago.

Aunque su imagen actual se debe a varios arquitectos barrocos, entre ellos Melchor de Velasco, fr. Gabriel de las Casas o Fernando de Casas, el convento lo había fundado Alfonso II en los tiempos del descubrimiento del sepulcro y pasó de los benedictinos a las benedictinas en 1499. Hoy está restaurado y su

▲ Puerta Santa de la catedral, en la praza da Quintana.

🅲 C3
Convento de San Paio

La Berenguela

En cinco leguas a la redonda se puede escuchar su sonido, según cálculo de don Antonio Fraguas Fraguas. Se cuenta que fue robada por las huestes de Almanzor, quien se la llevó a Córdoba a hombros de cristianos prisioneros. Esa misma leyenda cuenta también que volvería del mismo modo, pero esta vez a hombros de musulmanes prisioneros, cuando Fernando III conquistó Córdoba y se ganó el improbable sobrenombre de el Santo. La Berenguela es la campana preferida de los compostelanos. Cuando se quebró hace algunos años, la ciudad perdió una parte importante de su paisaje. Durante más de diez años no se la escuchó, hasta que una empresa holandesa obtuvo la licitación para fabricar otra a partir de la antigua. El resultado ha generado polémicas entre los que no reconocían ese sonido como el auténtico de la Berenguela. Quizás fundir una campana católica en la Holanda luterana no fuera una buena idea. Efectivamente su sonido es un tanto grave, por lo que la empresa concesionaria ha prometido ir afinándola hacia el agudo en los próximos años. Para nosotros su sonido actual, como de un gong chino, tiene ese aire siniestro que le da a las noches una tonalidad expresionista que no está nada mal.

▲ Torre Berenguela.

fábrica asociada a la figura de San Pedro de Mezonzo, que pasa por inventor de la Salve y que plantó cara precisamente a Almanzor. Perteneciente al monasterio es la **iglesia de San Paio,** en su extremo más al norte, junto a la escalinata que sube desde la plaza. San Paio, Payo o Pelayo, fue un niño martirizado en Córdoba por los árabes, allá por el siglo X. Es esa extraña figura del frontón, vestida anacrónicamente con las ropas dieciochescas. Un hueso suyo se conserva como reliquia en el interior.

Dentro de la iglesia hay retablos interesantes. Un corredor permite acceder al **Museo de Arte Sacro.** En el corredor hay un repostero del siglo XVIII bordado con las armas de la congregación benedictina de Valladolid. A esta congregación pertenecía el convento. El órgano de la iglesia es interesante. Pero históricamente el mayor interés lo reviste el altar original que erigieron los discípulos para el Apóstol. Gelmírez lo había retirado en el siglo XII y después se lo regaló a la orden que entonces ostentaba la propiedad del cenobio. Es, como se habrá deducido, un ara romana.

El lado sur lo ocupa la antigua casa del cabildo, la **casa da Conga** –de *coengo*, canónigo en gallego–. Es una enorme construcción, de principios del siglo XVIII, en la que sobresale su pórtico corrido de 12 arcos. Después de la Desamortización fue la sede de los Telégrafos. Actualmente, alberga la sede del Colegio Oficial de Arquitectos de Galicia (COAG), además de salas de exposiciones y otros espacios culturales.

| LAS RÚAS VIEJA Y NUEVA ★★

Son dos, la vieja y la nueva, aunque el paso del tiempo las ha asemejado tanto que son inseparables la una de la otra y no es difícil confundirlas. La vieja se llama **rúa do Vilar.** En ese nombre se conserva en parte la antigua denominación del valle que había allí antes, *vallis milvorum,* de los milanos o gavilanes. Se inicia con la **casa do Deán,** un magnífico ejemplo de palacete barroco compostelano del siglo XVIII. Durante varios años acogió la Oficina del Peregrino, ahora trasladada a la rúa Carretas (en el lateral oeste del Hostal dos Reis Católicos), así llamada por el transporte en que eran trasladados los enfermos al hospital. En ella se entrega la Compostela a aquellos que han hecho al menos 100 km del Camino a pie, o 200 km en bicicleta o a caballo.

La nueva se llama, asimismo, **rúa Nova.** Como las calles no están comunicadas entre sí más que en los extremos, lo mejor es pasearlas tranquilamente a discreción. Los soportales que protegen ambas son una necesidad en una ciudad como esta donde la lluvia trabaja duramente en otoño, invierno y primavera. Por absurdo que nos pueda parecer hoy en día, esta forma arquitectónica, tan útil, de los soportales estuvo a punto de ser liquidada por una serie de corporaciones municipales que veían en ellos un obstáculo para el tráfico de los carros y un foco de insalubridad. Muchos de ellos fueron derribados –todos los de la rúa do Franco, por ejemplo, así como muchos en las

▲ Casa da Parra, en la praza da Quintana.

○ C3
Casa da Conga
Casa do Deán

○ C3
Iglesia y Museo de Arte Sacro de San Paio de Antealtares
✉ Vía Sacra, 5 Convento de San Paio de Antealtares.
☎ 981 583 127.
🖥 www.monasterio sanpelayo.org
🕐 Convento: de clausura. Iglesia y museo: L-S, 10.30-13.30 h y 16-18 h. D y festivos: museo cerrado; iglesia: 16-19 h.
💶 Iglesia: gratis. Museo: 3 €.

● C3
Pazo de Santa Cruz
✉ Rúa Nova, 9.

● C3
Casa das Pomas
✉ Rúa Nova, 12.

● C3
Teatro Principal
✉ Rúa Nova, 21.
🌐 www.compostelacultura.gal

● C2
Iglexa Santa María Salomé
✉ Rúa Nova, 31.

▼ Patio renacentista de la
casa-pazo dos Fonseca.

del Vilar y la Nova– y resulta curioso pensar que si el resto ha llegado hasta nosotros es precisamente porque los dueños de las casas se negaron a cumplir las ordenanzas municipales de entonces.

Si venimos de la catedral, llamará nuestra atención el neoclásico **pazo de Santa Cruz,** también llamado de **Mondragón** por haber sido propiedad de estos marqueses. Tiene su historia: en 1830 fue sede de la Capitanía General de Galicia y alojaba a un siniestro personaje, el general Nazario Eguía. El general era el azote de los liberales gallegos y en su estricta ortodoxia hizo empedrar, por ejemplo, las calles de Santiago a los que habían sido escuchados profiriendo alguna blasfemia. Finalmente, en este mismo palacio, sufrió un atentado que pasará a la historia como el primero en España por el procedimiento de la carta-bomba. En la actualidad, al tratarse de un pazo privado destinado a residencia universitaria no es visitable.

La **casa das Pomas** recibe ese nombre de las decoraciones frutales de su fachada. Es obra de las dos grandes lumbreras del barroco compostelano: Domingo de Andrade y Casas y Novoa. Era, por cierto, la favorita de Ramón del Valle-Inclán, quien vivió y murió en esta ciudad, en 1936.

El **Teatro Principal,** bajo los soportales, es el decano de los de Galicia. Comenzó su actividad en 1841 y sigue siendo un eje importante en la vida cultural compostelana. En él realizó Palmeráns unas interesantes decoraciones.

La **iglexa de Santa María Salomé** hace esquina con la rúa de Tras de Salomé. María Salomé era la madre de Santiago Apóstol, la mujer del próspero armador del mar de Galilea, Zebedeo. Fue santificada a pesar de que de ella solo se conoce su pecado de soberbia al pedirle a Jesús que sentase a sus hijos a ambos lados cuando reinase en los Cielos. En todo caso se trata de una advocación muy popular aquí, muchas niñas reciben ese nombre en el campo gallego. En el interior de la iglesia se encuentran los "ángeles con gafas". El grupo escultórico de la Anunciación es gótico –reparemos en el avanzado embarazo de la Virgen–, lo mismo que el porche que cubre la entrada en el exterior. No así el pórtico, que es románico.

Rodeándola, la pequeña rúa de Tras de Salomé tiene el interés de la **casa-pazo dos Fonseca,** con arcada tapiada de Rodrigo Gil de Hontañón (s. XVI) y decorada con medallones, mientras que una pareja de tritones sostiene el ya conocido blasón de los Fonseca (cinco estrellas). El Padre Feijoo creía en los tritones, pero sin embargo consideraba una aberración creer en la existencia de sirenas.

La casa que hay a la derecha de la iglesia tiene un gran interés urbanístico: es la típica vivienda de los artesanos compostelanos de entre los siglos XVI y XVIII.

El antiguo **colexio dos Irlandeses,** en el número 44 de la Rúa Nova, fue una de las cinco instituciones que se abrieron en España durante el siglo XVI para formar a los jóvenes católicos irlandeses que huían de las persecuciones políticas y religiosas de Isabel I de Inglaterra. El colegio funcionó hasta 1770 y sobre sus ruinas se construyó el actual **pazo de Ramiráns.** Hoy en día es un hotel boutique.

Si bajamos por el estrecho callejón de Entrerrúas llegaremos de nuevo a O Vilar y habremos pasado, sin darnos cuenta, por el germen de la Universidad de Santiago, ya que en esta calle tuvo su sede, a principios del siglo XVI, el llamado Estudio Viejo de enseñanzas superiores. Hoy la imagen familiar de todos los otoños aquí es la de los castañeros, con sus hornos de castañas con la curiosa forma de trenes de vapor. Cuando llega el verano estos se reconvierten en heladeros como solución momentánea para el paro estacional. Sería una buena idea partir de aquí para explorar y conocer la parte más alta de Compostela.

I RÚA DAS ORFAS Y UNIVERSIDAD VIEJA

El nombre de *Orfas* –"huérfanas"– alude al colegio de huérfanas que fundó aquí en el año 1660 Juan de San Clemente. Fue reedificado luego por el arzobispo Monroy y es todavía un colegio, aunque ha perdido su condición de orfanato. Esta corta calle, que continúa en la de Caldereiría y enlaza luego con el Preguntoiro viene a ser, en realidad, una misma vía que va recibiendo esos nombres en sus diferentes tramos.

Conviene tomar hacia la derecha la **rúa do Cardeal Payá** –en la esquina puede verse una casa modernista de 1914 que estuvo ocupada por el *Hotel Suizo,* primero de la ciudad– y echar un vistazo a la **praza da Universidade.** Antiguamente la rúa Cardeal Payá se llamaba Zapatería Vella, porque en este lugar se agrupaban los de este gremio, y la plaza era la del Mercado Vello, donde se instalaban los tinglados de hierba y paja para los animales de tiro.

Pero a plaza tiene además un sólido referente literario. No por nada una de las callejuelas que salen de ella se llama Tránsito dos Gramáticos.

Junto al arco de Mazarelos vivía Rosalía de Castro cuando publicó *Cantares Gallegos,* en 1863, obra que se considera el hecho fundacional de la literatura gallega moderna y que por ello mismo se celebra todos los años en toda Galicia el 17 de mayo, declarado *Día das Letras Galegas.*

🕐 C2
Rúa das Orfas

▼ Rúa das Orfas.

▲ Estatua de Montero Ríos en la praza de Mazarelos.

● C2
Arco de Mazarelos

● C-D2
Convento de las Madres Mercedarias
✉ Tránsito de la Merced, 1.

● C3
Igrexa da Compañía o da Universidade
✉ Praza da Universidade, s/n.
☎ 881 811 000.
🖥 www.usc.es
● Sujeto a exposiciones.
🛍 Sujeto a exposiciones.

Ese arco al que nos hemos referido es el único resto que queda en pie de las míticas puertas de la ciudad. Las puertas eran siete: Francigena, Penne, Subfratribus, Santo Peregrino, Falgueris, Susana y Macereliis –sus nombres en latín– y formaban parte de la antigua muralla que el obispo Sisnando I erigió para proteger el santuario del pillaje vikingo. Entonces las correrías de ese tipo eran tan puntuales como lo pueda ser ahora el turismo. Tanto es así que un guerrero normando es mencionado en las crónicas nórdicas como Ulfo el Gallego. Aun con muralla y todo, los escandinavos entraron en el 976 y mataron a otro Sisnando, Sisnando II.

Volviendo a la puerta, es conocida como el **arco de Mazarelos.** El *Calixtino* nos informa de que por ella entraba el vino, se entiende que del Ribeiro, a la ciudad –*perquam pretiosus baccus ad urbem*–. A través de ella se divisa el **convento de las Madres Mercedarias.**

En el centro de la praza de Mazarelos aparece la **estatua de Montero Ríos** (Mariano Benlliure), ilustre jurisconsulto, gran cacique compostelano de la Restauración con asiento como diputado perpetuo por la demarcación, jefe del partido Liberal, varias veces ministro y presidente del gobierno en 1905. Tan agradecido estaba el ayuntamiento por sus "favores" a la ciudad, que decidió colocar su estatua en la mismísima praza do Obradoiro, pero Castelao y otros intelectuales acabaron por conseguir su traslado.

La casa de la izquierda del arco de Mazarelos es la **casa de Valderrama** y el gran edificio del fondo es actualmente la Facultad de Filosofía. Antes fue sede de la casa de Ejercicios de la Compañía de Jesús. También la iglesia fue de la Compañía de Jesús y es en la actualidad la **Igrexa de la Universidad.** En su interior atesora el retablo más exuberante de la ciudad, diseñado por Simón Rodríguez en 1720.

El grande y pesado edificio adosado a su izquierda, obra neoclásica de finales del siglo XVIII, es la **Universidad.** Primeramente tenía solo dos plantas, y su fachada estaba coronada por una Minerva, obra de Ferreiro trasladada a la facultad de Química (Campus Sur), sustituida por un escudo. Sin embargo, el plan fue alterado con la construcción del ático, al tiempo que fueron colocadas las estatuas de los cuatro benefactores de la institución (Juan de Ulloa, el Conde de Monterrei, Álvaro de Cadaval y Gómez de Marzoa), mientras que en los medallones aparecen Diego de Muros y Alonso de Fonseca, los lejanos fundadores, respectivamente, del Estudio Viejo y la Universidad. Hoy únicamente aloja la **Facultade de**

Xeografía e Historia. Posee en la primera planta el **Paraninfo de la Universidad** (1906), decorado con frescos alegóricos del pintor valenciano José María Fenollera, y en la segunda una **biblioteca** que merece la pena visitar, provista de recargadas decoraciones y estanterías de R. Pérez Monroy.

Desde la Universidad retomamos el recorrido hacia la praza de Cervantes por la rúa do Castro, en cuyo arranque aparece una casa con mansardas, muy "afrancesada", junto a la cual se sitúa la **estatua de Alfonso II el Casto,** tenido por el primer peregrino a la tumba del apóstol, que fue donada por la ciudad de Oviedo. La comercial y siempre animada rúa do Preguntoiro acoge en su número 6-8 una de las mejores casas modernistas de Compostela, obra de López de Rego en 1905.

▌PRAZA DO PAN

Se la llama **praza de Cervantes** pero se nos antoja que pierde encanto sin su nombre antiguo: *praza do Pan.* A ella se llega siguiendo las rúas da Caldeirería y do Preguntoiro. La **Caldeirería**, no hace falta decirlo, albergaba al gremio de los caldereros. Termina en el lugar llamado las **Cinco Rúas**, la intersección entre la rúa do Preguntoiro, da Caldeirería, do Castro, la travesa de Altamira y esa empinada cuesta que le llevaría otra vez a la catedral, la rúa de Xelmírez.

Cerca está Fonte Sequelo, parte del ingenioso sistema de fuentes ideado por Bernardo, el tesorero del Apóstol. Antes, el agua corría libremente por la pendiente, por lo que se llamaba *rego d'auga* a la calle, nombre que aún le dan algunos compostelanos.

🕐 C3

Facultade de Xeografía e Historia

✉ Travesía da Universidade, 1.
☎ 881 811 000/881 811 130.
🖱 www.usc.es
🕐 Visita guiadas. Recorrido 1 Colexio de Fonseca (25 min): lunes a miércoles y viernes a las 11.30 h y 12.30 h. Recorrido 2 Colexio de Fonseca+San Xerome (1 h 15 min): lunes, miércoles y viernes a las 17 h. Recorrido 3 Colexio de Fonseca+acultade de Xeografía e Historia (1 h 15 min): martes y jueves a las 12 h.
🎟 Recorrido 1: 3 €.
Recorrido 2: 5 €.
Recorrido 3: 6 €.

🕐 C3
Praza do Pan

▼ Praza de Cervantes, más conocida como praza do Pan.

Jacobusland

Las peregrinaciones a Santiago de Compostela se extendieron desde el siglo XI hasta la actualidad, teniendo su punto culminante entre los siglos XII y XIV, y un repunte tras la Contrarreforma y, bajo otra perspectiva, en el presente. Constituyen un fenómeno complejo que va más allá de la simple fe. En un momento en que la Cristiandad se sentía acosada, el mito del sepulcro sirvió para repoblar el norte de la península y poner un obstáculo tanto espiritual como material al Islam en expansión. Aun así, y por extraño que parezca, el primer historiador de las peregrinaciones fue un árabe: Algacel Yahya ben Alhacam. El peregrino recibía el báculo y la escarcela en la iglesia de la que partía y hacía el viaje generalmente a pie. Partían a veces de lugares lejanos, como el monje Rubruquis de Tartaria o el obispo don Mártir de Azerbayán que peregrinó en el XV. Algunos lo hacían por piedad, como la viuda de Bath de los *Cuentos de Canterbury;* otros en penitencia, como aquel monje de Marienzell que trajo en jaula de plata a su abad trocado en faisán por glotón; y otros en petición, como el maestro Arnulfo de Heidelberg que enseñaba griego y perdió el habla –el Apóstol le mandó al hombro derecho un ave que daba las lecciones por él–. Su destino era Jacobusland, la tierra de Santiago. Ha sido y sigue siendo un fenómeno sin precedentes y de hecho la carta de Alfonso III al clero y al pueblo de Tours invitándolos al viaje es el primer cartel de propaganda turística de la historia. Como dirá Dante en su *Vita Nuova, "Non s'intende pellegrino si non chi va verso la tomba di S. Jacopo, o viene".*

▼ Igrexa de San Fiz de Solovio.

En la plazuela de Feijoo vemos unas de las portadas del convento de San Paio, cuyos muros habíamos conocido en la praza da Quintana, con una versión del tema de la *Huida a Egipto,* que el pueblo bautizó de la Borriquita. La calle que lo rodea es una de las más pintorescas del casco antiguo, famosa por el ambiente nocturno.

Volviendo a nuestro itinerario, hay una etimología popular acerca de la **rúa do Preguntoiro** que pretende que aquí rondaban los peregrinos "preguntando" el camino a la catedral. En realidad *preguntoiro* procede de *preconitorium,* el lugar de los pregones. Ello se debía a que al final de la calle estaba una de las torres de la antigua muralla desde la que se decían los pregones. De hecho, al final de esta calle se encontraba el edificio del Ayuntamiento, hoy instalado en el pazo de Raxoi.

Toda esta zona era antiguamente propiedad de los poderosos condes de Altamira. Eran unos nobles levantiscos y uno de ellos, Bernal Yáñez de Moscoso, fue enconado enemigo de los arzobispos de Santiago, llegando a cercar la ciudad y, convertida en fortaleza, la propia catedral. El arzobispo Fonseca II estuvo entonces a punto de perder la partida, pero el rebelde

murió por una saeta clavada en la garganta. Su casa estaba aquí, en la antedicha praza do Pan. En su interior guardaba un curioso invento, la "mesa de trucos" que el entallador Francisco de Anlís hizo para Rodrigo de Mocoso en el siglo XVII y que era una especie de antecedente del billar. La casa la derribaron en 1889 los banqueros Pérez Sáinz. También se encontraba aquí, como decíamos, la Casa Consistorial, por lo que las numeraciones de las calles se inician en esta plaza. Tomándola como centro lo mejor es vagar un poco por esta parte del casco histórico, la más popular.

La praza de Cervantes presenta buenas edificaciones, soportales y, en un frente, la **iglexa** neoclásica **de San Bieito.** Conserva en su interior algunas partes de la época ojival en la que fue edificada originariamente, como el tímpano polícromo, con una representación de la *Adoración de los Magos.*

Bajando por una estrecha callejuela nos encontramos con el **convento** e **iglexa de Santo Agostiño,** edificio manierista en el que trabajaron Bartolomé Fernández Lechuga y Jácome Fernández. El proyecto inicial contaba con dos torres: la de la derecha nunca fue terminada, y la de la izquierda fue destruida por un rayo en 1788. El convento, con un interesante claustro interior sostenido por columnas dóricas, está ocupado actualmente por los jesuitas y funciona como Colegio Mayor universitario.

I EL MERCADO DE ABASTOS ✳

El Mercado de Abastos ocupa en parte el lugar del pazo de Altamira y lo que era su huerta, todo un símbolo de la sustitución de la aristocracia por la burguesía comercial. Sus naves cubiertas, que semejan basílicas, se desbordan ampliamente los días de mercado.

En el extremo contrario del Mercado, cerca de la facultad de Historia, se encuentra la pequeña **iglexa de San Fiz de Solovio,** de origen románico y que conserva un tímpano gótico con una Epifanía, tema iconográfico muy repetido en los caminos de peregrinación, que no ha perdido del todo su policromía. La torre barroca es obra delicada de Simón Rodríguez que creó escuela. Fue uno de los primeros templos compostelanos, erigido por Sisnando en el 900, y su ubicación no es casual, ya que aquí estaba el castro prerromano. En este lugar moraba, asimismo, el ermitaño Paio, testigo de las luces milagrosas que brillaron sobre el sepulcro apostólico.

En el pequeño jardín que hay entre la iglesia de San Fiz y la facultad de Geografía e Historia se levanta un **cruceiro** que tiene su pequeña historia. Los cruceiros abundan en Galicia. Son un conjuro contra la

◷ C3
Iglexa de San Bieito
✉ Praza de Cervantes.

◷ C3
Convento de Santo Agostiño
✉ Rúa de Santo Agostiño, 2.

▲ Mercado de Abastos de Santiago.

◷ C3
Mercado de Abastos
✉ Rúa das Ameás / Travesía de Altamira.
☎ 981 583 438.
🖥 www.mercadodeabastos desantiago.com
◷ L-S: 8-14 h (aprox.).

◷ C3
Iglesia de San Fiz de Solovio
✉ Praza de San Fiz de Solovio.
◷ M, J y S: 10.30-13 h.

inquietud que siempre han provocado en el hombre los puentes y las encrucijadas de caminos. Este es, sin embargo, un cruceiro muy especial, algo así como un cruceiro privado. Lo pagó una señora, llamada Isabel de Sotomayor Bencerraje, en recuerdo de su hijo Manuel Ramírez de Arellano. El estudiante Ramírez había sido asesinado en un antiguo cruce de caminos de las afueras de Santiago. Las gentes, siempre dadas a novelar estas cosas, extendieron la leyenda de un duelo o un suicidio por amor, como no podía ser menos. Hoy el lugar del crimen está embutido en plena zona nueva y el cruceiro fue trasladado aquí hace ya muchos años. Aunque ya no son muchos los compostelanos que recuerdan la historia, las palabras que se esculpieron en él dejan un poso de misterio. Si formamos una nueva línea con la última sílaba del segundo apellido y una de las frases piadosas, podemos leer una extraña frase que dio mucho que hablar en su momento: "No ruegues a Dios por él."

❙ CASAS REAIS

A través de la rúa de San Bieito y la pequeña rúa Travesa –un simpático nombre que en realidad alude a su condición de travesía– desembocamos, ante la iglesia de Santa María do Camiño, en Casas Reais, una plazuela en la que en seguida llaman la atención un caserón que conserva su puerta gótica y el **pazo de Fondevila,** típico del barroco compostelano con la firma de Clemente Fernández Sarela, el de la casa do Cabildo.

▼ Casa modernista en el número 19 de Reais.

Es interesante la **casa modernista** de los números 19 y 21. Fue edificada en 1913 sobre los escombros del pazo de los condes de Priega. Son de notar la curiosa solución del techo, los detalles decorativos de la fachada y el zócalo del portal, con sus arañas y moscas.

No lejos se encuentra la **igrexa das Ánimas.** Su frontón, que representa el tormento del fuego infernal con las ánimas penando, es una rareza en lo que a iconología católica se refiere. También su interior guarda una curiosa historia. Cuando se construyó el templo, allá por el siglo XVIII, un escultor, Manuel Prado Mariño, continuó trabajando en la decoración de sus nueve altares, restaurados en 2010. Mientras esculpía podía ver las caras de los feligreses, por lo que tuvo la idea de retratarlos. Cuando todos aquellos prósperos comerciantes de la Algalia se vieron representados en los judíos de la Pasión su ira fue tal que se produjo un auténtico motín. Fue necesario sacar las tropas a la calle para calmar los ánimos. La anécdota no es del todo inocente. Esta parte de la ciudad fue, efectivamente, poblada por la comunidad judía de Compostela. Su nombre, Algalia, está relacionado con la actividad comercial. Este perfume, secreción de un felino nocturno de Abisinia y de aspecto muy semejante a la miel, era uno de los más conocidos en la Edad Media y su importación solía estar en manos de hebreos. Incluso, según Guido Brunati, el propio *Judío Errante* estuvo en Santiago de Compostela y da la fecha del 1267, pero esto ya es otra historia...

Las Algalias son dos, la de Arriba y la de Abaixo. Aquí funcionaban las famosas chocolaterías, la artesanía familiar de la zona. En las Algalias destaca por su tamaño el **pazo de Amarante,** construido en sillería de granito y presidido por un gran frontón triangular. Es sede del Consello Consultivo de Galicia. Al final de la Algalia de Arriba hay un pequeño jardín bastante agradable.

El edificio que hay enfrente es el **antiguo Hospital e Iglesia de San Roque.** San Roque de Montpellier, el abogado contra la peste, peregrinó aquí en el siglo XIII. Tres siglos después una plaga asolaba la ciudad y los ciudadanos, acordándose de aquella visita, le ofrecieron un voto si les libraba de la epidemia. Así fue y aún hoy se cumple con aquel voto, por si acaso. La construcción es del siglo XVI y la presencia de los santos facultativos Cosme y Damián en la portada nos indica claramente su condición de sanatorio. Al cierre de esta edición, el hospital permanecía cerrado por obras.

▲ Igrexa das Ánimas.

⊙ C3
Igrexa das Ánimas
✉ Casas Reais, s/n.
⊗ Todos los días: 9-13 h.

⊙ C4
Pazo de Amarante
✉ Rúa da Algalia de Abaixo, 26.

⊙ B4
Antiguo Hospital e Iglesia de San Roque
✉ Rúa de San Roque, 2.

▲ Fachada de la iglesia del Monasterio de San Martiño Pinario.

• • • • • • •

⏱ B3
**Monasterio de
San Martiño Pinario**
✉ Plaza de San Martiño.
☎ 881 607 003.
🌐 www.espaciocultural
smpinario.com
⏱ J-L: 11-14 h y 15.30-19 h;
guiadas a las 12 h y 17 h.
X: solo por la tarde.
V-L: guiadas, 12-17 h.
🎟 General: 6 €.
Guiada: 8 €.

• • • • • • •

⏱ B3
**Igrexa de San Miguel
dos Agros**
✉ Praza San Miguel
dos Agros, 3.

❙ SAN MARTIÑO PINARIO ✱

Hacia el oeste de las Algalias nos topamos de nuevo con el monasterio e iglesia de San Martiño Pinario. Es difícil que pase desapercibido. Después del monasterio de El Escorial es el mayor edificio religioso de España. Su entrada principal, la del antiguo convento benedictino, ya la vimos al hablar de la Azabachería. Lo que aquí tenemos es la entrada a la **iglesia.** Se pensó hacer de ella la segunda en importancia después de la basílica, por lo que le dedicó sus esfuerzos un auténtico ejército de artistas compostelanos. Sin embargo, no pudieron ser levantadas las torres previstas, pues un pleito del cabildo catedralicio, que no aceptaba que ningún vecino rivalizase con las torres de la catedral, lo impidió. Esta fachada se terminó a mediados del siglo XVII, con un pórtico tipo retablo, obra del portugués Mateo López. La disposición de su escalera se debe al desnivel que hubieron de salvar los constructores. Como ocurre a menudo, esta dificultad dio lugar a un resultado aún más valioso. Esta escalinata es otra de las favoritas de Compostela. El muro de la derecha es el del magnífico huerto del monasterio, que sigue el curso de la Costa Vella. Del interior de la iglesia destaca su enorme cúpula y recargadas decoraciones. Es el barroco en su apogeo, con sus columnas salomónicas y su retablo iconostasio exagerado. En él reconoceremos el estilo de Casas y Novoa, algo así como una versión en madera del Obradoiro. También aquí hay obra de Ferreiro, como el altar de la segunda capilla del lado del Evangelio y la escultura de Santa Escolástica, para la que por cierto usó como modelo a su mujer, Fermina. Y la llamada Virgen inglesa, a la izquierda, traída por unos perseguidos religiosos desde las islas británicas. Tampoco podemos olvidar la soberbia sillería de coro, perfectamente restaurada, obra barroca de Mateo Mateo de Prado. Y por si una sillería fuese poco, en el coro alto se conserva también la procedente de la catedral, retirada en su día de su nave central para mejor admirar la pureza de la fábrica románica. Es una obra de calidad, que sustituyó al coro de piedra del taller de Mateo, ejecutada por Juan Dávila y Gregorio Español a comienzos del siglo XVI, pues el arzobispo Juan de Sanclemente, entre otras cosas que la ruda piedra no podía aportar al siglo, no soportaba que careciese de la silla episcopal.

Frente a San Martiño Pinario, en la plazuela de San Miguel, se encuentra la **igrexa de San Miguel dos Agros,** en una de cuyas capillas, la de la Misericordia, se velaba a los ajusticiados. Estas pequeñas calles que hay entre la Algalia y San Martiño tienen cada una

su encanto especial y algunas conservan cierto aire medieval tanto en sus nombres como en su trazado.

Muy cerca del templo de San Miguel, merece la atención la antigua **casa do Rei Don Pedro,** también conocida como "casa gótica", uno de los pocos ejemplos de arquitectura civil medieval compostelana. Hasta 2012 fue la sede del Museo de las Peregrinaciones y de Santiago. La cercana rúa de las Campanas de San Juan presenta la rareza de un campanario sin iglesia, obtenido como privilegio especial por esta vecindad para servir a una parroquia que tuvo asiento en una capilla catedralicia.

En la Ruela de Xerusalén estuvo el hospital de Jesús o de los Armenios, que acogía a los peregrinos que llegaban desde lo que era entonces el confín más extremo de la Cristiandad y que tenían su rito particular. Es una calle poco transitada por visitantes y compostelanos. También la rúa da Troia cumplía la misma función de acoger a los cristianos de rito oriental. Los coptos celebran a Santiago el día 12 de abril y los sirios el 30 porque, según ellos creen, ese día Herodes Agripa decapitó al Apóstol. En 1549 llegó a celebrar misa en la catedral un obispo cristiano caldeo según el rito de esta iglesia. Sin duda un privilegio que revela la importancia de estos peregrinos puesto que solo les estaba permitido misar al arzobispo y los canónigos.

En la actualidad esta calle es famosa más que nada por la **casa da Troia,** título de la novela de Alejandro Pérez Lugín y de sus versiones cinematográficas. Esta novela, que refleja el ambiente estudiantil en los inicios del siglo xx en Compostela, se centra en una pensión de esta calle, regentada por doña Generosa entre 1886 y 1906. Las placas dan fe de todo esto. Actualmente la casa alberga también el **Museo de la Tuna.**

Frente a la iglesia de San Martiño se sitúa el **Museo de Magia Kiko Pastur,** espacio único en su categoría fundado por el ilusionista gallego Kiko Pastur en 2020 que alberga una exposición permanente e interactiva de ilusiones ópticas, piezas históricas y artilugios del arte de la magia. La entrada al museo se ofrece en formato de visita guiada de 45 minutos y su oferta se completa con una amplia programación de espectáculos y cursos de magia.

I BONAVAL   *

Siguiendo hacia abajo Casas Reais o descendiendo por la estrecha y curiosa rúa de Entremuros, otra vez la ronda de la muralla, llegamos a la confluencia entre varias calles: la rúa de Rodas o Ruedas –haciendo referencia a las ruedas de los cordeleros– que es la que sube girando a la izquierda, la de Virxe da Cerca,

▲ Iglesia de San Miguel dos Agros.

● ● ● ● ● ● ● ●

🅑 B3
**Casa do Rei Don Pedro
(Casa gótica)**
✉ Rúa de San Miguel dos Agros, 4.

**Casa da Troia
Museo de la Tuna**
✉ Rúa da Troia, 5.
☎ 981 585 159.
🖥 casadelatroya.gal
🕐 Verano y Semana Santa: 11-14 h y 16-20 h (consultar los días de apertura en la web). Visitas guiadas.
🎫 3 €; peregrinos con credencial, 1,50 €.

Museo de la Magia Kiko Pastur
✉ Rúa da Fonte de San Miguel, 5.
☎ 881 944 642.
🖥 www.museodemagia kikopastur.com
🕐 L-S: 10-13.45 h y 17-20.45 h.
🎫 10 €.

que es la que sigue hacia la praza de Galicia y la rúa de San Pedro –la antigua calle donde se hospedaban carromateros y arrieros y partían las diligencias de "La Disuelta" para A Coruña–. En este punto se situaba la porta do Camiño, acceso de la antigua muralla adonde venía a dar el célebre Camino Francés, que sigue la mayor parte de los peregrinos.

Una pequeña cuesta conduce al **convento de San Domingos de Bonaval,** según la tradición fundado por Santo Domingo de Guzmán a principios del siglo XIII, cuando llegó a la ciudad como peregrino. Más tarde, el arzobispo Monroy reedificaría la fábrica en estilo barroco, encargando las trazas a Domingo Antonio de Andrade, el arquitecto de la torre catedralicia del reloj.

Se cree que sobre esta colina predicó el santo dominico y de ahí la advocación. Su fachada, que dibuja el característico ángulo recto entre las del templo y la conventual, es barroca. Sobre la puerta, el relieve que representa a Cristo en su entrada mesiánica en Jerusalén data del siglo XIV. Dice Otero Pedrayo que esta fachada se reprodujo como decorado para una ópera en el Real de Madrid y es muy posible, porque su carácter de mausoleo le da un aire ciertamente romántico –aunque no la ópera que él dice, *Norma,* que transcurre en la Galia de tiempos de los romanos–.

En la actualidad posee una gran significación para los gallegos por albergar el **Museo do Pobo Galego** –el principal museo de etnografía y antropología de la comunidad autónoma gallega–. Sus salas nos permiten realizar un recorrido a través del mundo tradicional agrario, marinero, los oficios rurales y urbanos, el traje, la música, etc.

En una capilla de la **iglesia** (siglo XIV), soberbio templo gótico mendicante de tres naves cubiertas con bóvedas de crucería, se sitúa el **Panteón dos Galegos Ilustres.** En él están enterrados, entre otros, la escritora Rosalía de Castro y el también escritor y político nacionalista Alfonso Daniel Rodríguez Castelao, las dos figuras emblemáticas de todo lo gallego, ensalzados por la mayoría de los naturales hasta la mitificación. También descansan en esta necrópolis los restos de Francisco Asorey, el gran escultor cuyo taller, por cierto, estaba muy cerca de este lugar. Visite sus sepulcros y sus amigos de esta tierra galaica se emocionarán cuando se lo cuente. En la **capilla Mayor** están enterrados algunos miembros de la familia de Altamira, por cuyos dominios acabamos de pasar. Se cuenta que en la capilla del Evangelio predicó San Vicente Ferrer, el fanático martillo de herejes a quien sus seguidores atribuían la facultad de volar.

⊙ C4
Convento de San Domingos de Bonaval
✉ Costa de San Domingos.
▤ Gratis iglesia y convento.

⊙ C4
Museo do Pobo Galego
✉ San Domingos de Bonaval.
☎ 981 583 620.
🔗 http://museodopobo.gal
⊙ M-S: 11-18 h. D y festivos: 11-14 h. L: cerrado.
▤ 5 €. Domingo, exposiciones temporales e iglesia: gratis.

▲ Sala del Museo do Pobo Galego.

Pero hay algo que el visitante no debe perderse: la famosa **escalera** ideada por el sorprendente Domingo Antonio de Andrade, cuyo remate de la torre del Reloj hemos visto en la Quintana. Esta escalera, en realidad tres escaleras de caracol concéntricas, es una pequeña joya de la arquitectura, una suerte de rima geométrica, comparable con otras escaleras ilustres como por ejemplo la de la biblioteca Laurentiana o la helicoidal del palacio Barberini, ambas en Roma.

Este es el barrio de Bonaval, donde también estuvo el cadalso de las penas capitales. Una leyenda muy repetida en Compostela dice que la Virgen obró en él un milagro, cuando un herrero rebelde –Xan Tuorum– iba a ser ajusticiado y suplicó auxilio a María gritando: "¡Ven e váleme!". El milagro consistió en que Xan Tuorum cayó muerto allí mismo, ahorrándose la infamia de la horca. De las palabras pronunciadas por el condenado vendría el topónimo Bonaval.

▲ Convento de San Domingos de Bonaval.

| CENTRO GALEGO DE ARTE CONTEMPORÁNEA (CGAC) ✳

En perfecto contraste con su entorno, a pocos metros del barroco convento de San Domingos, se levanta uno de los símbolos del Santiago moderno e innovador, el **Centro Galego de Arte Contemporánea (CGAC).** Diseñado por el arquitecto portugués Álvaro Siza, el museo se inauguró en 1993 y se ha consolidado como uno de los espacios culturales punteros de la comunidad autónoma. La buena mano de Álvaro Siza también se ha dejado sentir en la huerta y el antiguo cementerio del convento dominico, reconvertidos en un parque urbano de 30 000 m² con vistas privilegiadas sobre la ciudad. Su emblema es una escultura de acero de Chillida, *La Puerta de la Música.*

🕑 C4
Centro Galego de Arte Contemporánea (CGAC)
✉ Rúa de Ramón del Valle Inclán, 2.
☎ 981 546 619.
🔗 https://cgac.xunta.gal/gl
🕐 M-D: 11-20 h. L: cerrado. Visitas guiadas gratuitas: S-D a las 12.30 h.
🎫 Gratis.

| CARAMONIÑA Y SANTA CLARA ✳

Si el visitante dispone de un poco de tiempo, subiendo por la rúa de Teo se adentrará en el **barrio de Caramoniña,** en donde tenía su taller el escultor Asorey y en donde siguen floreciendo las camelias, la flor compostelana por excelencia. El **convento de Santa Clara,** que está al pie de esta ladera, es lógicamente convento de franciscanas. Quizás fue fundado por doña Violante, esposa del rey Alfonso X el Sabio. Un rey este que, aparte de regularizar el juego de ajedrez y prohibir a los caballeros comer ajos en la corte, fue un importante poeta en lengua gallega. Escribió –o mandó escribir, que en esa época nunca se sabe– las Cantigas de Santa María en el idioma que entonces se consideraba el más elegante. Volviendo al convento, su fachada guarda una sorpresa, ya que

🕑 B4
Convento de Santa Clara
✉ San Roque, 26.
☎ 981 583 888.
🕐 El convento es de clausura, pero la iglesia se puede visitar, antes y después de las misas (diaria a las 19 h).

su portada exterior es una falsa fachada. Es una de esas enmiendas a las que los artistas del siglo XVIII se entregaron con entusiasmo, considerando barbarie todos los estilos anteriores al suyo. Pero en este caso la fachada barroca –del llamado barroco de placas– realizada por Simón Rodríguez merece la pena ser mencionada porque es una de las más originales de este tipo, incluso con un cierto toque cubista. En el interior, además del retablo mayor concebido por Domingo de Andrade, y otros churriguerescos, existe un hermoso púlpito labrado en piedra.

❙ EL VAL DE DEUS Y EL VAL DO INFERNO

Frente al convento de Santa Clara, y junto al **convento do Carmo,** cuya iglesia muestra, ahora sí, una real y austera fachada presidida por la Virgen titular, tomamos el carril dos Loureiros. A la altura de la Costa Vella nos detenemos a contemplar otro paisaje. Al pie de la cuesta había antiguamente dos valles. Uno era llamado val de Deus y el otro val do Inferno. Val de Deus es ahora una calle recta y estrecha que flanquea el monasterio de San Martiño Pinario. Val do Inferno lo ocupa el **convento de San Francisco.** La tradición quiere que el santo de Asís peregrinase a Compostela, aunque, como ocurre en tantas ocasiones, la historia no tiene constancia de ello.

Había un carbonero llamado Cotolay, a quien el propio San Francisco encargó edificar un cenobio en el lugar llamado val do Inferno. Cotolay, que no tenía

más que una cabaña en el monte Pedroso, se puso a cavar en el sitio indicado sin saber de dónde iba a sacar el oro para edificar nada. Se produjo entonces el milagro: en el solar encontró un tesoro. Como este era terreno de los monjes de San Martíño, los franciscanos les pagaban un alquiler simbólico: un cestillo de peces. Esta costumbre del cestillo de los peces se conservó hasta el siglo XVIII. Cotolay llegó luego a ser alcalde y mandó edificar el muro que iba desde aquí hasta la Azabachería. Su mujer está enterrada en la Quintana y él, en la portería del convento.

Al ser de franciscanos, el convento fue centro de peregrinaciones y misiones a Tierra Santa y Marruecos, por lo que en su interior se conserva un **museo** con colecciones relacionadas con esos lugares; así como otras de historia natural, como un herbario donado por el político carlista Arias Teijeiro. En la actualidad el museo está temporalmente cerrado.

En el orden histórico este convento está vinculado al recuerdo del paso de Carlos I y V por estas tierras. En el año 1520 el emperador Carlos V celebró Cortes Generales en esta sede, al objeto de obtener dinero, que era para lo que se reunían entonces las Cortes. Galicia, que soñaba con conseguir precisamente el derecho al voto en esas mismas Cortes, vio cómo se le negaba una vez más. Por último digamos que este era el convento donde mejor se daba de comer a los peregrinos, a juzgar por lo que dice Guillaume Manier en su *Pèlerinage d'un paisan picard*. En el año

⊙ A-B3-4
Museo de Tierra Santa
✉ Convento de San Francisco.
☎ 981 581 600.
⊘ Cerrado temporalmente.
💳 3 €. Iglesia: gratis.

◄ Convento de
San Francisco.

• • • • • • • •
⏰ A4
Auditorio de Galicia
🔗 www.compostelacultura.gal

Campus Norte

Casa de Europa

**Escuela de Altos
Estudios Musicales**

**Escola de Altos Estudos
Musicais de Galicia (EAEM)**

⏰ f.p. (A4)
**Facultade de Ciencias
de la Comunicación**

• • • • • • • •
⏰ A4
Museo de Historia Natural
📍 Parque de Vista Alegre.
☎ 881 816 350.
🔗 www.usc.gal/museohn
⏰ Invierno: M-S, 10-14 h
y 16.30-20 h.
Verano: M-S, 11-14 h
y 16.30-20.30 h.
D y festivos: 11-14 h.
L: cerrado.
💶 3,50 €.

1726 Manier hizo una especie de test de calidad de la sopa boba –era así como se llamaba a la caridad conventual– y se recorrió todos los cenobios comiendo de gorra. En San Martíño le dieron bacalao, carne y excelente pan –el pan, que en Santiago es de Arzúa, es extraordinario–, en Santa Teresa le dieron pan y carne, en Santo Domingo solo le dieron sopa y en los jesuitas solo pan. Pero en San Francisco "fue buen pan, sopa y carne, además de chocolate". Chocolate americano, todo un lujo para principios del siglo XVIII.

Más adelante, siguiendo por la avenida de Xoán XXIII y la del Burgo das Nacións, llegamos al **Auditorio de Galicia,** sede de la Real Filharmonía de Galicia y sólida referencia en el panorama musical peninsular. A los pies del moderno edificio del arquitecto Julio Cano Lasso se extiende un placentero espacio urbano, el **parque da Música en Compostela,** atravesado por el río Corgo y en donde sobresale, como no podía ser menos, una escultura surrealista del artista gallego Eugenio Granell. Su título es un poema: *Retrato póstumo de Asurbanipal.*

Por esta zona se extiende el **Campus Norte,** en el que destacan varios edificios como la **Facultade de Ciencias de la Comunicación,** del portugués Álvaro Siza, y en el parque de Vista Alegre, el **Centro de Estudios Avanzados,** de Arata Isozaki; la **Escola de Altos Estudos Musicais de Galicia** y la **Sociedade Xeral de Autores e Editores,** con monumental y sorprendente atrio megalítico, de Antón García-Abril o la cúbica **Casa Europa, obra de** César Portela, que sirve de residencia universitaria destinada al alojamiento de eminencias de otras universidades que acuden a la Universidad de Santiago para participar en actividades docentes e investigadoras. De Portela también es el edificio del **Museo de Historia Natural Luís Iglesias** que pone al alcance del público un conjunto patrimonial para el estudio y la divulgación de la biodiversidad y el medio ambiente.

❙ OBRADOIRO, SEGUNDA VERSIÓN

La praza do Hospital (Obradoiro) nos da una segunda oportunidad para contemplar la fachada del Obradoiro. No es reiterar. Conviene observar esta fachada bajo diversas luces del día, como hacía Monet con la de la catedral de Chartres. Si la luz es la del poniente, observará que toma un color dorado. Es obra de un liquen, la *Xantoria paretina,* que cubre las piedras y crea ese efecto. Una catedral no solo es algo mineral. Y aunque las reiteradas restauraciones se obstinan en eliminar el liquen y otros hierbajos, estos regresan con las lluvias, y en pocos meses vuelven a colo-

nizar la piedra. La última restauración para el Año Santo ha dejado la fachada tan pulida que parece la del Escorial, como si en Galicia hubiese de repente cambiado el clima. Esto habría sido prohibido por las escuelas de rehabilitación inglesas, conocedoras que los líquenes forman parte de la historia de un edificio, y que lejos de dañar la piedra, algunos la protegen de los agentes meteorológicos. Dejemos pues que el tiempo pase, y la colonización regresará.

En nuestro paseo podemos acercarnos a la terraza que hay entre el Hospital Real y el pazo de Raxoi, junto a la escalinata de bajada. A lo lejos se puede divisar el monte Pedroso, que en invierno a veces, aunque raras veces, se cubre de nieve. Más cerca se encuentran el parque y los árboles del paseo de los Leones. Más cerca aún, a nuestros pies, se halla la **rúa das Hortas,** flanqueada por campos en los que aún se cultiva, aquí, en pleno centro de la ciudad. También tenemos enfrente una **iglexa,** la de **San Fructuoso.**

San Fructuoso era el santo patrono de Braga y sus restos reposaban en Portugal hasta que el inefable arzobispo Gelmírez se los trajo a Santiago de Compostela con un hábil golpe de mano. Fue en el siglo XI. Y no solo los de San Fructuoso, también los de San Cucufate, Santa Susana, San Silvestre, la cabeza de San Víctor... Pretendía dar relieve a su sede episcopal con la aportación de más reliquias. Es lo que el arcediano Llago denominó eufemísticamente el "pío latrocinio". La fachada actual del templo es inequívocamente barroca y en su decoración encontramos algo que llamará la atención al viajero curioso. Las cuatro figuras que la coronan representan nada menos que los cuatro palos de la baraja española: bastos, oros, espadas y copas. Efectivamente, los juegos de azar acabaron adoptando lo que en un principio eran las cuatro virtudes cardinales, las representaciones de la Prudencia, Fortaleza, Templanza y Justicia. Junto a la iglesia verá un jardincillo. Tiene su interés: aquí estaba el cementerio del Hospital Real. Hay una calavera en la pared sur que lo indica.

Seguimos ahora por la rúa da Trinidade. Unas escaleras que hay pegadas al pazo de Raxoi nos permitirán conocer la pequeña avenida de Raxoi. De ahí llegamos a la avenida de Rodrigo de Padrón y a través de la de Figueroa o, para los aficionados a las callejas estrechas, la de Entrecercas; llegamos de vuelta a la porta Faxeira. De aquí partía el llamado Camino Real a Pontevedra, que seguía por la rúa Carreira do Conde. Este conde, una vez más, era el de Altamira. Una de las aportaciones de esta familia al ocio de los compostelanos del siglo XVI eran los llamados "juegos

▲ Iglesia de San Fructuoso.

• • • • • • •

🅞 B2
Rúa das Hortas

Iglexa de San Fructuoso
✉ Rúa da Trindade.
🕐 Suele estar abierta a diario

◀ Rúa das Hortas se caracterizada por su arquitectura tradicional.

Diego Gelmírez

Toda ciudad tiene un artífice. En Santiago, al margen del propio Apóstol, es don Diego Gelmírez quien puede optar al título con mayores posibilidades. Este arzobispo fue sin duda el alma y el motor de la ciudad. Hijo del guardián de las torres de Oeste, llevó la sede a la dignidad metropolitana y logró para sí y sus sucesores la mitra de lana blanca que las vírgenes de Roma tejían para los arzobispos. Influyó decisivamente en la política castellana y occidental al apadrinar al rey Alfonso VII y conspirar con la reina doña Urraca. Se enfrentó –con éxito– a la burguesía de la ciudad y a los sarracenos, contra los que construyó una flota que es virtualmente la primera fuerza naval de León y Castilla. Pero fue sobre todo un constructor: el palacio arzobispal, que levantó para sí, Santa María la Real de Sar, la Conga, nueve iglesias en la ciudad y veinte fuera de ella, cinco castillos, un acueducto, la terminación de la catedral... Incluso fue él quien repobló el río Sarela con peces para alimentar a las monjas de los conventos.

Resulta curioso que este personaje, cuya vida conocemos tan al detalle, se esfume sin dejar rastro un buen día. No sabemos ni dónde, ni cómo, ni siquiera cuándo murió.

de caña", que los Andrade pagaban y que tenían lugar durante las fiestas del Apóstol, en el Obradoiro. Consistían en una serie de desafíos semejantes a los torneos, pero con lanzas de caña y adargas, en los que participaba la nobleza de sangre gallega. En 1579 el Ayuntamiento trasladó esta fiesta a este lugar en el que nos encontramos, que entonces era una suave loma obsequiada con la sombra de los robles. Algunos de estos juegos eran de carreras, de donde viene el topónimo de Carreira do Conde.

❙ PASEO POR LA ALAMEDA ✱

Como la mayoría de los parques de principios del siglo XX, este está dividido en tres salones. Dicho trazado no era ocioso. Digamos que era una versión en jardinería de las divisiones existentes en la sociedad: el paseo central era para los señores, mientras que por el de la izquierda deambulaban ancianos, clérigos y catedráticos –asimilados en un mismo grupo–. En cuanto a la gente común, se apiñaba en el salón de la izquierda, con sus barquillos y sus garrapiñadas. Ni que decir tiene que hoy puede usted andar por donde quiera. Los tres salones están separados por los bancos y por las camelias. A la izquierda, esos 3,50 m de **estatua** que se distinguen son los del almirante don **Casto Méndez Núñez.** Su gesta de El Callao es considerada actualmente como un absurdo error militar, pero sin duda no merecía esa lamentable

▼ Estatua del almirante gallego Casto Méndez Núñez en el parque de la Alameda.

postura en la que lo ha inmortalizado el escultor San Martín, entre esos enebros de la China. También hay cerca dos árboles "de la miel", el árbol exótico del que se extraía el tinte amarillo empleado en el traje del emperador en el antiguo Japón.

La **iglexa** es la **del Pilar.** Más interés tiene el caserón que encontramos a la izquierda, después de subir las escaleras, junto a un abeto del Cáucaso. Es un inequívoco ejemplar modernista. A principios del siglo XX a construyó Antonio Palacios sobre planos de López de Rego. En los años diez se instaló allí una de las primeras salas cinematográficas de la ciudad, propiedad de Isaac Fraga. Después de estar en manos de la Falange durante cuarenta años, hoy sirve a un propósito más tierno: es la guardería de Santa Susana.

El parque rodea un antiguo castro prerromano. Sobre este castro, como sucedía a menudo, se levantó una **iglexa** dedicada a **Santa Susana,** otra adquisición del "pío latrocinio" al cual nos hemos referido antes. Es en realidad la patrona y protectora de la ciudad, algo que la omnipresencia del Apóstol hace olvidar a veces.

En la **carballeira de Santa Susana** –esto es, el robledal–, aparte de un primer uso como campo de suplicios hoy felizmente superado –a principios del siglo XIX se podía contemplar aquí el cadalso–, se situaba el mercado ganadero. Uno podía comprarse en este lugar una buena yegua, un *xato* (ternero), una vaca *marela* –la raza autóctona, también llamada "rubia gallega mejorada"– o comerse unas raciones de pulpo en platos de madera. Esto era así hasta hace pocos años, en que a la ciudad se la dotó de un mercado moderno en la afueras pero también de una nostalgia más.

El **paseo de Bóveda,** a la altura de Santa Susana, lo impulsó el marqués de Bóveda y lo mandó construir Nicolás García Vázquez, regidor municipal en el "año del hambre", 1855, para "dar de comer a los menesterosos". Se llamó de las Clases Pasivas.

En paralelo se halla el **paseo das Letras Galegas,** en atención a la poetisa esculpida en piedra: **Rosalía de Castro.** La ilustre escritora pasó sus primeros años de vida en el cercano Hospital Real, que también era orfanato. En el siglo XVIII llegó a haber en él ochocientos niños procedentes de todos los puntos de Galicia, que eran distribuidos entre mujeres de las aldeas cercanas para que les diesen el pecho hasta los dos años. Ese fue el caso de Rosalía, depositada en el torno nada más nacer y bautizada en la capilla del hospital.

La otra **escultura** que comparte el lugar con la de la poetisa es la de **Pedro Lais Lapido,** promotor de la Exposición Regional de 1909. Aunque hoy bastante olvidada, la Exposición Regional fue en su

🕐 B-C1
Iglexa do Pilar
✉ Av. Xoán Carlos I.

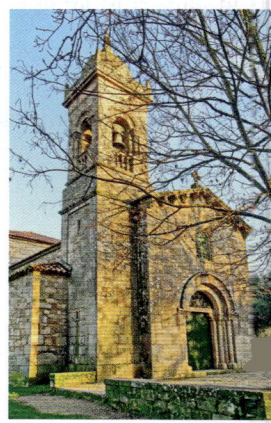

▲ Iglesia de Santa Susana.

🕐 B-32
Iglexa de Santa Susana
✉ Rúa do Campiño da Ferradura.
🕐 Solo se abre en celebraciones especiales.

🕐 B1
Paseo de Bóveda
Paseo das Letras Galegas

🕐 B1-2
Paseo de la Alameda

▲ Paseo de los Leones en el parque de la Alameda.

momento todo un acontecimiento, muy vinculado en todo caso con este parque que le sirvió de sede.

Por medio de ella Galicia intentaba recorrer rápidamente el trecho que la separaba de la modernidad. Para ello se contó con un crédito de 500 000 pesetas de entonces con las que se erigieron diversos pabellones de muestras y se organizaron actos culturales, como el concierto del maestro Granados.

Como era año santo, se inauguró el 24 de julio con la asistencia del rey Alfonso XIII. Pero el resultado no respondió a las esperanzas puestas en ella. A los cuatro días de la inauguración el pabellón de Fomento se vino abajo estrepitosamente. Un mes después se derrumbó el de las Industrias y el Central fue derribado para edificar una plaza de toros. La vista del mirador domina el conjunto del campus universitario sur, donde se agrupan varios de los colegios mayores y de las facultades de la Universidad.

Seguimos nuestro camino bajo la sombra de los castaños de Indias, el clásico árbol de los paseos. A nuestra derecha podemos contemplar la curiosidad de dos ejemplares del árbol de Judas, llamado así por creerse que en un árbol de esta especie hebrea fue donde se ahorcó el Iscariote en su día de paga.

Donde da la vuelta el camino, que por ello es conocido como "da Ferradura", comienza el **paseo de los Leones**, en alusión a los que esculpió Francisco Liñares y que custodian la entrada desde el 1885. Es la parte verdaderamente sentimental del parque, que ha sido completado con esculturas de grandes literatos y hombres de la cultura vinculados con la ciudad, entre ellos Ramón María del Valle Inclán o Isaac Díaz Pardo, ambos sedentes, o de pie Federico García Lorca, que con motivo de su visita a Santiago en 1932 escribió en gallego sus *Seis poemas galegos*.

• • • • • • • •
⊕ B2
Paseo de los Leones
(paseo dos Leóns)

Recordando el lorquiano "Chove en Santiago, meu doce amor…" (Llueve en Santiago, mi dulce amor…) podemos trasladarnos al coqueto y romántico mirador conocido como de los Enamorados. Elección un poco desafortunada, ya que se dispone bajo un enorme eucalipto, la especie que en 1856 se trajo el fraile Rosendo Salvado desde la lejana Tasmania con tan nefastas consecuencias para el equilibrio ecológico del país. Pero aparte de estas opiniones nuestras, tan discutibles por otra parte, el visitante cederá sin duda aquí a otro sentimentalismo contemporáneo: el del paisaje. Hemos guardado esta vista para el final. Es, en todos los sentidos, un postre. También el granito tiene su propia flora. Es el *centranthus*, que prolifera con sus flores rojizas en las fachadas cuando el tiempo es húmedo y que se desarrolla fácilmente en la alternancia sol-lluvia. Es esa primavera de la piedra que tanto sorprendió a García Márquez cuando pasó por aquí.

I BELVÍS

Belvís es uno de los más característicos barrios de Santiago. Su **convento** fue fundado a principios del siglo XIV por Teresa González. Era de religiosas dominicas, aunque lo edificaron los frailes de Bonaval por encargo de su orden. De aquella fábrica ya no queda nada. Todo lo que vemos es del siglo XVIII. La reedificación la pagó el arzobispo Monroy y la llevó a cabo Casas y Novoa. Por cierto, en el torno monacal aún es posible disfrutar de los dulces elaborados por las monjas. Adosada al convento, la **capilla de la Virgen del Portal,** una advocación muy popular en Compostela y a la que se le solicita el manto curativo, durante su curiosa romería de San Pedro Mártir, en la que se acude al convento solicitando la curación

· · · · · · · ·

◎ D3
Convento de Santa María de Belvís
✉ Belvís, 2.
◎ Capilla de la Virgen del Portal abierta a diario, iglesia conventual solo durante la misa dominical.

▼ Convento de clausura de Santa María de Belvís.

🕐 D3

Centro Sociocultural A Trisca
✉ Corredoría das Fraguas, 92.
☎ 981 543 191.
🌐 www.santiagosociocultural.org
🕐 L-V: 9-14 h y 17-21 h.

· · · · · · · · ·

🕐 f.p.

**Seminario Menor
de la Asunción**
✉ Av.da Quiroga Palacios, s/n.
☎ 881 031 768.
🌐 smasuncion.es

· · · · · · · · ·

🕐 f.p.

**Museo de la Colegiata de Sar
(MUSAR)**
✉ Colegiata de Santa María
de Sar. Rúa da Ponte do
Sar, s/n.
☎ 981 562 891.
🌐 https://musar.gal
🕐 L-V: 10-14 h y 16-18 h.
S: 10-14 h.
🎫 2 €. Entrada incluida en la
del Museo de la Catedral.

▲ Fachada de la colegiata
de Santa María de Sar.

de afecciones en personas y ganado, así como para pedir una buena cosecha. Especialmente hermosos son los ritos de tocar la imagen del santo mártir con espigas de maíz, la venta de los "santos escritos" y la bendición de los ramos de olivo. En otro tiempo había gran alboroto durante la bendición, porque acudían los supuestos "endemoniados", afectados del mal conocido en gallego como *ramo cativo*.

Justo detrás del convento descubrimos el **Centro Sociocultural A Trisca,** una visita imprescindible para los que disfrutan con la arquitectura contemporánea de calidad. Obra de John Hejduk, uno de los arquitectos más influyentes de la segunda mitad del siglo xx, el edificio de piedra, vidrio y acero está increíblemente esculpido en una aguda esquina. Un secreto entre nosotros: su terraza ofrece una hermosa panorámica de la ciudad. No tan fina resulta la inmediata mole, rodeada de jardines, del **Seminario Menor de la Asunción,** representativo del historicismo franquista de los años 50. Actualmente funciona como colegio, seminario y albergue de peregrinos.

▌ EL SAR

Sin estar realmente lejos, la colegiata se encuentra un poco a desmano, aunque todo cuesta abajo por la sugerente rúa Castrón Douro, por la que entran en la ciudad los peregrinos procedentes de Ourense y el Camino Sanabrés. En esta calle se ha querido ver un reflejo mitológico clásico. El *castrón d'ouro* –castrón es una manera de llamar al carnero– sería el vellocino de oro que buscaban Jasón y sus argonautas. Si realmente estaba aquí, al sur de Compostela, iban bastante descaminados. Luego, la rúa do Sar nos lleva, bajo la avenida de Lugo, al valle del Sar que inspiraba a Rosalía de Castro. A la vera del río, después de cruzar el **puente románico,** se alza la colegiata.

Algunos monumentos se han hecho famosos por sus perfecciones, pero muchos menos son los que han conseguido la celebridad gracias a sus imperfecciones. Entre este grupo de elegidos, que incluiría por ejemplo a la torre de Pisa, podemos situar a la **colegiata de Sar.** Santa María la Real de Sar fue primeramente un monasterio de canónigos regulares de San Agustín. Lo fundó Gelmírez, siendo erigido con su claustro en puro estilo románico, y a mediados del siglo xix acabó perdiendo la dignidad colegial. Pero lo que ha hecho famosa a esta iglesia, y sin duda lo que más sorprende al visitante, es su anomalía: las columnas que sostienen las bóvedas están inclinadas. Ello se debe al terreno fangoso en el que se asienta la fábrica. Ya en el siglo xvi se derrumbó la bóveda central. Los con-

trafuertes exteriores se pusieron para apuntalarla. El efecto óptico es impresionante. El ábside central tiene tres paredes en las que se han descubierto murales, interesantes aunque bastante deteriorados. El claustro románico es del siglo XII –solo resta un ala de esta época– y su autor fue el mismo que el del Pórtico de la Gloria, el Maestro Mateo. En la sacristía y parte del claustro existe un pequeño museo con diversos objetos de orfebrería y pergaminos, así como esculturas.

▲ Monasterio de Conxo.

▎ MONASTERIO DE SANTA MARÍA DE CONXO

Para llegar a este monasterio, sin recurrir al transporte urbano, hay dos opciones: un paseo desde el Ensanche, cruzando la avenida Romero Donallo y siguiendo la avenida de Vilagarcía, entrada del Camino Portugués en la ciudad, o, mucho más agradable, desde la colegiata de Sar seguir la senda fluvial que acompaña al río aguas abajo entre brañas, bosques de ribera y el parque Eugenio Granell, poco después del cual ya divisamos el monasterio. Lo mandó construir Gelmírez para las religiosas benedictinas. La leyenda sentimental dice que el lugar lo decidió Roswinda, que lo eligió por ser en este sitio precisamente donde cayó asesinado su amante Alberico, llamado Canogio. Una bandada de palomas, se dice, le indicó el escenario del crimen. Actualmente es un hospital psiquiátrico.

La huerta y parte del claustro son lo más antiguo del lugar. La **iglesia** es, en cambio, barroca del siglo XVII (González de Araújo), y en ella se conservan dos de las obras escultóricas más importantes del país: el Cristo de Gregorio Hernández y el *Santiago peregrino* de Ferreiro. En otro orden de cosas, el nombre de Conxo esta incardinado en la historia del país a causa de un banquete célebre, el "banquete de Conxo". No fue en una batalla ni en la toma de un palacio, sino que fue aquí donde, entre plato y plato, el 2 de marzo de 1856, confraternizando artesanos y estudiantes, se puso en marcha el nacionalismo gallego. Nada más apropiado. La envolvente senda fluvial del río Sar se aproxima al lugar, donde un gran mural cerámico recuerda el banquete. Admiremos también el roble, de más de 250 años, 30 m de altura y 4 m de diámetro, que fue declarado árbol de España 2022.

▎ EL ENSANCHE

El barrio del Ensanche es el favorito de los compostelanos para hacer sus compras diarias, para cenar e ir de copas hasta el amanecer, teniendo como referentes principales la praza Roxa y la de Galicia. Pero poco o nada hay que ver en el Ensanche, a no ser algunos chalés curiosos en los aledaños de la rúa da Rosa.

ⓘ f.p.
Monasterio e Iglesia de Santa María de Conxo
✉ Campo de Conxo, s/n.
☎ 981 521 741.
🕐 En horario de culto.

⊙ A1

**Pazo e Iglexa de
San Lourenzo de Trasouto**

✉ Estrada de San Lourenzo.

☎ 665 780 304.

🖰 pazodesanlorenzo.com

⊙ Iglesia, claustro y jardines:
M-J, 11.30-13.30 h
y 16.30-18.30 h.

🎟 2 €.

▲ Cidade da Cultura,
según el diseño
de Peter Eisenman.

⊙ f.p. (D4)

Cidade da Cultura

✉ Monte Gaiás (buses
urbanos 9, a diario, y C11,
fines de semana).

🖰 www.cidadedacultura.org

⊙ Cidade; todos los días,
8-23 h (las exposiciones
cierran el lunes). Biblioteca
y archivo: L-D, 9 -21 h.
Museo Centro Gaiás:
M-D, 10-20 h.

🎟 Gratis.

SAN LOURENZO DE TRASOUTO Y EL MONTE PEDROSO

Llegar a este antiguo convento franciscano es relativamente fácil, pues desde la praza do Obradoiro no hay más que seguir la Prolongación Jacobea a Fisterra y Muxía, debidamente señalizada para los peregrinos. Aproximadamente a 1 km nos encontramos con la romántica **carballeira de San Lourenzo,** presidida por un cruceiro, y en uno de sus laterales con el antiguo convento franciscano, fundado en el siglo XIII por el obispo de Zamora Martín Arias, convertido en residencia particular. Si encontramos abierta la **iglexa,** en su interior admiraremos una de las joyas de la escultura renacentista en Galicia: el **retablo** y los **sepulcros de los marqueses de Ayamonte,** labrados en mármol de Carrara por el taller genovés de los Aprili (siglo XV).

Siguiendo el camino de Fisterra, a 200 m del convento se encuentra **Ponte Sarela,** aldea bien preservada a 15 minutos a pie del Obradoiro. Destaca por su puente de piedra, molinos y una gran **curtiduría,** de las muchas que funcionaron en la ciudad desde el siglo XIX, rehabilitada. De regreso al centro por el mismo camino, es recomendable desviarse a la izquierda, para acercarse al barrio del Carme de Abaixo. Aquí, junto al parque fluvial, encontraremos interesantes muestras de edificios rehabilitados, entre ellos una curtiduría varias veces premiada. Una carreterilla señalizada al monte Pedroso atraviesa el bosque conocido como *Selva Negra,* compuesta por árboles autóctonos centenarios, que acoge la **ermita** medieval **de San Paio do Monte.** La misma vía, siguiendo un Vía Crucis, a los 6 km alcanza la cumbre del *monte Pedroso,* que es un estupendo mirador sobre la ciudad.

ALREDEDORES DE SANTIAGO

Como Roma, Santiago se encuentra construida sobre varias colinas, y rodeada de otras tantas hasta las cuales, poco a poco, se va expandiendo la ciudad. Hacia ellas nos podemos dirigir empleando el autobús o el automóvil propio, aunque a pie se pueden hacer buenas caminatas, quedando señalizado un circuito por los ocho montes periféricos, de 34 km de recorrido.

En primer lugar hemos de hablar del *monte Gaiás,* en cuya cumbre ha sido creada la mastodóntica y polémica **Cidade da Cultura,** carísimo complejo, que algunos han calificado como el fracasado "Guggenheim galaico". Según el diseño de Peter Eisenman, se compone de cinco edificios (**Museo Centro Gaiás, Centro de Innovación Cultural, Edificio Fontán, Archivo y Biblioteca,** y **Centro de Emprendemento Creativo**) de lo que sería una planta en concha de viei-

ra, además de las acristaladas **torres Hejduk,** varios parques (entre ellos el de O Lago) e intervenciones artísticas como *Zapatos no Camiño* (Francisco Leiro) o *Espellos* (Manolo Paz); esta última, no nos digan el por qué, ha sido bautizada como los 'Dónuts del Gaiás'.

A la ida o a la vuelta del Gaiás pasaremos por el **barrio de Fontiñas,** de moderno diseño. Desde Fontiñas enlazamos con una segunda excursión, ahora siguiendo el Camino Francés en sentido inverso, que principia en el barrio de San Lázaro, así denominado por haber albergado la prosería o lazareto, un edificio del siglo XIX situado al frente de la capilla de San Lázaro. En la zona, encontramos la *Porta Itineris Sancti Iacobi,* gran escultura alusiva a la peregrinación (Cándido Pazos, 2004). Hacia el sur aparecen dos edificios singulares: el **Palacio de Congresos y Exposiciones de Galicia** y el **Pabellón de Galicia,** trasladado desde la Expo Universal de Sevilla. Mayor interés reviste frente al palacio de Congresos, el **Museo Pedagóxico de Galicia (MUPEGA),** que recoge todo tipo de materiales relacionados con la historia de la educación gallega.

En San Marcos queda señalizado el desvío al *Monte do Gozo,* colina de 379 m de altura desde donde los peregrinos del Camino Francés ven por vez primera las torres de la catedral. La humilde ermita de San Marcos es heredera de la fundada por Gelmírez. Algunos estudiosos discrepan sobre la correcta ubicación del monte y creen que esta adscripción corresponde a una cota situada 300 m al sur. Por si acaso, allí fue colocado un monumento que representa a dos peregrinos alegres por la visión de Compostela (José María Acuña, 1993).

🕐 f.p.

Museo Centro Gaiás

✉ Cidade da Cultura.

📞 Museo: 881 995 172.

🌐 www.cidadedacultura.gal/es/content/museo-centro-gaias

🕐 M-D: 10-20 h.

💾 Gratis.

Palacio de Congresos y Exposiciones de Galicia

✉ Rúa Miguel Ferro Caaveiro.

📞 981 519 988.

🌐 www.palaciosantiago.com

Pabellón de Galicia

✉ Avda. de Fernando de Casas Novoa, 38.

Museo Pedagóxico de Galicia (MUPEGA)

✉ Rúa da San Lázaro, 107.

📞 981 540 155.

🌐 mupega.edu.xunta.gal

🕐 Invierno: M, 10-15 h. X-V: 10-15 h y 16-19 h. S: 10 -14 h y 16 19.30 h. L, D y festivos: cerrado. Verano: L-V, 8.30 h-14.30 h. Agosto cerrado.

💾 Gratis.

▼ Monumento al Peregrino, en el Monte do Gozo.

Dónde...

GASTRONOMÍA

La cocina cristiana de Occidente, como diría el inolvidable Cunqueiro, no tiene, probablemente, una despensa de tanta amplitud como la que ofrece Galicia. Esta es una tierra rica, en la que conviven y armonizan fórmulas tradicionales que la sabiduría y la memoria popular acertaron a transmitir y mantener plenamente vigentes, junto a nuevas preparaciones adecuadas a las corrientes imperantes en la sociedad moderna.

❚ Mariscos y pescados

Aunque Santiago no tiene puerto de mar, su mercado está bien suministrado por los más próximos, entre ellos los de la vecina ría de Arousa o los de la más batida Costa da Morte. Ningún marisco tiene en Compostela rango de icono local a no ser, por el emblema que se ha pretendido ver impreso en su concha, el poco abundante Santiaguiño. Sin embargo, todos se pueden encontrar en sus tabernas, mesones y restaurantes. Lo que no consigue la ciudad, acaso por su relativa proximidad al mar, es entronizar el pulpo como han hecho Lugo u Ourense, tradición que ha venido de las ferias. Y lo dicho para el marisco puede trasladarse a los pescados, que poseen su privilegiado escaparate en el mercado de abastos.

❚ Grelos

Convendría advertir, de entrada, que la comarca de Santiago es una de las principales productoras de grelos, col emblemática entre las verduras gallegas e ingrediente codefinidor de uno de los platos –*primus inter pares*– que definen a la cocina gallega: el lacón con grelos, cuya brillantez sobre las mesas y manteles, a modo de número especial del cocido, es relativamente reciente. Esta modernidad acredita la evolución de la cocina en Galicia, extrayendo del pote una combinación sabrosa y dietética, inteligente por tanto, la de una materia grasa y otra ácida. El grelo aparece también con otras acertadas combinaciones, por ejemplo con un guiso de rodaballo que no tiene desperdicio, además de acompañado, especialmente en revueltos, a algunos mariscos o simplemente en tortilla o puré.

❚ Empanadas

Por proximidad geográfica y configuración paisajística, tierras de Compostela son las que constituyen la amplia y rica comarca del Ulla, río salmonero por excelencia, y también de lamprea en su tramo ya próximo a Padrón –la demarcación de los singulares

y sabrosos pimientos de Herbón– donde la hacen en suculenta empanada o timbal. La empanada, como el pulpo, otro de los platos emblemáticos de la cocina gallega, tiene en Compostela específico asentamiento histórico, la raíz misma de su condición gallega, al aparecer esculpida en uno de los relieves del pazo de Xelmírez; de *raxo* (lomo de cerdo), *xoubas* (sardinillas) o berberechos, incluso de bacalao... van a misa en Compostela.

▌Vinos

Es la comarca del Ulla la que otorga vinos propios a Compostela, caldos, por lo general, muy ligeros, demasiado ácidos, frescos, plebeyos –condición que, en cambio, supera su aguardiente, de potente y frutal aroma– aunque empieza a surgir algún Pago Ullán que acredita la presencia del albariño en sus botellas. A pesar de esa proximidad, el vino compostelano, por tradición de consumo, es el ribeiro, del que Álvaro Cunqueiro pensaba que mejoraba con los tañidos de la Berenguela. En los últimos tiempos, no obstante, se han apoderado del mercado los Rías Baixas (el internacional albariño), los mencías de la Ribeira Sacra y los godellos de Valdeorras o Monterrei.

▌Postres y licores

Compostela ha legado a la gastronomía gallega la genuina tarta de Santiago, la más almendrada de todas las gallegas, que tras dos siglos de historia sigue combinando las proporciones justas de almendra molida, huevos, azúcar y mantequilla, debajo de un manto de azúcar en polvo con la cruz de Apóstol. Souvenirs muy populares son también las "piedras de Santiago" (almendras cubiertas de chocolate) o los "caprichos de Santiago" (almendras, merengue, y chocolate).

No debemos olvidarnos de la miel gallega, con su sabor a flores silvestres, eucalipto y maderas de los bosques; y las afamadas castañas asadas, para consumo durante los paseos invernales.

En cuanto a quesos, las opciones son muchas, porque Santiago está rodeada de buenos productores, como los de Arzúa-Ulloa, O Cebreiro o San Simón. Reina indiscutible entre ellos, en las rúas dos viños y las tahonas, el queso de tetilla, mantecoso, de sabor suave e inconfundible forma de pecho femenino. Y para remate de cualquier aventura gastronómica, un digestivo orujo de la tierra, en forma de licor café, hierbas, queimada o simplemente "manchando" el café.

Restaurantes

ZONA ANTIGUA
Simpar

- ✉ Vilar, 47.
- ☎ 881 977 601.
- 🖰 www.restaurante-simpar.com
- 🕐 X-S: 13.30-15.30 h y 20.45-22.30 h. D: solo comidas.
- 🍽 Menús degustación: 69 € (bodega aparte).

Nuevo proyecto del chef Áxel Smith, con una estrella Michelín, quien antes estuvo al frente de *Auga e Sal*. Cocina gallega innovadora. Premio a los Mejores Callos del Mundo 2024.

A Tafona

- ✉ Virxe da Cerca, 7.
- ☎ 981 562 314.
- 🖰 www.luciafreitas.es
- 🕐 X-S: 13.30-14.45 h y 20.30-21.45 h. D: solo comidas.
- 🍽 Menús degustación: 110-150 €, dependiendo del maridaje.

Lucía Freitas es otra estrella Michelín de la ciudad. Sus menús degustación sobresalen por la vocación internacional –sin perder su alma gallega–, y su rigor.

Casa Marcelo

- ✉ Rúa das Hortas, 1.
- ☎ 981 558 580.
- 🖰 https://casamarcelo.net
- 🕐 X-S: 13.30-15.30 h y 20.30-23.30 h.
- 🍽 Precio medio: 50-80 €.

Marcelo Tejedor es uno de los representantes más laureados de la nueva cocina gallega. En su restaurante fusiona cocina gallega y japonesa. Goza de una estrella Michelín.

Enxebre

- ✉ Pr. do Obradoiro.
- ☎ 981 050 527.
- 🕐 Todos los días: 13.30-16.40 h y 20.30-23.30 h.
- 🍽 Precio medio: 45 €.

Ubicado dentro del Parador. Los fines de semana una orquestina clásica deleita con sus serenatas.

Don Gaiferos

- ✉ Rúa Nova, 23.
- ☎ 981 583 894.
- 🖰 dongaiferos.com
- 🕐 D-L-M: 13.15-16 h. X-S: 13.15-16 h y 20.15-11 h.
- 🍽 Precio medio: 45 €.

Ocupa las antiguas caballerizas de la catedral. La cocina es clásica con incursiones internacionales.

O Sendeiro

- ✉ Rúa do Olvido, 22.
- ☎ 981 587 196.
- 🕐 X-D: 13-16 h y 20-22.30 h.
- 🖰 osendeiro.com
- 🍽 Precio medio: 30-40 €.

Curtiduría del siglo XIX. Producto gallego. Muy valorado por su ambiente acogedor.

Solleiros

- ✉ Rúa Cardeal Payá, 18.
- ☎ 981 582 301.
- 🖰 solleiros.com
- 🕐 13.30-15.45 h y 20.30-23.30 h. M y D: comidas.
- 🍽 Precio medio: 35-40 €.

Espacio gastronómico de Ana Portals. Cocina de producto artesanal, sencilla y con un toque moderno.

Casa Camilo

- ✉ Rúa da Raíña, 24.
- ☎ 881 027 332.
- 🖰 https://casacamilo.es
- 🕐 L-M: 12-23.30 h. J-D: 11-23.30 h. X: cerrado.
- 🍽 Precio medio: 15-30 €.

Con más de 80 años de existencia, comida casera gallega cerca de la catedral.

Benedita Elisa

- ✉ Praza do Matadoiro, 1.
- ☎ 640 746 140.
- 🖰 www.beneditaelisa.com
- 🕐 13.30-15.15 h y 21-22.30 h (V-S hasta las 22:45 h). M-X cerrado.
- 🍽 Precio medio: 35 €.

Homenaje a las abuelas por parte de un catalán y un gallego, que comparten experiencias en los fogones en una propuesta moderna con gran éxito de crítica.

Café de Altamira

- ✉ Rúa das Ameas, 9.
- ☎ 981 558 592.
- 🖰 cafedealtamira.com
- 🕐 Todos los días: 13:30-15.30 h y 20.30-23 h.
- 🍽 Precio medio: 25-35 €.

Asentado en lo que en otro tiempo fueron los jardines del conde de Altamira. Cocina de mercado en una carta no muy extensa. En 2023 recibió la distinción *Bib Gourmand* en la Guía Michelín, reconocimiento por su relación calidad-precio.

A Noiesa

- ✉ Rúa do Franco, 40.
- ☎ 981 565 082.
- 🖰 anoiesa.com
- 🕐 Todos los días: 13.15-17 h y 20.15-24 h.
- 🍽 Precio medio: 30-40 €.

Producto gallego de la tierra. Su propuesta sencilla y auténtica ha conquistado a locales y foráneos. Número 3 en el ranking de *Travellers' Choice* en 2024.

Mamá Peixe

- ✉ Rúa Algalia de Arriba, 45.
- ☎ 657 668 842.
- 🕐 M y J: 13.30-15.30 h y 20.30-22 h. X: solo comidas. V-S: hasta las 22.15 h. L: cerrado.
- 🍽 Precio medio: 15-40 €.

Especializado en cocina gallega. Pescados y mariscos frescos. Menú diario.

O Curro da Parra

- ✉ Rúa Travesa, 20/ O Curro da Parra, 7.
- ☎ 981 556 059.
- 🖰 ocurrodaparra.com
- 🕐 Todos los días: 13.30-15.30 h y 20.30-23 h.
- 🍽 Precio medio: 30-45 €.

Cocina de mercado con toques modernos. Platos pensados para compartir.

Orixe

- ✉ Rúa das Casas Reais, 21.
- ☎ 981 115 092.
- 🌐 orixegastronomiagallega. com
- 🕐 X-D: 13.30-16.30 h y 20.30-00.30 h. L-M: cerrado.
- 🍽 Precio medio: 15-50 €.

Apuesta por los productos frescos gallegos. Un auténtico hogar gallego.

A Maceta

- ✉ Rúa de San Pedro, 120.
- ☎ 981 589 600.
- 🌐 amaceta.com
- 🕐 X-S: 12.30-17 h y 20-24 h. D: comidas. L-M: cerrado.
- 🍽 Precio medio: 30-45 €.

Cocina fusión elaborada con productos locales y de temporada. Recomendable el *sashimi* de jurel.

Casa Felisa

- ✉ Porta da Pena, 5.
- ☎ 981 582 602.
- 🌐 casafelisa.es
- 🕐 X-L: 10-23 h. M: cerrado.
- 🍽 Precio medio: 20-45 €.

Precioso jardín interior en el que degustar una carta, muy variada, a base de raciones y platos clásicos. Varios menús.

Mesón 42

- ✉ Rúa do Franco, 42.
- ☎ 981 581 009.
- 🌐 meson42.com
- 🕐 Todos los días: 13-16 h y 20-24 h.
- 🍽 Precio medio: 20-45 €.

Fundado en 1921, con un bonito patio, raciones abundantes y buenos vinos.

Códex

- ✉ Rúa dos Bautizados, 13.
- ☎ 881 253 009.
- 🕐 Todos los días: 11-24 h.
- 🍽 Precio medio: 20-30 €.

Cocina tradicional gallega a base de empanadas, marisco, pescado, carnes.

Casa dos Xacobes

- ✉ Rúa da Algalia de Abaixo, 33.
- ☎ 617 460 199.
- 🕐 M-S: 13.30-15.45 h y 20.30-23.30 h. D: comidas. L: cerrado.
- 🍽 Precio medio: 20-30 €.

Cocina de fusión donde la cocina gallega y asiática conviven. Ceviches peruanos, woks o curry de gambas, entre otros.

Casal do Cabildo

- ✉ Rúa de San Pedro, 18.
- ☎ 981 010 285.
- 🌐 casaldocabildo.com
- 🕐 X-D: 10-15.30 h y 20-23 h. L-M: cerrado.
- 🍽 Precio medio: 20-35 €.

Ambiente rústico y acogedor. Es conocido por sus tostas, tablas variadas, carne a la piedra de pato o avestruz y carnes del valle de Monterrei.

A Curtidoría

- ✉ Rúa da Conga, 2-3 bajo.
- ☎ 981 554 342.
- 🌐 acurtidoria.com
- 🕐 Todos los días: 13-16 h y 22-23.30 h (M y D: solo comidas).
- 🍽 Precio medio: 30-40 €.

Conocido por sus especialidades en arroces. Los langostinos en tempura con alioli y el arroz con leche son recomendados.

Curtiña Gastro-Baiuca

- ✉ Rúa Cardeal Payá, 16.
- ☎ 881 290 970.
- 🌐 www.curtiña.es
- 🕐 L, J, V-D: 12.30-16.30 h y 20-24 h. M: comidas. X: cerrado.
- 🍽 Precio medio: 20 €.

Local que destaca por sus carnes a la parrilla. Materias primas de proximidad. Ambiente acogedor.

Abastos 2.0

- ✉ Praza de Abastos, casetas 13-18.
- ☎ 654 015 937.
- 🌐 abastosdouspunto cero.com

- 🕐 L-S: 12-15.30 h y 20-23 h. D: cerrado.
- 🍽 Precio medio: 25-30 €. Menú.

Propuesta original que en el mismo mercado ofrece los productos que allí se venden, preparados en medias raciones "sin nevera" (este es el lema de la casa). Tiene un menú del día sorpresa. Tiene una vecina sucursal en la rúa das Ameas, 4.

O Piorno

- ✉ Rúa da Caldeirería, 24.
- ☎ 881 259 002.
- 🌐 opiorno.com
- 🕐 L-M, J-S: 10.30-16.30 h y 19.30-24 h. D: 12-16.30 h. X: cerrado.
- 🍽 Precio medio: 20-30 €.

Cocina gallega (pulpo, bacalao, lacón con grelos, croca) y buen menú.

Pampín

- ✉ Ruela das Fontiñas, 4. Barrio de San Pedro.
- ☎ 981 116 784.
- 🌐 pampinbar.com
- 🕐 M-S: 13.30-15.30 h y 20.30-22.30 h. D-L: cerrado.
- 🍽 Precio medio: 35-45 €.

Lo que era una taberna de barrio ha evolucionado a un pequeño restaurante de cocina gallega renovada. Su ensaladilla rusa ha sido premiada a nivel nacional.

Fogar do Santiso

- ✉ Rúa do Franco, 36.
- ☎ 981 583 112.
- 🌐 https://fogardo santiso.es
- 🕐 Todos los días: 12.30-16 h y 19.30-23 h.
- 🍽 Precio medio: 20-40 €.

Franquicia de la popular casa madre de Teo, irrepetible, que incide en lo rústico, la carne de razas autóctonas como la croca de ternera, el marisco y las verduras a la brasa. Los sábados y domingos son "noite meigas" y ofrecen queimada.

A Moa
- ✉ Rúa de San Pedro, 32.
- ☎ 981 071 818.
- ✉ amoa32.com
- 🕐 M-S: 13.30-15.45 h y 21-23 h. D: solo comidas. L: cerrado.
- 🍴 Precio medio: 30-40 €.

Es un clásico de la ciudad. Cocina gallega de calidad en raciones, platos o en su menú. Tostas, bacalao, tataki de atún o porco celta.

Cre-Cottê
- ✉ Casa da Conga. Praza da Quintana, 1.
- ☎ 981 577 643.
- 🌐 https://santiago. crecotte.com
- 🕐 M-V: 12.30-16.30 h y 19.30-23.30 h. D: solo comidas. L: cerrado.
- 🍴 Precio medio: 15-25 €.

Crepería de calidad en un marco privilegiado y con una bonita terraza exterior.

Petiscos
- ✉ Rúa Aller Ulloa, 7.
- ☎ 981 575 368.
- 🌐 www.petiscos.es
- 🕐 M, X, D: 13.30-16 h. J-S: también de 20.30-00.30 h. L: cerrado.
- 🍴 Precio medio: 12-20 €.

Cocina casera con platos vegetarianos, revueltos y platos portugueses.

Garum Bistró
- ✉ Praza das Penas, 1.
- ☎ 981 103 910.
- 🕐 M-D: 13.30-15.30 h y 20-23.30 h (en invierno puede variar). L: cerrado.
- 🍴 Precio medio: 15-20 €.

Preparaciones originales, también en el menú.

Hervor e Fervor
- ✉ Praza das Penas, 2.
- ☎ 881 123 760.
- 🕐 J: 20-24 h. V-S: 13-17 h y 20-24 h. D: 13-17 h. L: cerrado.
- 🍴 Precio medio: 15-20 €.

Comida internacional con opciones veganas y vegetarianas.

Entre Pedras
- ✉ Rúa do Hospitaliño, 7.
- ☎ 981 564 097.
- 🌐 https://entrepedras.eu/
- 🕐 V-D: 13-16 h y 19.30-24 h.
- 🍴 Precio medio: 15-25 €.

Restaurante que se enfoca en cocina mediterránea y europea, con opciones veganas y vegetarianas.

Casa Manolo
- ✉ Praza de Cervantes, s/n.
- ☎ 981 582 950.
- 🕐 L-S: 13-16 h y 19.30-23 h. D: solo comidas.
- 🍴 Precio medio: 10-20 €.

Casa de comidas famosa por su variado y económico menú. Suele estar lleno, sobre todo de peregrinos,. No admite reservas.

ENSANCHE Y BARRIOS

Indómito
- ✉ Rúa do Doutor Teixeiro, 28.
- ☎ 881 129 594.
- 🌐 https://indomitobistro.es
- 🕐 M-S: 13.45-15.30 h y 20.30-23.30 h. D: solo comida. L: cerrado.
- 🍴 Precio medio: 50 €.

Gran experiencia culinaria en un ambiente cálido. Carta en constante cambio para poder ofrecer los productos más frescos.

Gaio
- ✉ Poza de Bar, 2.
- ☎ 981 586 421.
- 🕐 M-S: 13.45-15 h y 20.30-22.30 h. D: 13.45-15 h. L-M: cerrado.
- 🍴 Precio medio: 50 €.

Acogedor restaurante que fusiona cocina gallega y peruana. Reconocido por la guía Michelin.

Terra Nosa
- ✉ Rúa Nova de Abaixo, 5.
- ☎ 981 597 354.
- 🌐 restauranteterranosa.com
- 🕐 L-V: 13.30-16 h y 20.30-23 h. S-D: cerrado.
- 🍴 Precio medio: 60-70 €.

Veterana marisquería del Ensanche, activa desde 1976. Ambiente acogedor.

Pedro Roca
- ✉ Domingo García Sabell, 1 (esquina Galeras).
- ☎ 981 585 776.
- 🌐 pedroroca.es
- 🕐 J-D: 13.15-15.15 h. V-S: 20.15-23 h. L-X: cerrado.
- 🍴 Precio medio: 50-60 €.

Cocina de autor y mercado. Tortillas, pasteles de pescado y marisco, empanadas de la casa, pescado y carne elaborados. Destaca su arroz con bogavante.

A Casa da Viña
- ✉ Rúa de San Lázaro, 54.
- ☎ 981 586 459.
- 🌐 acasadavina.gal
- 🕐 D-J: 12-18 h. V-S: 12-17.30 h y 20.30-24 h.
- 🍴 Precio medio: 20-40 €.

En una casa de piedra, con jardín, a la entrada del Camino Francés en la ciudad. Tiene dos ofertas con cartas largas: la gallega de mercado y otra asiática, sobre todo japonesa.

Mesón do Pulpo
- ✉ Rúa de Vistalegre, 57.
- ☎ 981 586 416.
- 🕐 X-D: 13-15.30 h y 20-23 h. D y M: solo comidas. L: cerrado.
- 🍴 Precio medio: 15-25 €.

Muy conocido por su especialidad en pulpo tanto para locales como turistas, aunque también ofrece chipirones, zorza o jamón asado.

Opera Prima
- ✉ Avda. de Rosalía de Castro, 128.
- ☎ 634 948 556.
- 🌐 https://operaprimasdc.com
- 🕐 M-S: 8.30-23 h. D: 10-18 h. L: cerrado.
- 🍴 Precio medio: 15-20 €.

Un rincón de Sicilia en pleno Santiago. Platos caseros elaborados por su talentoso cocinero, Giuseppe.

▪ El tapeo

CASCO HISTÓRICO

La rúa más clásica y densa, pero también más turística, es la del Franco, con bares como **Petiscos do Cardeal** (nº 10), con su tortilla cachonda y alitas a la mejicana; **El Papatorio** (nº 20), empanada, tortilla, pulpo a la brasa; **Vilar 64** (nº 30), ubicado en el antiguo Abellá, sobresale por su tapa de cocodrilo o sus bravas tan famosas; **O Boteco** (nº 31), bonita vinoteca que pone caldo gallego y cazuelitas; **A Taberna do Bispo** (nº 37), que tiene variedad de tapas, flautas y montaditos al igual que de vinos y cervezas; o el reciente **Nómade** (nº 48), con una carta de vinos muy interesante y tapas de producto local y de calidad.

En la vecina praza do Toural una opción barata para comer en la calle: justo en el bajo del palacio, bocatas de calamares en bolla, con salsa de mayonesa y tinta, en **Bocalamar.**

La rúa de A Raíña prolonga el abarrote de mesones y tabernas; **María Castaña** (nº 19) ofrece raciones de comida gallega (pulpo, erizos, raxos...). Otro de los tradicionales, el Orella (nº 21), con su orella á feira; el **Orense** (nº 25), con oreja, queso y Ribeiro de barril en tazas, y la serie se prolonga, entre otros, a través de **O Ventosela** (nº 28), buena selección de vinos, embutido; el **Coruña** (nº 17), conocido por sus bocadillos de calamares; **Los Caracoles** (nº 14), caracoles al albariño, con restaurante; **Sant-Yago** (nº 12), tortilla de patata; O **Bandullo del Lambón** (nº 9), cervezas artesanas; **Charra** (nº 5), sardinas, mejillones o pulpo a feira, o **La Cueva-El Tigre Rabioso,** con su santo y seña en los meji-

llones con salsa picante. En la inmediata rúa do Vilar, **A Fuego Lento** (nº 25), ofrece tortilla y otras tapas de cocina, y **Comovino** (nº 47) vinoteca gastronómica con restaurante. En la rúa Nova se ubican **La Tita** (nº 46) histórica casa de comidas en la que sobresale su tortilla poco hecha acompañada de pan (tiene una sucursal en **La Tita Otra,** en el nº 39 en plan cervecería con sus patatas, tortilla o croquetas). Junto a la Policía Nacional está la vinoteca **La Jefatura** (avda. de Figueroa, 1), croquetas, calamares y ensaladas y raciones de calidad. Muy cerca, en la carreira do Conde, **O Abrigadoiro** (nº 5) es un gran local de estilo rústico y una noria para enfriar el vino, que se sirve con tablas de jamón, embutido, chicharrones, queso o empanada. Fuera de este cogollo los locales están más desperdigados, pero suelen tener más personalidad. En el entorno de la praza de Cervantes encontramos **Damajuana** (rúa da Acibechería, 5), tostas, croquetas, pulpo, raxo; el inaugurado en 2024 **Maínzo** (rúa da Fonte de Santo Antonio, 8), con sus fillloas de trigo sarraceno rellenas de lubina, chutney de cebolla y jengibre con crema de maíz y palomitas con curry o el pulpo con chorizo; **A Sucursal da Estrela** (praza de Santo Agostiño, 7), bonito local con original tapeo; **Casa Pepe** (Cantón de San Bieito, 5), jamón, cecina, queso; **O Pozo** (Ruela das Ánimas, 1), histórico y escondido bar con un pozo en su interior; **A Gamela** (rúa da Oliveira, 5), aún más difícil de localizar y en posesión de la terraza más re-

cóndita de la ciudad, setas, revueltos, tortillas; próxima a la anterior **A Oliveira** (Ruela da Oliveira, 3), kebab gallego, hamburguesa de vaca vieja, hummus, tataki; **Bicoca** (rúa de Entremuros, 4), creativo, con tostas y hamburguesas; **O Xa Chegou** (Algalia de Abaixo, 27), más conocido como el bar de Morgan, es una taberna de otra época de las que ya quedan pocas; **A Viaxe** (praza do Matadoiro, 3), sabores del mundo en pequeñas dosis; **O Catro** (rúa de San Pedro, 4), croquetas de pulpo, picaña, hamburguesa; **TS-A Casa** (rúa de San Pedro, 113), focaccias, hamburguesas y tapas curiosas, además de zumos naturales; **Clem Café** (rúa de San Pedro, 118), un vegetariano y vegano alternativo, a destacar sus postres; **A Tasquiña de San Pedro** (rúa Cruz de San Pedro, 2), pulpo, croquetas, falafel, guacamole, opciones para veganos; **Martingala** (rúa da Conga, 8), gastrobar, crujiente de pollo, pulpo con queso.

Como propuesta original es posible adquirir marisco o carne en la plaza de abastos y que nos lo cuezan, en el mismo mercado y previa reserva, en **Mariscomanía;** en la misma nave 5 están **A Ostreria, Frebas** y la vermutería **Tarabela.** También al lado del mercado **Lume** (rúa das Ameas, 2), tapas informal de vanguardia a base de merluza e ibéricos con la firma de Pepe Solla, estrella Michelín; en la trasera de la misma manzana **Pepa a Loba** (rúa do Castro, 7), bonito café reconvertido con sus tostas y hamburguesas. Camino de la praza de Galicia tapas cuidadas en **Pepe**

Payá (rúa Cardeal Payá, 8) y pinchos variados, como el *antollo de bacallau*, en **Antollos** (rúa das Orfas, 25).

ENSANCHE Y BARRIOS

Desde la Praza de Galicia hacia el sur de la ciudad se abre paso el ensanche compostelano en donse se abre paso la mayor parte del comercio santiagués y muchos locales de restauración partes del mundo. Abundan los locales para estudiantes y nativos, en los que cuidan más que en la zona turística el tapeo de cortesía. El centro neurálgico está en la praza Roxa, con varias terrazas. A un paso quedan **Gambrinus** (rúa Frei Rosendo Salvado, 11), con generoso tapeo gratuito; en la rúa Nova de Abaixo **Cangaceiro** (nº 17), tapas originales, batidos, y muy cerca **La Planta** (rúa Santiago del Estero, 8),

local versátil que se va adaptando a los distintos momentos del día con atractiva decoración.

Milongas Parrillada Compostela (avda. de Rosalía de Castro, 24), ofrece churrasco, chuletón y secreto ibérico, entre otros.

Muy de universitarios y tapeo de batalla la **Cervecería Internacional** (rúa Montero Ríos, 38) o **El Galeón** (rúa Alfredo Brañas, 33) típico bar de bocadillos y platos combinados. También llenan las tapas del **Jócar** (rúa Montero Ríos, 44) o **El Siete** (rúa Alfredo Brañas, 7). La ruta puede seguir por **El Estudio** (rúa Dr. Teixeiro, 4), que prepara sushi, o, en la rúa Fernando III o Santo, variedad de cervezas y buenos pinchos en el **Galopín** (nº 1); quesos o ibéricos en **Entre Pipos** (nº 2); cervezas artesanas, tostas y hamburguesas en **Singulario** (nº 4); tortilla y

hamburguesas en **Ad Gelo Café Lounge** (nº 8); y más tapas y bocadillos a buen precio en la **Cervexaría Estudantil** (nº 37). En el borde del Ensanche, preparaciones elaboradas (langostino con chutney, fish&chips de merluza) en **ArteSana** (avda. de Ferrol, 9).

A los anteriores, desde 2018, se unen dos animados mercados gastronómicos de mesas corridas, con variedad de tabernas y oferta: **La Galiciana** (rúa Gómez Ulla, 1; www.mercadolagaliciana.es), con 8 cocinas, 4 locales delicatessen y 3 barras de bebidas y algo más alejado, en la zona de El Corte Inglés, **Boanerges** (www.mercadoboanerges.com), con catorce puestos, cada uno especializado en un producto: pulpo, pescado, marisco, conservas, carne, queso, etc.

▌Cafés

Como ciudad universitaria y cultural, Compostela cuenta con varios cafés con encanto. En 2023 abre sus puertas **Morriña Derby** (Rúa das Orfas, 29), estela del mítico *Café Derby*, con su cerveza despasteurizada de bodega. Inalterable desde 1873, **Café del Casino** (rúa do Vilar, 35), con su piano de cola y aspecto de salón turco. Terraza cotizada por su enclave en la Praza da Quintana es **Literarios**, cafetín de estilo antiguo; **Airas Nunes** (Rúa do Vilar, 17), es un lugar perfecto por su entorno histórico y su gran terraza. Si por el contrario lo que se quiere es disfrutar de un café en medio del mercado de Abastos, **Café de Altamira** (Rúa das Ameas, 9) es el lugar ideal. Si lo que se prefiere es un delicioso

jardín para el relax, la elección debe ser el café del hotel **Costa Vella** (Porta da Pena, 17), un oasis entre tanta piedra. Ambiente bohemio y juvenil en **La Flor Cafébar** (Casas Reais, 25), con carta de cafés e infusiones, y para comer tostas, ensaladas o pasta rellena. Tanto para la tarde como para primera hora de la noche sirve **Recantos** (San Miguel, 2), que destaca por su decoración. **Tertulia** (Pombal, 2), pequeño local con ambiente cultural y artístico y una gran selección de tes, cafés y chocolates del mundo. Otros cafés sugerentes son **A Gramola** (pza. Cervantes, 10), **Cafetaperia Plaza** (rúa de San Pedro, 3), sobre todo por su acogedora terraza; y los pequeños **O Preguizoso** (Rúa

Truques, 7) y **Belke** (San Roque, 7).

Buenos desayunos, pasteles y tartas caseras en **Lusco&Fusco** (rúa San Clemente, 11). Y el café más diminuto, con zumos naturales y cafés del mundo, **Ratiños** (rúa Caldeirería, 21). En cuanto al Ensanche, el referente desde 1962 es el **Venecia** (rúa do Hórreo, 27), con buena calidad de café y croissants de verdad. Tras el cierre en 2023 de la mítica chocolatería *Metate*, **El Muelle** (rúa da Senra, 6), es el escogido para los amaneceres estudiantiles. Y si queremos un helado debemos acudir a **Puerta Real** (rúa do Franco, 58), **Bico de Xeado** (rúa do Vilar, 81 Bajo), **Sotto Zero** (praza do Toural, 8) o **Xearte Brigitte** (rúa de San Pedro, 70).

I Compras

ARTESANÍA

El pequeño comercio compostelano, cobijado bajo los soportales de las rúas do Vilar, Nova y aledaños, ofrece una amplia gama de productos típicos. El azabache, la plata y la cerámica forman sin duda la terna de recuerdos indispensable en cualquier visita a Santiago de Compostela.

Sargadelos

- ✉ Rúa Doutor Teixeiro, 1 (praza de Galicia).
- 🕻 https://sargadelos.com

Vajilla, figuras y joyas de porcelana de la marca.

De Cotío

- ✉ Rúa de Xelmírez, 26.
- 🕻 www.decotio.com

Artesanía certificada y productos gallegos.

Merlín e Familia

- ✉ Rúa Nova, 8-10.
- 🕻 www.merlinefamilia-tienca.com

Piezas únicas de artesanía.

Bolillos

- ✉ Rúa Nova, 40.

Encajes de Camariñas y bordados.

Joyería Mayer

- ✉ Rúa Xelmírez, 14 y Rúa Vila de Noia, 4.
- 🕻 www.joyeriamayer.com/es

Un orfebre y platero de prestigio, con varias generaciones a sus espaldas.

Azabachería Rod-Mayer

- ✉ Trav. da Quintana y Rúa da Acibechería, 15.
- 🕻 https://rodmayer.com/

Piezas únicas de azabache y orfebrería tradicional.

Ramón González

- ✉ Praza de Feixóo, 2.

Clásico del azabache y la plata desde 1951.

Augusto Otero

- ✉ Praza de Praterías, 5.
- 🕻 www.joyeriaaugusto-otero.com

Emblemática platería.

Acivro Xoias

- ✉ Rúa da Troia, 8.

Concepto distinto de joyería con hermoso escaparate.

Atelier Isabel Suárez

- ✉ Praza de Praterías, 1.
- 🕻 https://atelierisabel-suarez.es

Taller propio de joyas con diseños contemporáneos.

Noroeste Obradoiro

- ✉ Rúa Travesa, 14.
- 🕻 https://noroeste-obradoiro.com

Joyas de autor de creación contemporánea en su taller.

Amboa

- ✉ Rúa Azabachería, 33.
- 🕻 https://amboa.com/es

Artesanía creativa, azabache, bisutería y regalos.

Trisquel

- ✉ Rúa da Acibechería, 31.
- 🕻 https://trisquel-artesania.com

Orfebrería y manualidades.

Alrif

- ✉ Rúa do Vilar, 6.

Joyas de autor y de diseño. También plata y azabache.

Baraka

- ✉ Rúa do Vilar, 78.

Joyería de autor.

Espadela

- ✉ Rúa Orfas, 18 y Rúa Nova, 28.
- 🕻 https://espadela.com

Artesanía y textiles.

O Camiño empeza agora

- ✉ Rúa da Algalia de Arriba, 27.
- 🕻 https://ocamino-empezagora.gal

Bonito local, con una selección de artesanía, libros, ropa y gastronomía del Camino Francés.

GASTRONÓMICAS

En el casco antiguo abundan las pastelerías y los pequeños colmados en los que se venden productos gastronómicos propios de Galicia. Fundamental no irse sin una tarta de Santiago, un queso de tetilla y un vino o licor de la tierra.

Mercado de Abastos

- ✉ Rua Ameás, s/n.
- 🕻 www.mercadodea-bastosdesantiago.com/

Toda una sinfonía de olores, colores y manjares de la tierra. Abierto por las mañanas de lunes a sábado. Con puestos de quesos como el de **Pepe**, las conservas (**Conservas do Camiño**) o los vinos (**Viñoteca do Mercado**).

Quesería Prestes

- ✉ Rúa da Caldeirería, 27.
- 🕻 https://prestes-santiago.com

Tienda especializada en quesos gallegos.

Filandón

- ✉ Rúa da Acibechería, 6.

Quesos, miel, vinos, tartas.

Ultramarinos Cepeda

- ✉ Praza de Cervantes, 9.

Desde 1888, productos gastronómicos de calidad.

A Tenda da Caldeirería

- ✉ Rúa da Caldeirería, 7.

Como la anterior, producto gallego.

Ultramarinos Carro

- ✉ Cantón do Toural, 6.
- 🕻 https://atenda.org

Vinos, licores, conservas y otros productos del país.

O Cotiño

✉ Rúa da Raíña, 4.
🔗 https://www.ocotino.es
Productos gastronómicos gallegos gourmet.

Pastelería Las Colonias

✉ Rúa das Orfas, 30.
Pasteles, tarta de Santiago, tartaletas o empanadas.

Pan da Aboa

✉ Rúa de San Roque, 5.
Pan y empanadas tradicionales.

O Pan d'Andrea

✉ Rúa do Cardeal Payá, 6.
Pan artesano, empanadas, tartaletas de Santiago.

LIBRERÍAS Y DISCOS

Couceiro

✉ Praza de Cervantes, 6.
🔗 https://librariacouceiro.gal
Especializada en el libro en gallego y su temática.

Follas Novas

✉ Rúa Montero Ríos, 37.
🔗 www.follasnovas.com
Librería de gran surtido.

Cronopios

✉ Rúa Alfredo Brañas, 24.
🔗 www.cronopioslibros.com
Librería de vocación, con intensa vida cultural.

Lila de Lilith

✉ Rúa Travesa, 7.
Un espacio para la literatura femenina.

Librería Alita Comics

✉ Rúa Nova de Abaixo, 2.
🔗 www.alitacomics.com
Especializada en cómic.

Disco Precio

✉ Rúa Santiago de Chile, 13.
🔗 https://discoprecio.es
Discos y camisetas.

MODA

Clásica sin par es la **Sombrerería Iglesias** (rúa do Vilar, 34; www.sombrereriaiglesias.es), desde 1912, que parece un decorado para una película de época y permanece fiel a su elegancia; entre sus clientes, Valle Inclán, Castelao o Pavarotti. En el Ensanche, en torno a Xeneral Pardiñas, Doutor Teixeiro, República de El Salvador, Montero Ríos, Alfredo Brañas y las prazas Roxa y de Galicia se concentran las tiendas de marcas internacionales, las grandes cadenas de moda y las boutiques de los diseñadores gallegos como **Adolfo Domínguez, Roberto Verino** y **Purificación García**. El diseñador lalinense **Florentino** (rúa Nova, 57; www.florentino.com) tiene la suya en la zona antigua. Camisetas gallegas originales en **Nikis Galicia Style** (rúa do Preguntoiro, 26; www.nikisgalicia.com) y **La Fábrica de Nikis** (praza de Cervantes, 9; www.lafabricadenikis.com).

▌La noche, espectáculos

LA NOCHE

Algunos clásicos compostelanos del casco antiguo que nunca defraudan son **Pepa a Loba** (rúa do Castro, 7), recogido e íntimo; **Modus Vivendi** (praza de Feixóo, 1), el pub más antiguo de Santiago de Compostela y que en 2022 celebró su 50 aniversario; **A Casa das Crechas** (Vía Sacra, 3), por su ambiente bohemio y predilección por el folk y la música celta; **O Galo d'Ouro** (rúa da Conga, 14), con su elegante *jukebox* (gramola); **Carrilana** (rúa San Paio de Antealtares, 16), que ocupa el garaje de las antiguas diligencias; o el original **Momo** (rúa Virxe da Cerca, 23), con su interior reproduciendo una calle y jardín con terraza en la trasera. Hay otros pubs en los que por encargo preparan las típicas queimadas, así **Fonte Sequelo** (rúa Xelmírez, 24) o **Fuco Lois** (rúa Xelmírez, 25); **A Reixa** (rúa de Tras Salomé, 3). Otros que también se han ido sumando en la zona vieja son **9ª Porta** (rúa Cardeal Payá, 3), con variedad de cervezas; **Chocolate** (rúa das Ameas, 8), vermutería de día y coctelería de noche; **Garoa** (avda. de Figueroa, 3), intergeneracional o el más reciente de todos, **Circus** (Rúa de Alfredo Brañas, 6) que abrió sus puertas en 2023 en el local de la antigua discoteca Facultad.
Los conciertos hacen acto de presencia en **Riquela Club** (rúa do Preguntoiro, 35), perfecto para quienes buscan una experiencia musical en un espacio elegante y moderno; **Sónar** (rúa Mazarelos, 4-5); **Capitol** (rúa Concepción Arenal, 5) y **Blaster** (República Arxentina, 6), opción muy popular por su ambiente animado. Los locales de baile y de marcha hasta el amanecer salpican las calles del Ensanche, especialmente en República Arxentina y alrededores. Hay mil nombres que van y vienen, según modas y años. Mejor llegarse hasta la zona y ver el ambiente. Las noches de los jueves suelen ser las más animadas, especialmente durante el curso universitario.

ESPECTÁCULOS

La programación cultural de Santiago es rica y variada a lo largo de las cuatro estaciones, y doblemente interesante si se trata de un año Xacobeo. El **Auditorio de Galicia**, el **Teatro Principal** y el **Salón Teatro** (sede del Centro Dramático Galego) siempre tienen alguna propuesta tentadora en cartel, bien sea de música, teatro, danza, comedia o incluso títeres.

El festival *CineEuropa* (https://cineuropa.org/), es uno de los eventos cinematográficos más importantes de la ciudad y se celebra a lo largo de todo el mes de noviembre en diversas salas de la ciudad.

Otro esperado evento anual es la *Feria del Libro*, que se celebra en el parque de la Alameda hacia finales de abril y principios de mayo.

La agenda cultural compostelana se puede consultar en internet:
compostelacultura.gal
santiagoturismo.com
https://www.cultura.gal

▌ Alojamiento

HOTELES

Zona antigua

Parador Hostal dos Reis Católicos***
- ✉ Praza do Obradoiro, 1.
- ☎ 981 582 200.
- 🖰 parador.es
- 🛏 Desde 200 €.

Uno de los más lujosos de la red de Paradores. Ocupa el antiguo Hospital Real fundado por los Reyes Católicos (siglo xvi).

Hotel Monumento San Francisco**
- ✉ Campiño de San Francisco, 3.
- ☎ 981 581 634.
- 🖰 sanfranciscohm.com
- 🛏 Desde 140 €.

Alojamiento con claustro cubierto y 82 habitaciones de estética minimalista. Jardín.

Hotel Virxe da Cerca**
- ✉ Rúa Virxe da Cerca, 27.
- ☎ 981 569 350.
- 🖰 pousadasdecompostela.com
- 🛏 Desde 70 €.

En un antiguo caserón de piedra con un hermoso jardín.

Hotel Compostela**
- ✉ Rúa do Hórreo, 1.
- ☎ 981 585 700.
- 🖰 hotelcompostela.es
- 🛏 Desde 80 €.

Uno de los primeros hoteles de la ciudad, con su estética de castillo almenado.

Hotel Altaïr*
- ✉ Rúa dos Loureiros, 12.
- ☎ 981 554 712.
- 🖰 altairhotel.net
- 🛏 Habitación doble: desde 90 €.

Junto al monasterio de San Martiño, con un diseño basado en la filosofía oriental *wabi-sabi* (la sencillez en el poso del tiempo).

Hotel Carrís Casa da Troya*
- ✉ Rúa da Acibechería, 14/ Rúa da Troia, 5.
- ☎ 981 555 879.
- 🖰 carrishoteles.com
- 🛏 Desde 80 €.

Hotel *boutique* en pleno casco antiguo es conocido por su diseño moderno.

Hotel Herradura*
- ✉ Avda. Xoán Carlos I, 1.
- ☎ 981 552 340.
- 🖰 hotelherradura.es
- 🛏 Desde 70 €.

Edificio con galerías. 20 habitaciones, algunas orientadas a la Alameda.

Hotel Alda San Bieito*
- ✉ Cantón de San Bieito, 1.
- ☎ 881 304 171.
- 🖰 aldahotels.es
- 🛏 Desde 70 €.

Edificio del siglo xvi en donde residió Manuel Murguía, esposo de Rosalía de Castro. 20 habitaciones.

Hotel Pazo de Altamira*
- ✉ Rúa de Altamira, 18.
- ☎ 981 558 542.
- 🖰 pazodealtamira.com
- 🛏 Desde 80 €.

Encantador hotel *boutique* en un edificio del siglo xix. 16 habitaciones.

Hotel San Miguel*
- ✉ San Miguel dos Agros, 9.
- ☎ 981 555 779.
- 🖰 sanmiguelsantiago.com
- 🛏 Desde 100 €.

Elegante hotel en el casco antiguo, con bonito jardín.

Precios

Desde enero de 2025, la ciudad ha implementado una tasa turística destinada a gravar las pernoctaciones en la ciudad. Oscila entre 1 y 2,50 € persona/noche, dependiendo del tipo de alojamiento. Su objetivo es gestionar de manera más eficiente el elevado número de visitantes y generar ingresos adicionales destinados a la sostenibilidad turística y conservación del patrimonio.

Hotel O Xardín de Julia***

✉ Rúa Virxe da Cerca, 20.
☎ 981 558 542.
🖰 oxardindejulia.com
🖦 Desde 55 €.
Palacio rehabilitado con vistas a Belvís y un buen jardín. 10 habitaciones.

Hotel Plaza Quintana***

✉ Rúa da Conga, 9.
☎ 981 515 749.
🖰 www.hotelplaza quintana.com
🖦 Desde 80 €.
26 habitaciones con vistas a las torres de la catedral desde algunas de sus habitaciones abuhardilladas.

Hotel Plaza Obradoiro**

✉ Avda. de Raxoi, 1.
☎ 981 073 148.
🖰 https://hotelplaza obradoiro.com
🖦 Desde 70.
Inaugurado en 2022, se sitúa en un enclave privilegiado, a tan solo 25 m de la catedral. 22 habitaciones confortables.

Hotel Vía Aetcal**

✉ Rúa das Casas Reais, 20.
☎ 981 117 575.
🖰 hotelviaaetcal.com
🖦 Desde 55 €.
Edificio del siglo XIX con 12 habitaciones. Ambiente moderno con comodidades como un espacio *wellness*.

Hotel Alda Bonaval**

✉ Rúa Bonaval, 2.
☎ 881 304 172.
🖰 aldahotels.es
🖦 Desde 70 €.
Edificio del siglo XVIII con 18 habitaciones, algunas con vistas a la catedral.

Hotel Costa Vella**

✉ Porta da Pena, 17.
☎ 981 569 530.
🖰 costavella.com
🖦 Desde 65 €.
14 habitaciones con vistas a la huerta del Seminario y a San Francisco.

Hotel A Tafona do Peregrino**

✉ Virxe da Cerca, 7.
☎ 981 568 923.
🖰 atafonadoperegrino.com
🖦 Desde 60 €.
Ubicado en un edificio antiguo con patio interior cubierto. 14 habitaciones y restaurante.

Hotel Alda Algalia*

✉ Praciña da Algalia de Arriba, 5.
☎ 881 092 980.
🖰 www.aldahotels.es
🖦 Desde 50 €.
Casa de 1786 situada en la antigua judería, con 15 habitaciones acogedoras.

Pensión Casas Reais***

✉ Casas Reais, 29.
☎ 981 555 709.
🖰 casasreais.es
🖦 Desde 77 €.
11 habitaciones con balcón o galería y techos decorados con emblemas de diferentes casas reales.

Pensión Mapoula***

✉ Entremurallas, 10, 3º.
☎ 981 580 124.
🖰 mapoula.com
🖦 Desde 77 €.
Céntrica pensión *boutique* familiar con 11 cómoda habitaciones.

Hostal A Nosa Casa***

✉ Entremurallas, 9.
☎ 981 585 926.
🖰 www.anosacasa.com
🖦 Desde 35 €.
Familiar y sencilla, junto a la anterior. 9 habitaciones.

Pensión Alfonso**

✉ Rúa do Pombal, 40.
☎ 981 585 685.
🖰 hostalalfonso.com
🖦 Desde 45 €.
Negocio familiar con vistas a la catedral desde la trasera. 6 habitaciones.

Hostal Campo de Estrelas**

✉ Rúa do Pombal 41.
☎ 881 252 477.

🖰 campodeestrelas.com
🖦 Desde 70.
Ubicado en un edificio del siglo XIX renovado en 2016. A 300 m de la catedral. 7 habitaciones.

Pensión Deniké**

✉ Porta da Pena, 4.
☎ 981 566 287.
🖰 www.denike.es
🖦 Desde 65 €.
12 habitaciones tranquilidad y confortables.

Pensión O Códice**

✉ Travesía do Franco, 6.
☎ 881 183 034.
🖰 pensionocodice.com
🖦 Desde 65 €.
A menos de 100 m de la catedral. Reformado en 2017. 10 coquetas habitaciones.

Pension Rúa Nova*

✉ Rúa Nova, 4.
☎ 981 958 009.
🖰 pensionruanova.com
🖦 Desde 55 €.
Registro en el hotel Rúa Villar. 11 habitaciones.

Hospedería San Martín Pinario-Seminario Mayor*

✉ Praza da Inmaculada, 3.
☎ 981 560 282.
🖰 www.sanmartin pinario.es
🖦 Desde 55 €.
En el monasterio de San Martiño. 126 habitaciones.

Ensanche y barrios

Hotel Eurostars Araguaney*****

✉ Alfredo Brañas, 5.
☎ 981 559 616.
🖰 eurostarshotels.com
🖦 Desde 100 €.
Versión moderna del lujo, con todo tipo de servicios y 81 habitaciones.

NH Collection Santiago de Compostela*****

✉ Avda. Burgo das Nacións (Campus Norte).
☎ 981 558 070.

🏠 nh-collection.com
🛏 Desde 80 €.
Rodeado de un parque, en una zona muy tranquila a 13 minutos a pie del Obradoiro. Decoración minimalista con toques orientales.

Hotel Palacio del Carmen Autograph Collection****

✉ Rúa das Oblatas, s/n.
📞 981 552 444.
🏠 www.marriott.com
🛏 Desde 100 €.
Convento rehabilitado situado junto al río Sarela. Dista poco más de 1 km del Obradoiro y dispone de todo tipo de servicios. 75 habitaciones.

Hotel Oca Puerta del Camino****

✉ Miguel Ferro Caaveiro, s/n (San Lázaro).
📞 981 569 400.
🏠 ocahotels.com
🛏 Desde 70 €.
Junto al Palacio de Congresos, a 1,5 km del centro. Moderno y funcional, con 160 habitaciones.

Hotel A Quinta da Auga Relais & Châteaux****

✉ Paseo da Amaia, 23B.
📞 981 534 636.
🏠 quintadaauga.com
🛏 Desde 170 €.
La manifestación más acabada del lujo en la comarca. Instalado en una antigua papelera del siglo XVIII a 2 km del centro. 51 habitaciones. Su restaurante, *Filigrana,* está especializado en gastronomía gallega.

Gran Hotel Los Abetos****

✉ Rúa de San Lázaro, s/n.
📞 981 557 026.
🏠 granhotellosabetos.com
🛏 Desde 60 €.
Gran complejo situado entre el monte do Gozo y el barrio de San Lázaro. 149 habitaciones.

Eurostars Gran Hotel Santiago****

✉ Avda. Mestre Mateo, 27.
📞 981 534 222.
🏠 eurostarshotels.com
🛏 Desde 75 €.
A la entrada del Campus Sur, muy cerca al Ensanche y muy bien comunicado con la autopista AP-9. 143 habitaciones.

Hotel Concheiros**

✉ Rúa dos Concheiros, 46.
📞 981 588 613.
🏠 www.hotel concheiros.com
🛏 Desde 65 €.
Próximo a la Estación de Autobuses y Rúa de San Pedro. 16 habitaciones.

Pensión Rosa Rosae***

✉ Da Rosa, 7.
📞 981 528 300.
🏠 rosarosae.es
🛏 Desde 65 €.
Chalé con jardín, de lo más original de Santiago. A 2 min de la parada de autobús que va al aeropuerto.

Pensión Stellae Luscofusco***

✉ Rúa dos Concheiros, 6.
📞 981 309 686.
🛏 Desde 75 €.
Ofrece 9 habitaciones modernas y renovadas con temáticas sobre la puesta del sol. Jardín privado con terraza exterior perfecto para relajarse

Artilleiro PR**

✉ Rúa de Vista Alegre, 46.
📞 633 343 895.
🏠 artilleiro.com
🛏 Desde 50 €.
Casa del siglo XVIII con 7 habitaciones coloridas. Salón con chimenea y jardín.

APARTAMENTOS

A Fonte das Hortas

✉ Rúa das Hortas, 20.
📞 680 325 673.
🏠 afontedashortas.com
🛏 Desde 110 €.

6 alojamientos que ofrecen una combinación de comodidad moderna y encanto tradicional. Preciosa huerta.

Aurelia Antica

✉ Rúa de San Pedro, 13 y Rúa do Medio, 60.
📞 667 766 695.
🏠 apartamentosaurelia antica.com
🛏 Desde 80 €.
2 apartamentos de 4 y 6 plazas) en una de las zonas más animadas del centro.

Casa de la Inmaculada

✉ Praza da Inmaculada, 8.
📞 981 552 737.
🛏 Desde 80 €.
5 apartamentos en pleno centro de la zona vieja, en un edificio del siglo XVIII.

Fogar Natural

✉ Rúa de San Pedro, 37.
📞 881 092 929.
🏠 fogarnatural.es
🛏 Desde 80 €.
3 apartamentos ecosostenibles de aire rústico.

Room Pedra

✉ Rúa das Hortas, 13.
📞 687 824 649.
🏠 www.roomfeitizo.com
🛏 Desde 100 €.
4 apartamentos, en un edificio antiguo rehabilitado, a 50 m del Obradoiro.

Catedral Suites Santiago

✉ Campo do Cruceiro do Gaio, 3.
📞 881 979 797.
🏠 catedralsuites.com
🛏 Desde 80 €.
Casona rehabilitada del siglo XIX dividida en 5 apartamentos.

Domus Stellae

✉ Rúa San Francisco, 4.
📞 981 560 672.
🏠 domusstellae.com
🛏 Estudio: desde 70 €.
Frente a la Facultad de Medicina y al lado de la catedral.

Información práctica

TRANSPORTES

Aéreos

Aeropuerto Rosalía de Castro
- En Lavacolla, a 10 km.
- 981 547 501.
- aena.es

Autobús al centro: línea 6A, cada 30 min, hasta la estación Intermodal.
- tussa.org
- Billete: 1 €.

Autobuses

Estación Intermodal
- Clara Campoamor, s/n. Entrada, también por rúa do Hórreo (pasarela sobre la vía férrea).
- 981 542 416.
- tussa.org

Autobuses urbanos
- tussa.org

Ferrocarril

Estación de Santiago de Compostela
- Rúa do Hórreo, 75A.
- 902 320 320.
- renfe.es

Taxis

Radio Taxi Santiago
- 981 569 292.
- radiotaxi compostela.com

Tele Taxi Compostela
- 981 743 333.
- teletaxicompostela. gal

Paradas
- Aeropuerto, Intermodal, avda. Figueroa, plaza Camilo Díaz Baliño, Plaza do Obradoiro, C. C. Área Central, Praza Roxa y Plaza de Galicia.

CALENDARIO DE FIESTAS

Febrero

Dependiendo del año, pero normalmente a finales de febrero o principios de marzo tiene lugar la celebración del Carnaval. En gallego esta fiesta se conoce como **Antroido** o **Entroido**. Tiene un arraigo generalizado en todo el país gallego, considerándose una de las más características y singulares de estas tierras norteñas. Aparte de las celebraciones urbanas con sus desfiles y concursos, desde el Ulla llegan los "Xenerais", a caballo y engalanados al modo de la primera mitad del siglo XIX.

Marzo-abril

La **Semana Santa** tiene un sentido muy distinto, se puede desarrollar en marzo o abril dependiendo del año. Algunas de sus procesiones tienen especial interés, entre otras la de *Última Cena,* con su gran paso, o la de *Jesús Flagelado,* ambas el Jueves Santo. En la mañana del viernes, en la praza de A Quintana tiene lugar la *Procesión do Encontro* –del Encuentro–, y ya al anochecer la de *Os Caladiños* –los Silenciosos–, en la que el deán hace tremolar una bandera negra, costumbre que solo se conserva en Santiago. También resulta muy vistosa, el sábado por la tarde-noche, la *procesión de los Hermanos.* Más información en www.semanasantasantiago.com.

Entre finales de marzo y principios de abril, coincidiendo con el quinto domingo de Cuaresma se celebra, en el barrio homónimo, la **romería de San Lázaro o Festa da Uña,** que está dedicada a pedir la protección del ganado porcino. Los campesinos ofrecen velas, exvotos y uñas de cerdo, agradecidos por dicha protección.

Mayo

Entre las fiestas específicamente locales hay que mencionar las **Fiestas de la Ascensión,** variables por coincidir en torno al sexto jueves después de la Pascua de Resurrección. La celebración dura cuatro o cinco jornadas, con los característicos pasacalles, además de conciertos, verbenas y atracciones situadas en la Alameda, entre ellas una noria que permite contemplar el casco antiguo desde lo alto.

El 17 de mayo se celebra el **Día de las Letras Gallegas** que conmemora la publicación de *Cantares Gallegos* de Rosalía de Castro en 1863, obra que marcó el inicio del renacimiento cultural gallego. Cada año este día rinde

homenaje a personas que han destacado por su creación literaria en gallego o por la defensa de esta lengua.

Junio

Aunque sin la concurrencia de otros lugares de Galicia, la **noche de San Xoán** (23 de junio) se celebra con las tradicionales hogueras y *cacharelas* o *sardiñadas*.

Julio

Las **Fiestas del Apóstol,** declaradas de Interés Turístico Internacional, giran en torno al día grande del 25 de julio y se prolongan más o menos a lo largo de once o doce días. Es una curiosa mezcla de fiesta popular, temporada cultural, festividad religiosa y también turística. A estas significaciones se une además una de tipo político al ser el 25 el **Día da Patria Galega,** conmemoración y exaltación nacionalista. Especialmente recomendable son los *Fuegos del Apóstol,* en la noche del 24 de julio. Tienen lugar en la plaza del Obradoiro y son bastante más que una sesión de pirotecnia.

El día 25 se celebra la **Ofrenda al Apóstol** en la catedral, con misa pontifical, procesión mitrada y funcionamiento del botafumeiro. La fiestas concluyen el 31 de julio con otra sesión de fuegos de artificio en La Alameda.

Agosto

El día 16, que es **San Roque** y festivo local, la corporación municipal renueva en la capilla del santo el **Voto** establecido en 1517, cuando la ciudad se encomendó al peregrino de Montpellier para que cesara la peste.

Noviembre

Como en toda Galicia, a finales del otoño tienen lugar los célebres **magostos,** en torno al 11 de noviembre, día de San Martín, en los que se asan deliciosas castañas para comer acompañadas de buen vino en la ciudad vieja y también en los barrios, como los de Pontepedriña y Vite.

Diciembre

La **Navidad** o **Nadal** se adorna con la iluminación de calles, vistosa en el casco antiguo y la Alameda, y belenes como los de San Fiz de Solovio o el particular de Conxo. Además, en diversos escenarios se desarrolla durante cuatro días el **Mercado da Estrela** (artesanía y gastronomía centrada en el talento gallego), que también cuenta con una programación cultural y de conciertos. Por su parte, el **Mercado de Nadal** se sitúa en la carreira do Conde y en una extensión del C.C. Área Central. El día 30 se celebra la **Fiesta de la**

Aparcamientos

El Campus Norte en general ofrece aparcamiento gratuito en sus inmediaciones pero algunas zonas son de pago. El Campus Sur, más próximo al centro, suelen estar regulado. No obstante, en las proximidades de la Facultad de Matemáticas y la Facultad de Educación, se puede encontrar aparcamiento gratuito. El *Monte do Gozo* también cuenta con una amplia zona de aparcamiento gratuita y los autobuses 6 y 6A lo conectan con el centro en unos 20 min.

Próximos al casco antiguo

Xoán XXIII, San Clemente, Praza de Galicia, San Roque-Centro Galego de Arte Contemporánea, Galeras, Rúa das Trompas (Hotel Mirador de Belvís) y Belvís (exterior).

Ensanche y barrios

Av. Vilagarcía, Rosalía de Castro, Santa Marta, Fontiñas, Rúa da Rosa, Praza Roxa, Praza de Vigo, Romero Donallo, San Caetano, Intermodal y Área Central.

Zonas ORA

Zona Azul: estancias de corta duración: 1 h; larga duración: máximo 4 h. Zona Verde: reservada para residentes con tarjeta de aparcamiento sin límite de tiempo en las áreas designadas. El horario es de lunes a viernes de 10-14 h y 16.30-20 h; los sábados de 10-14 h. Domingos y festivos es gratuito.

Traslación de Santiago, con misa y procesión solemne en la catedral, nueva ocasión para ver volar el botafumeiro. Una verbena tiene lugar la noche de **fin de año**, tras escuchar las campanadas en la Berenguela, en la praza da Quintana.

INFORMACIÓN TURÍSTICA

Oficina Central de Información Turística
- ✉ Rúa do Vilar, 63.
- ☎ 981 555 129.
- 🌐 www.santiagoturismo.com
- 🕐 Mayo a octubre: 9-19 h.
  Noviembre a abril: 10-18 h.

Punto de Información Turística
- ✉ Aeropuerto Internacional de Santiago-Rosalía de Castro. Lavacolla.
- ☎ 881 996 278.
- 🌐 www.santiagoturismo.com
- 🕐 Todos los días: 10-18 h.

Oficina de Turismo de Galicia
- ✉ Rúa do Vilar, 1.
- ☎ 881 866 397.
- ✉ Rúa do Vilar, 30-32.
- ☎ 881 868 232.
- ✉ Praza de Mazarelos, 15.
- ☎ 881 866 397.
- 🌐 www.turismo.gal
- 🕐 Lunes a sábado: 10-17 h; festivos: 10-14.30 h. Domingo cerrada.

Punto de Información Turística - Dársena Xoán XXIII
- ✉ Avda. de Xoán XXIII.
- ☎ 981 576 698.
- 🌐 www.guiasdegalicia.org
- 🕐 9-18 h (excepto 24-25-26 y 31 de diciembre; 1 y 6 de enero).

Centro de Acogida al Peregrino
- ✉ Rúa das Carretas, 33.
- ☎ 981 568 846.
- 🌐 www.oficinadelperegrino.com
- 🕐 Todos los días: 9-19h.

Oficina de Información del Camino de Santiago
- ✉ Rúa das Carretas, 33.
- ☎ 881 866 393.
- 🌐 www.caminodesantiago.gal
- 🕐 Lunes a sábado: 10-17 h; festivos: 10-14.30 h. Dan la credencial para el Camino a Fisterra y Muxía. Domingo cerrada.

▌ Internet

- 🌐 www.santiagoturismo.com
Página de Turismo de Santiago, la más completa y actualizada sobre la ciudad, sus recursos y agenda cultural.
- 🌐 www.turismo.gal
Oficial de Turismo de Galicia, limitada en la información sobre Santiago.
- 🌐 www.caminodesantiago.gal
Destinada al peregrino.
- 🌐 www.archicompostela.org
De la archidiócesis compostelana.

▌ Visitas guiadas

Asociación Profesional de Guías de Turismo de Galicia
- ✉ Dársena de Xoán XXIII, s/n.
- ☎ 981 576 698/606 985 185.
- 🌐 www.guiasdegalicia.org
Contratación de visitas guiadas.

- Compostela Contada.
De noviembre a marzo, las visitas se realizarán a las 17 h; de abril a octubre, a las 18 h. Se realizarán a diario bajo reserva previa de 24 h. Salida desde la praza de Praterías (soportales Museo de Santiago). Duración: 2 h. Precio: 12 €. Reservas: 981 57 66 98 / 606 985 185 o info@guiasdegalicia.org

- Al patrimonio de la Universidad de Santiago.
Telf. 881 811 130. https://www.usc.gal/es/servicios/area/cultura/patrimonio/visitas-guiadas-patrimonio-historico-usc
Recorrido 1: Colexio de Fonseca: Claustro y Biblioteca América (25 min).
Lunes, martes, miércoles y viernes, a las 11:30 h y 12:30 h. Precio: 3 €.
Recorrido 2: Colexio de Fonseca y Colexio de San Xerome (1 h 15 min). Lunes, miércoles y viernes, a las 17 h. Precio: 5 €.
Recorrido 3: Colexio de Fonseca y Facultade de Xeografía e Historia (1 h 15 min). Martes y jueves, a las 17 h; jueves y sábado, a las 12 h. Precio: 6 €.

Índice de lugares

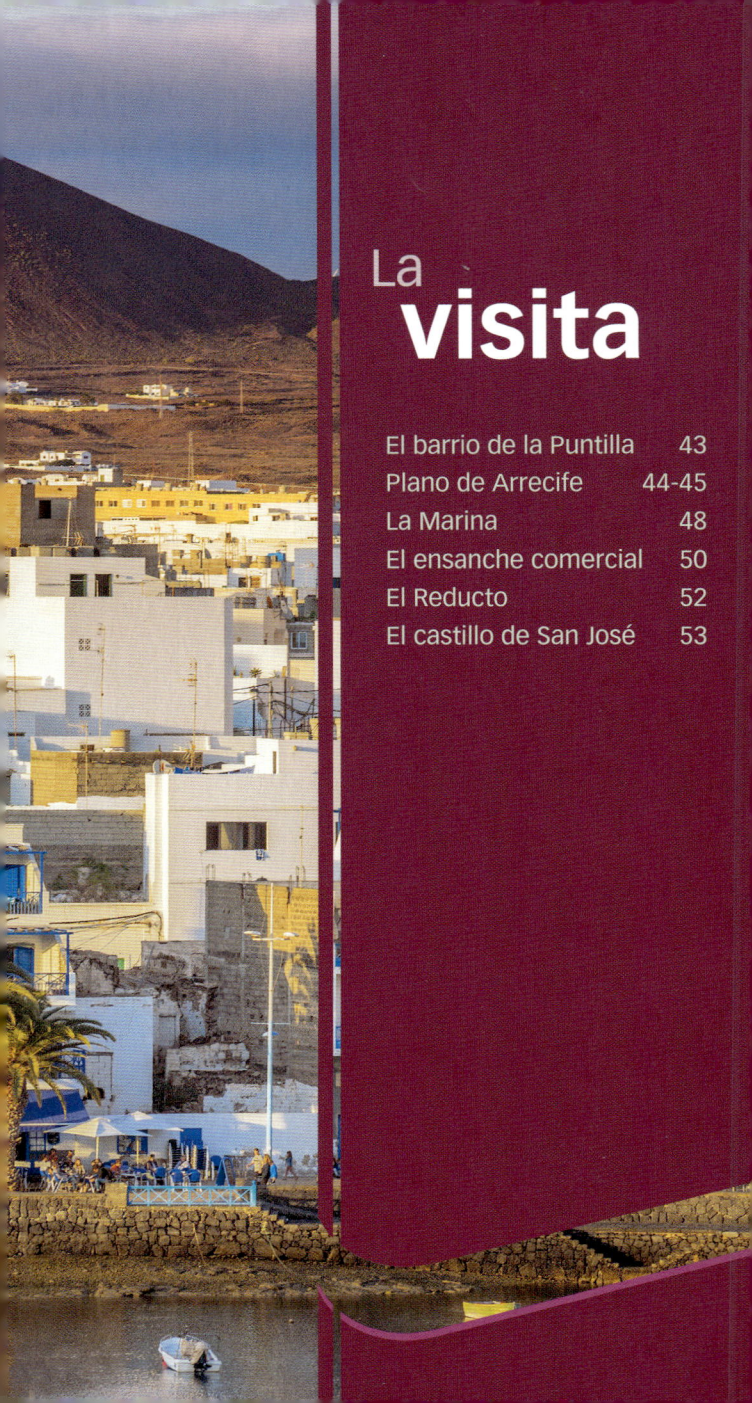

La
visita

Arrecife

Emplazada en la costa centro-oriental de la isla, la capital de Lanzarote es una ciudad pequeña, que no alcanza los 60.000 habitantes, fácil de recorrer a pie. Aún así, uno de cada dos conejeros, como suelen denominarse los habitantes de Lanzarote, vive en Arrecife. Curiosamente es el menos extenso de los siete municipios lanzaroteños, y tampoco cuenta con ninguno de los principales focos turísticos de la isla, por lo que su relevancia demográfica se explica por la actividad administrativa, comercial y portuaria.

I Un paseo por Arrecife

Arrecife es la capital insular tan solo desde 1852, pues esta condición la ostentaba anteriormente la población de Teguise. Arrecife fue desde el siglo xv un modesto puerto con algunas pocas construcciones, pero se benefició del auge económico que supuso la exportación de la barrilla primero, y de la cochinilla posteriormente, durante la segunda mitad del siglo xviii y todo el xix. La burguesía local se instaló en esta localidad portuaria, que acrecentó su actividad comercial y experimentó un notable desarrollo urbanístico y demográfico.

El nombre de Arrecife proviene del litoral rocoso junto al que se asienta la ciudad. Antes de construirse el muelle de los Mármoles, el acceso a las zonas portuarias de los Caballos y de Naos era realmente peligroso para la navegación, dados los numerosos espigones submarinos que existen en la zona. Pero los lanzaroteños están especializados en superar las dificultades que impone el medio físico, y tampoco estas características del litoral afectaron negativamente al desarrollo portuario de Arrecife.

Al contrario, los cuatro islotes, cinco ensenadas, peñascos, arrecifes, cabos, bancos de arena, lagunas y otras "incomodidades" de la geografía logran suavizar los embates del océano y tranquilizar sus aguas, de forma que Puerto Naos es reconocido como uno de los mejores puertos naturales de Canarias. Y quizás por ello Arrecife fue puerto antes que población, la principal puerta de entrada de personas y mercancías a la isla desde el primer momento de la colonización castellana, antes de que hubiera allí ni una sola edificación.

EL BARRIO DE LA PUNTILLA

La capital lanzaroteña ha crecido en un espacio geográfico muy singular. Su núcleo fundacional es el barrio de la Puntilla, que nació junto al denominado charco de San Ginés, una especie de laguna marítima.

I CHARCO DE SAN GINÉS   ✳

Pequeña, pero protegida de los envites del océano, la **laguna** o **charco de San Ginés** fue el lugar perfecto para que los pescadores construyeran un pequeño caserío hacia finales del siglo xv, que iría

I Planificación de la visita

Arrecife es una población de pequeñas dimensiones cuya visita no ocupará mucho tiempo. Se puede comenzar recorriendo el **barrio de La Puntilla,** que es el núcleo más antiguo de la ciudad, muy pequeño, y que se asoma al **charco de San Ginés,** una peculiar laguna marina junto a la que se fundó Arrecife.

Desde allí se sale a las **avenidas marítimas,** que son, sin duda, el espacio de Arrecife que más invita al paseo, sobre todo si el recorrido se alarga desde el **puente de las Bolas** hasta el **castillo de San Gabriel,** ubicado en un pequeño islote frente a la ciudad.

A espaldas de la fachada marítima, deben conocerse la **calle León y Castillo,** que es el principal eje comercial de Arrecife, y sus calles adyacentes.

La avenida Marítima tiene continuidad por el sur hacia el **parque Islas Canarias,** y la *playa del Reducto,* una ruta de ameno paseo junto al mar.

Finalmente, no debe dejarse la ciudad sin visitar el **castillo de San José,** en el extremo opuesto, al norte, y que alberga el Museo Internacional de Arte Contemporáneo.

(sigue en la pág. 46)

• • • • • • • •

🄌 D4-5
Charco de San Ginés

ARRECIFE

0 100 200 300 m

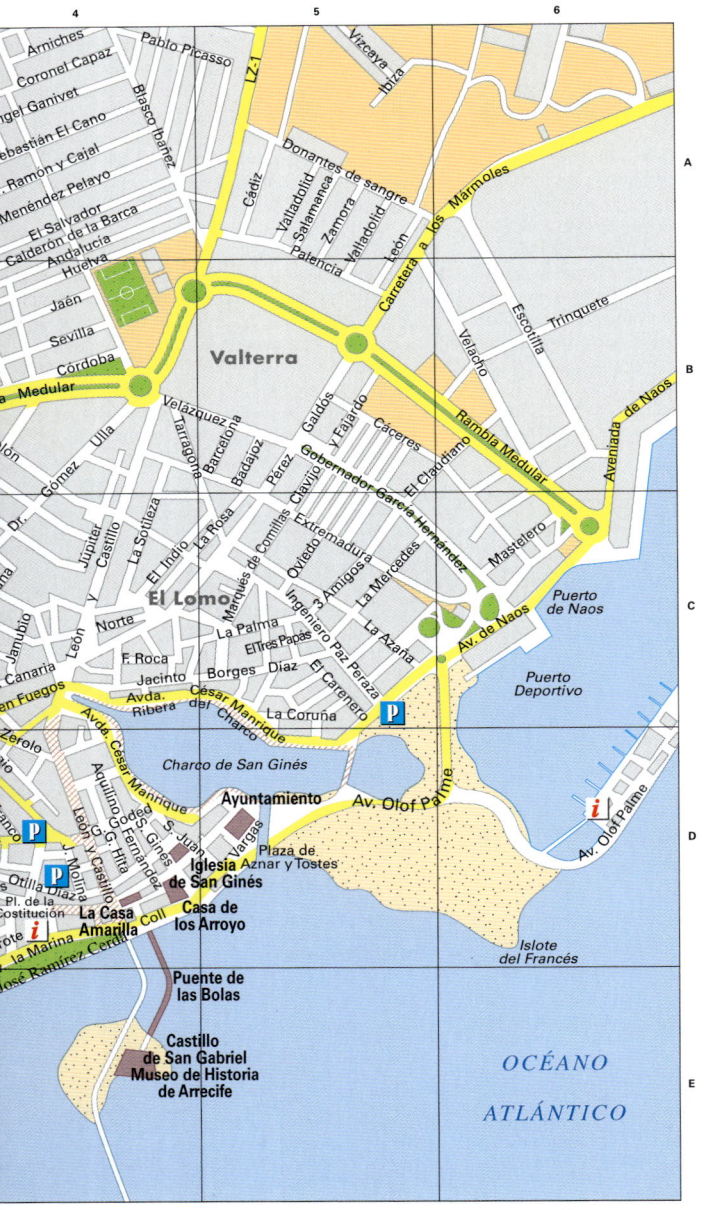

(viene de la pág. 43)

Para facilitar la visita se dispone, en las páginas 44-45, de un **plano** en el que se señalan los lugares más destacados y los principales barrios y vías de comunicación de la ciudad. El símbolo ⊙ remite a la localización en el plano. Las estrellas (✳ o ✳✳) que acompañan a los monumentos hacen referencia a su importancia o especial interés.

adquiriendo notoriedad al convertirse en una concurrida escala hacia el destino americano.

Remodelado según un proyecto de César Manrique, el Charco es un referente de la ciudad. Hoy en día se emplea para fondear pequeñas embarcaciones de pesca y deportivas. En torno al mismo hay una variada oferta de bares, restaurantes y muy buen ambiente.

❙ IGLESIA DE SAN GINÉS ✳

Aquel primer núcleo de casas junto al charco dio origen al barrio de la Puntilla, de dimensiones muy reducidas, donde hoy puede verse uno de los edificios más significativos de la ciudad: la **iglesia de San Ginés.**

Construida originariamente en 1574 como una pequeña ermita, pero posteriormente ampliada y reedificada en diversas ocasiones, no fue hasta 1798 cuando se convirtió en iglesia parroquial indepen-

diente, lo que pone bien de manifiesto cuán lento fue el desarrollo de la localidad.

El templo consta de tres naves separadas por columnas toscanas, una esbelta torre-campanario y una impoluta fachada blanca, que conforman una bella estampa. En su interior destaca el vistoso artesonado de tradición mudéjar de la capilla principal. Al parecer, su advocación a san Ginés, obispo de Clermont, es debida a que fuera hallado un retrato suyo, enmarcado, en la orilla de la cala que hoy también lleva su nombre.

I LA RECOVA ✱

Alrededor de la iglesia de San Ginés se hallan algunas plazuelas, breves calles y pequeñas viviendas de aspecto tradicional que denotan claramente que se trata del núcleo más antiguo de la ciudad, verdaderamente muy pequeño. Destaca entre este minúsculo conjunto el edificio de **La Recova**, el **antiguo mercado,** que fue rehabilitado en su totalidad y se transformó en un espacio que acoge puestos para la venta así como actividades de lo más variado.

No hay que esperar en La Recova una arquitectura espectacular, pero sí numerosos detalles perfectamente conservados de esa construcción tradicional canaria de paredes blancas y madera verde, tan modesta como bella. Y ello a pesar de que los vecinos más veteranos se quejan de que con la rehabilitación La Recova ha perdido buena parte de su encanto, y de que algunos elementos muy característicos, como los arcos de piedra donde antaño se colocaban los pescaderos, ganaderos, agricultores y artesanos con sus productos, han quedado escondidos dentro de las nuevas dependencias del **Ayuntamiento** (que se ha otorgado buena parte del edificio). En cualquier caso, el antiguo mercado es hoy un espacio que incluso al visitante le resultará entrañable, pues es fácil imaginar la intensa vida local que debe haber albergado.

A la parte del edificio de La Recova destinada a sede del Ayuntamiento se accede por la fachada que da a la Avenida Marítima, mientras que en la parte posterior los antiguos puestos de venta se han destinado al turismo: en la zona de arriba hay varios puestos dedicados a la venta de zapatos artesanales, quesos, chorizos y vinos, herboristería, frutas tropicales y frutos secos, repostería y panadería, frutas y verduras ecológicas, artesanía y floristería, además de una cafetería; la parte de abajo incluye otros puestos de venta que se destinan a ámbitos temáticos itinerantes.

⊙ D4
Iglesia de San Ginés
✉ Plaza de las Palmas, 1.

⊙ D5
La Recova
Ayuntamiento

⊙ D1
Punto de Información
Intercambiador de Guaguas
✉ Av. Fred Olsen, 29.
☎ 928 155 999.
🔗 https://turismolanzarote.com
⊙ De lunes a viernes de 10 a 15 h. Sábado de 10 h a 13 h.

⊙ f.p. (C6)
Oficina de Información Puerto de los Mármoles
✉ Muelle de los Mármoles, s/n.
☎ 928 844 690.
🔗 https://turismolanzarote.com
⊙ De 8 h a 14.30 h cuando hay crucero.

⊙ f.p. (D6)
Oficina de Información
Marina Lanzarote
✉ Av. Olof Palme, s/n. Local B7.
☎ 928 347 293.
⊙ De 9 h a 13 h cuando hay crucero.
ℹ Marina Lanzarote es un novedoso puerto deportivo dotado de una completa oferta de tiendas y actividades de ocio y restauración.

◀ Charco de San Ginés, con la iglesia homónima al fondo.

▼ De arriba abajo:
Quiosco de la Música,
castillo de San Gabriel y
puente levadizo.

LA MARINA

La Marina es el nombre que recibe el sector central de la fachada litoral de Arrecife, con su principal avenida o paseo marítimo. Justo enfrente emerge un pequeño islote sobre el que se asienta el más emblemático de los edificios históricos de la localidad: el castillo de San Gabriel.

❙ PUENTE DE LAS BOLAS Y CASTILLO DE SAN GABRIEL **

Un año antes que la iglesia San Ginés, en 1573, se construyó una fortaleza sobre el pequeño islote del Quemado, que emerge frente a la fachada litoral de Arrecife: es el **castillo de San Gabriel.**

La amenaza de la piratería, que ya se había concretado en varios ataques, motivó que el señor de la isla, el marqués de Herrera y Rojas, mandara construir un pequeño castillo. El pirata Morato Arráez se encargaría de reducirlo a cenizas en 1586, y pocos años más tarde el rey Felipe II encargó al ingeniero Leonardo Torriani la mejora general de la fortaleza, quien le dio el aspecto con el que ha llegado hasta nuestros días. Las mejoras consistieron en la construcción del amurallamiento almenado, la barbacana principal, una nueva distribución interior y el puente fortificado para acceder a la isla, hoy conocido como **puente de las Bolas.** Dos columnas con dos bolas en su parte superior y una plataforma levadiza conforman el arranque del acceso hacia el castillo, pero el puente consta también de un largo camino empedrado que comunica el castillo con La Marina mediante un trazado serpenteante que invita a un relajado paseo con el mar a ambos lados. Todo el conjunto, desde el puente a la fortaleza, conforma hoy el espacio arquitectónico más vistoso y emblemático de Arrecife, siendo sede del pequeño pero interesante **Museo de Historia de Arrecife.**

❙ AVENIDA MARÍTIMA *

El castillo de San Gabriel es el referente visual constante cuando se pasea por la **Avenida Marítima, La Marina,** que se extiende por toda la parte central de la fachada litoral de Arrecife. Transitar por ella es casi inevitable, pues constituye el principal eje turístico de la ciudad, por lo que suele estar muy concurrida. En el centro de la avenida se halla el **parque José Ramírez Cerdá,** zona de esparcimiento de Arrecife bajo la sombra de cuyos árboles pasean turistas y locales.

Además del emblemático quiosco de madera, el **quiosco de la Música,** que hay en uno de sus extremos, junto al arranque del puente de las Bolas, en la zona de La Marina puede visitarse la **casa de los Arroyo**. Data de 1739, fue la primera casa con dos pisos de altura en Arrecife y cuenta con uno de los mejores trabajos de carpintería de la isla; actualmente alberga el **Centro Científico-Cultural Blas Cabrera** en homenaje al insigne físico nacido en Arrecife.

En el extremo de La Marina opuesto al puente de las Bolas, es decir, en el extremo occidental, llama la atención por su disposición aislada sobre el muelle un viejo edificio de tres plantas y notables dimensiones. Se trata del edificio que durante la segunda mitad del siglo XIX fue el Parador de Turismo de Arrecife y que hoy acoge la sede de la UNED. En 1950 César Manrique realizó unas pinturas murales en su interior.

🕐 D-E4
Parque José Martínez Cerdá
Puente de las Bolas

🕐 D4
Avenida Marítima
Quiosco de la Música
Casa de los Arroyo

🕐 E4
Castillo de San Gabriel.
Museo de Historia de Arrecife
✉ Calle Punta de la Largarta.
📞 928 802 884.
🕐 De lunes a viernes, de 10 h a 17 h; sábado de 10 h a 14 h. Domingo cerrado, salvo si hay cruceros.
💰 Entrada gratuita.

El baile y el santo

En el mes de agosto Arrecife celebra las fiestas de su patrón, san Ginés. Acorde con el carácter alegre y festivo de los canarios, es celebración bullanguera y de buena marcha, lo que tiempo atrás generó problemas con la institución eclesiástica. El episcopado de monseñor Pildain y Zapiain, que accedió a la diócesis de Canarias durante la Guerra Civil, inició una campaña de advertencias sobre los "peligros infernales" de las modas y costumbres modernas, entre las que figuraban los bailes "agarrados". El obispo amenazó a las autoridades municipales con que si se celebraban bailes durante las fiestas patronales daría órdenes a los respectivos párrocos para que no sacaran al santo patrono en procesión. En Arrecife, sin embargo, optaron por el baile, con lo que el pobre san Ginés pasó lustros sin orearse. Hoy la festividad de San Ginés sigue siendo la más esperada por los habitantes de Arrecife. Durante diez días abundan las manifestaciones folclóricas, competiciones de lucha y vela latina, ferias… y también las procesiones, ya reconciliadas con el moderno divertimento.

EL ENSANCHE COMERCIAL

A la espalda de La Marina y hacia el oeste del barrio fundacional de La Puntilla fue creciendo, con mucha lentitud, la ciudad de Arrecife, sin duda porque hacia el lado opuesto el charco de San Ginés impedía la expansión. Hoy esta zona constituye el núcleo comercial de la ciudad.

Del Corpus al Carnaval

La celebración del Corpus tiene una especial significación en Arrecife, debido a la tradición de alfombrar con flores y sales coloridas las principales calles de la ciudad.

Pero la otra fiesta que conlleva desenfreno y desinhibición (además de las patronales de San Ginés) es el Carnaval, que en Arrecife está aderezado por los paseos de la Parranda Marinera Los Buches, una agrupación folclórica de instrumentistas, cantantes y bailarines que recorren las calles de la ciudad ataviados con unas originales vestimentas, cintas de colores y las caras tapadas. Cada uno de ellos lleva un buche (tripa de pescado inflada) con el que van golpeando y animando a los vecinos a que asistan a la fiesta. La tradición es muy antigua, aunque el citado grupo la recuperó en 1963 tras muchas décadas, quizás siglos, de olvido.

●●●●●●●●
🅾 C-D4
Calle León y Castillo

❙ CALLE LEÓN Y CASTILLO ✱

Detrás de las casas que asoman a La Marina se estructura un grupo de calles de disposición algo desordenada pero con un trazado rectilíneo que indica claramente que se trata de un primer ensanche a partir del barrio de La Puntilla. Estas calles, muchas peatonales, concentran hoy gran parte de la vida comercial.

El eje principal de la zona es la peatonal **calle León y Castillo**, antiguamente conocida como Calle Real, repleta de comercios, cafeterías y terrazas con un notable ajetreo de gentes que vienen y van.

Esta calle y las de su entorno inmediato aglutinan buena parte de la vida urbana de Arrecife, y no solo por su carácter comercial o por la numerosa presencia de turistas durante todo el año, sino también porque en Arrecife la vida social tiene en la calle su principal punto de encuentro, y son muy habituales las tertulias a pie de calle entre la población local.

En esta zona se halla una de las más interesantes casonas nobles de Arrecife: la **Casa de la Cultura Agustín de la Hoz**. Se trata de una edificación de trazas neoclásicas, del siglo XIX, con dos plantas unidas por una elegante escalera central; en el siglo XX su propietario la alquiló al Casino de Arrecife, y también fue durante algunos años sede de la Casa Consistorial; hoy alberga la Casa de la Cultura, en la que se programan exposiciones, conferencias e incluso conciertos, y desde 1989 recibe el nombre de Agustín de la Hoz en homenaje a este insigne periodista hijo de Arrecife. Cabe decir que en una rehabilitación del edificio que se llevó a cabo hace unos años, fueron descubiertos unos frescos que la directiva del Casino había encargado a un joven estudiante de Bellas Artes que en aquel momento se hallaba de vacaciones en la isla, de nombre César Manrique.

Un poco más adelante encontramos **La Casa Amarilla,** denominación con la que una parte de la población conoce familiarmente a la antigua sede del Cabildo de Lanzarote. El edificio, declarado Bien de Interés Cultural en 2002, data de la década de 1920, es uno de los más señeros de la ciudad. Tras un profundo proceso de rehabilitación, conserva su fachada original. En su planta baja, alberga exposiciones temporales centradas en el conocimiento y la memoria etnográfica de Lanzarote.

I EL ALMACÉN ✳

Otro de los espacios que no deben dejarse de visitar, y reinaugurado en 2016 tras haber permanecido cerrado unos años, es el **Centro de Innovación Cultural (CIC) El Almacén,** un lugar de encuentro y tertulia, galería de exposiciones, cine y restaurante, y en el que puede disfrutarse de música en vivo todos los viernes por la noche.

El edificio es el resultado de la unión de dos viviendas tradicionales canarias del siglo XIX que desde principios del siglo XX y hasta la década de 1960 fueron sede de la Escuela de Artes y Oficios. En 1973 fue adquirido por César Manrique, quien tras realizar algunas modificaciones inauguró el Centro Polidimensional El Almacén.

Durante casi dos décadas se convirtió en referente cultural en la isla, ya que era el único lugar donde se podía disfrutar de manifestaciones artísticas de vanguardia. En 1989 el cabildo de Lanzarote compró El Almacén y estableció en él el Centro Insular de Cultura. En 2009 cerró sus puertas para someterse a una gran reforma hasta 2016.

🕐 D4
Oficina de información de Arrecife
Casa de la Cultura Agustín de la Hoz
✉ Avda. de la Marina, 7.
🔗 www.arrecife.es
☎ 928 802 884.
🕐 Horario de la oficna de turismo: de lunes a viernes de 8 h a 14 h, sábado de 10 h a 13 h.

🕐 D4
La Casa Amarilla (CACT)
✉ León y Castillo, 6.
☎ 928 810 100.
🔗 https://turismolanzarote.com
🕐 De lunes a viernes, de 10 h a 18 h. Sábado, de 10 h a 14 h.
🎟 Entrada gratuita.

🕐 D3
Centro de Innovación Cultural (CIC) El Almacén
✉ José Betancort, 33.
☎ 928 804 095.
🔗 https://culturalanzarote.com
https://turismolanzarote.com
🕐 De 10 h a 21 h.

▶ Islote de Fermina.

EL REDUCTO

Hacia poniente de La Marina, Arrecife ha ido creciendo en paralelo a la línea de costa hasta la que es la principal playa de la ciudad: El Reducto.

▮ PLAYA DEL REDUCTO ✱
El edificio del antiguo Parador de Turismo marca el final del viejo muelle de La Marina. Pero el litoral de Arrecife se extiende bastante más hacia poniente. A continuación de La Marina se hallan el agradable **parque Islas Canarias** y el **Gran Hotel.** Este edificio es realmente vistoso debido a su gran altura, y para muchos supone un impacto estético bastante desafortunado, pero, en cualquier caso, es un referente visual indiscutible de la ciudad. En 1994 sufrió un incendio cuyas causas aún no han podido ser aclaradas, pero fue reformado y hoy vuelve a ser uno de los principales hoteles de Arrecife.

El **islote de Fermina**, diseñado por César Manrique en los años 70, es un espacio multifuncional que fusiona cultura, ocio, gastronomía y naturaleza en la Marina de Arrecife. Dentro del islote se encuentra el **Centro de Interpretación de la Bahía de Arrecife**.

Después del Gran Hotel se inicia la *playa del Reducto,* la principal playa de la ciudad, que se extiende a lo largo de 450 m (con unos 45 m de ancho) protegida por un arrecife. Es una playa de fina arena blanca y aguas tranquilas, ideal para el turismo familiar.

▮ PARQUE TEMÁTICO
Más allá del Reducto se encuentran ya algunas de las actuaciones urbanísticas más modernas de la ciudad. Cierra la playa por poniente el **Parque Temático de Arrecife.** Este lugar aglutina diversos espacios lúdicos (zona de recreo, minigolf, pista de patinaje, cancha de bolas…) y un jardín botánico.

Además enlaza con la avenida peatonal que comienza en Arrecife y se dirige hacia Puerto del Carmen.

Junto al Parque Temático se han instalado los edificios del Cabildo Insular y el recinto ferial.

EL CASTILLO DE SAN JOSÉ ★★

Al norte de la larga fachada litoral de Arrecife, pasadas las instalaciones portuarias y algo alejado del centro urbano, se halla otro de los edificios más emblemáticos de Arrecife: el castillo de San José.

El monarca Carlos III ordenó levantar esta fortaleza, de una singular planta semicircular, en 1779. Las crónicas de la época cuentan que su construcción no se debió tanto a una cuestión defensiva o militar como a la necesidad de ocupar trabajadores en una época de profundas penurias económicas en la isla. Sin duda, por esta razón, recibió durante mucho tiempo la denominación de "Fortaleza del Hambre". Ocupa una posición elevada, sobre un cantil a 70 m de altura, presidiendo la entrada al puerto de Naos. En 1976 el castillo fue rehabilitado a partir de un proyecto de César Manrique, y pasó a albergar un **Museo Internacional de Arte Contemporáneo** que ha alcanzado un notable prestigio. En su interior pueden verse obras de Picasso, Miró, Tàpies, Millares, Guerrero o Lasso, entre otros muchos artistas, representantes de los movimientos de vanguardia del siglo xx.

Manrique diseñó los accesos al castillo, con la explanada empedrada que le precede, y habilitó las salas de exposición; pero también añadió un nuevo bloque al edificio para instalar un servicio de bar y restaurante cuya decoración muestra el inconfundible sello del artista, y que ofrece unas magníficas vistas panorámicas al océano. Merece la pena, tras visitar la exposición, bajar a ver este espacio.

🕐 f.p.
Castillo de San José
Museo Internacional de Arte
Contemporáneo (MIAC)
✉ Castillo de San José.
   Avda. de Naos, s/n.
☎ 901 200 300.
🌐 https://miaclanzarote.com
   https://cactlanzarote.com
🍴 En el castillo se encuentra
   uno de los mejores
   restaurantes de Arrecife.

◄ Playa del Reducto y
▼ castillo de San José.

Excursiones
por
Lanzarote

30°W
10°W

PORTUGAL

ESPAÑA
Cádiz

Madeira
(Portugal)

OCÉANO

ATLÁNTICO

Rabat

30°N

ISLAS
CANARIAS

ÁFRICA

30°N

SITUACIÓN GEOGRÁFICA DE LAS ISLAS CANARIAS

Caletón

Par
de

Punta de la Ensenada

Cabo Rosso

Isl
de H

Parque Nacional
de Timanfaya

Montañas
Fuego

El Golfo

Playa Montaña Bermeja
Los Hervideros

Ya

Salinas de Janubio
Playa de Janubio
Las Breñas

Femés
608   11

Punta de Piedra Alta

Femés

Hacha Grande
560

Punta Ginés   Montaña Roja
Piedra Vieja   194
Caleta Negra   Playa

Castillo de
las Coloradas

Punta Pechiguera   Punta Limones   Blanca   Berrugo

Playa de Berrugo

Punta de
Papagaye

Fuerteventura

Punta Mosegos
Faro de Alegranza
Punta delgada
La Caldera
El Cortijo
Punta Trabuco
Punta de la Mareta
ALEGRANZA

Roque del Oeste/
Roque del Infierno
ISLA DE MONTAÑA CLARA
Punta de la Camella
Roque del Este
Montaña Clara
256
GRACIOSA
Playa de las Conchas
Parque Natural del
Agujas
Archipiélago Chinijo
Grandes
Pedro Barba
266
Punta del Bajío
Punta Fariones
Playa de las Conchas
Caleta
Playa del Caleto Blanco
Punta de las Carreras
del Sebo
Órzola
Punta Prieta
Punta Marrajos
Playa del Risco
Yé
LANZAROTE
Volcán
Corona
609
Los Lomillos
Máguez
Cueva de los Verdes
Jameos del Agua
Las Bajas
Haría
Punta Mujeres
Punta de Penedo
Peñas del
Chache
670
Arrieta
San Juan
Tabayesco
Playa de Arrieta
La Isleta
Caleta de Famara
Playa de la Garita
La Santa
Soo
Las Nieves
Mala
Punta Pasito
El Cuchillo
Los Valles
Playa del Seifio
Muñique
San José
Charco del Palo
Tinajo
Jardín de Cactus
Teneza
368
Teguise
Guatiza
La Vegueta
Tiagua
El Mojón
Tao
Playa del Tío Joaquín
Tinguatón
Los
Dolores
Teseguite
Playa de la Tía Vicenta
Mozaga
Fundación
Nazaret
Ensenada de los Barranquillos
César Manrique
Tahíche
Punta de Tierra Negra
Masdache
Tahíche
327
Montaña Blanca
S. Bartolomé
Las Salinas
Güime
Costa
Montaña Blanca
Argana
Teguise
Punta de Tope
Conil
596
Los Mármoles
Ensenada de las Caletas
Masdache
Castillo de S. José
Tías
Arrecife
El Mesón
Castillo de S. Gabriel
Mácher
Playa Honda
Isla del Amor
Pto. Calero
Playa Honda
Playa Guacimeta
Pto. del Carmen
Playa de los Pocillos
Playa Blanca
aya Quemada
aya Quemada
Fuerteventura
Gran Canaria
a Gorda
Larga
Papagayo

Planificación de la visita

Hemos tomado la capital insular, **Arrecife,** como referente para iniciar el recorrido po el **norte de la isla.** Este discurre fundamentalmente a través de la carretera LZ 1 en dirección norte, para retornar hacia Arrecife por la LZ 10, completando así un perfecto itinerario circular. Las estrellas (✳ o ✳✳) que acompañan a cada punto de la visita hacen referencia a su importancia o especial interés.

El norte de la isla

En el sector septentrional de Lanzarote pueden conocerse algunos de los núcleos arquitectónicos más bellos y mejor conservados de todo el archipiélago canario, como Teguise, Haría o Caleta de Famara. También el paisaje natural es, como en toda la isla, un atractivo constante para el recorrido: el Malpaís de la Corona, la isla de La Graciosa, la playa de Famara o los impresionantes riscos de Famara son algunas de las formaciones naturales más impactantes de esta zona. Y, por supuesto, un tercer protagonista de la ruta que proponemos será César Manrique, que aquí nos dejó algunas de sus mejores intervenciones sobre el paisaje, como los Jameos del Agua, la Cueva de los Verdes o el Mirador del Río.

FUNDACIÓN CÉSAR MANRIQUE ✳

Tomando Arrecife como punto de partida, para dirigirse hacia el norte de la isla hay que salir de esta ciudad en dirección a **Tahíche** por la carretera LZ 1.

A la entrada de Tahíche una rotonda facilita el giro hacia la izquierda para acceder a la carretera que se dirige a San Bartolomé. Pocos metros después se encuentra la **Fundación César Manrique**.

▼ Casa del Volcán, parte exterior de la piscina.

Es buena idea comenzar el recorrido Lanzarote en este punto, porque la visita a la Fundación supone una detallada inmersión en la obra y los ideales personales y artísticos del artista lanzaroteño, y ello ayuda mucho a interpretar y disfrutar posteriormente del legado artístico que este dejó disperso por toda la isla.

En primer lugar, el propio edificio es plenamente significativo de uno de los principales propósitos de Manrique: la integración entre arte y naturaleza. Lo construyó como vivienda propia y taller de trabajo en 1968 sobre una colada de lava de la erupción que tuvo lugar en la isla entre 1730 y 1736; consta de un nivel inferior en el que aprovechó la formación natural de cinco burbujas volcánicas para conformar un sorprendente espacio habitable, ejemplar en cuanto actuación sobre espacio natural. El nivel superior de la casa, ya exterior, está inspirado en la arquitectura tradicional de Lanzarote.

El propio Manrique dirigió los trabajos de habilitación de la casa como museo, susceptible de ser visitado. Se construyó una escalera exterior de basalto para comunicar los dos niveles, y se amplió el antiguo estudio del artista para disponer de una sala en la que se expusiera una selección de su pintura, amén de otras modificaciones menores que no alteraban la esencia del edificio original. El jardín y el mural del exterior también fueron diseñados por César Manrique, entre finales de 1991 y

Casa del Volcán
Fundación César Manrique
- ✉ Jorge Luis Borges, 16. Taro de Tahíche.
- ☎ 928 843 138.
- 🔗 https://fcmanrique.org
- 🕐 Todos los días, de 10.30 h a 17.30 h.
- 💶 Fundación: 10 €.
  Fundación César Manrique + Casa-Museo: 17 €.

Casa del Palmeral
Casa-Museo César Manrique
(CMCMH)
- ✉ Elvira Sánchez, 30. Haría.
- ☎ 928 843 138.
- 🔗 https://fcmanrique.org
- 🕐 Todos los días, de 10.30 h a 17.30 h.
- 💶 Casa-Museo: 10 €.
  Casa-Museo + Fundación César Manrique: 17 €.

▼ Casa del Volcán, una de las salas interiores.

comienzos de 1992. El museo expone una excelente colección de arte contemporáneo, con obras que pertenecieron a su fundador (hay grabados de Picasso, Miró, Tàpies y Chillida), y cuenta con tres salas dedicadas en exclusiva al propio César Manrique.

JARDÍN DE CACTUS ✳

Desde Tahíche, la carretera LZ 1 se dirige hacia el norte insular. A la derecha irán quedando varios accesos a Costa Teguise, uno de los principales núcleos de concentración turística de la isla. Hay que pasarlos de largo. **Costa Teguise** es un enorme complejo turístico, todavía en pleno crecimiento, creado para explotar el potencial turístico de la larga línea de costa que se extiende al norte de la capital lanzaroteña, una zona en la que hace algunas décadas apenas había nada. Aunque se ha querido construir respetando el estilo arquitectónico tradicional de la isla, no deja de ser un enorme núcleo de edificaciones sin interés, y sus playas suelen estar excesivamente repletas de turistas.

A la altura de la población de **Guatiza** sí que resulta recomendable dejar por un momento el trazado de la LZ 1 y hacer una primera incursión hacia el litoral. Hay que dirigirse hacia el pequeño núcleo costero de **Los Cocoteros.** Junto a sus casas se hallan las **salinas de los Agujeros** o de La Caleta, que, en una pequeña parte de sus más de 45.000 m^2, mantienen la actividad de obtención de la sal (junto a las de Janubio son las dos únicas salinas que siguen en funcionamiento en la isla). Una de sus características más singulares es que dispone de numerosos cocederos dispuestos en terrazas, además de varios molinos de viento y viejas edificaciones, lo que confiere al conjunto un gran atractivo arquitectónico y paisajístico.

I Oficina de Turismo de Costa Teguise
✉ Avda. Islas Canarias, s/n. (junto a Pueblo Marinero).
☎ 928 592 542.
🖥 www.turismoteguise.com
🕐 Todos los días de 9 h a 15 h.

▼ En esta página y en la siguiente, ejemplos de la gran variedad de especies que posee el Jardín de Cactus.

A su lado, algo escondido, se halla el llamado *bañadero de Guatiza,* un rincón perfecto para tomar un baño a salvo de la bravura con que amenaza el mar en este sector del litoral lanzaroteño. Y poco más al sur se encuentra otro de estos paisajes salineros siempre sorprendentes y atractivos, las llamadas **salinas del Tío Joaquín** o de Don Pancho, estas abandonadas. Construidas en 1930, diez años antes que las anteriores, también cuentan con cocederos y tajos que siguen en forma de terrazas el relieve del terreno.

Después de Guatiza, población quesera y alfarera, un nuevo desvío en la LZ 1 permite acceder por la antigua carretera hacia Mala al **Jardín de Cactus**. Se trata de un ordenado jardín, con flora autóctona de la isla, que es a su vez centro de estudios botánicos y florísticos. Fue la última obra diseñada por César Manrique, quien transformó una antigua cantera de "rofe" (ceniza volcánica) en un idílico jardín con más de 10.000 ejemplares de casi 1.400 especies de cactus provenientes de Canarias, América y Madagascar, y consiguiendo en este caso embellecer un rincón de la isla afeado por los excesos de la explotación económica. En su parte más alta cuenta con la presencia de un viejo molino, perfectamente restaurado por Manrique en 1973, en el que se elaboraba el gofio. El lugar ofrece a los visitantes servicio de bar-restaurante.

Algunos de los ejemplares de cactus que pueden verse en el jardín resultan realmente sorprendentes, impactantes, pero también llamará mucho la atención al viajero el hecho de que esta zona que se extiende entre las localidades de Guatiza y Mala está repleta de tuneras (chumberas), que junto a piteras y tabaibas protagonizan de una forma abrumadora el paisaje vegetal. No en vano esta fue una

Jardín de Cactus
- Guatiza (Teguise).
- 928 848 484.
- https://cactlanzarote.com
- Todos los días, de 10 h a 17 h.
- Adultos: 8 €. Niños: 4 €.
- Tiempo aprox. visita: 1.30 h.

▼ En lo alto, uno de los últimos molinos de millo que permanece en pie en la isla.

de las principales zonas de la isla donde se obtenía la grana o cochinilla, un insecto que habita en las hojas de la tunera y cuya pigmentación se utilizaba como tinte para teñir tejidos de color grana o carmín; su explotación fue durante el siglo xix una de las principales bases económicas de la isla.

En el pueblo de **Mala** destaca su fantástica *playa del Charco del Palo,* un playa nudista que cuenta con dos piscinas o charcas naturales perfectamente acondicionadas para el baño. Un lugar excepcional.

▼ Punta Mujeres.

JAMEOS DEL AGUA ★★

Al norte de Mala se halla **Arrieta,** localidad costera que pertenece al municipio de Haría. De esta pequeña población, en la que el mar rompe prácticamente sobre las casas y que exhibe un marcado carácter marinero, cabe destacar dos cosas: sus playas y algunos restaurantes, en los que se puede disfrutar de productos del mar a precios muy razonables. La *playa de la Garita,* protegida de los vientos y de agua clara y limpia, y **Punta Mujeres** o Caleta de Campo son buenos lugares para refrescarse en las aguas del Atlántico.

Pero no cabe duda de que Arrieta se conoce sobre todo porque en sus inmediaciones se hallan dos de los puntos de visita más afamados de la isla: la Cueva de los Verdes y los Jameos del Agua.

La primera creación arquitectónica de César Manrique en la isla fue en los **Jameos del Agua,** allá por 1968, y también fue el primero de los siete Centros de Arte, Cultura y Turismo del Cabildo de Lanzarote con el que el artista dotó a su isla natal. Manrique

acondicionó un sector de un tubo volcánico de forma que la intervención humana para equipar y acondicionar el lugar con objetivos turísticos tuviera un carácter no solo funcional, sino también artístico, y a su vez alterase lo menos posible la singularidad natural del lugar.

La visita se inicia en una pequeña recepción formada por muros de piedra, con paredes blancas y restos de las cuadernas de un barco. Desde allí se desciende al tubo volcánico por el **Jameo Chico,** a través de una ingeniosa escalera de caracol realizada en piedra volcánica y madera. En este primer escenario interior destaca la abundante vegetación, además de algunos elementos ornamentales.

A continuación, se abre un pasadizo de unos 100 m de largo en cuyo interior hay un pequeño lago natural de agua marina, sorprendentemente clara y transparente. Este espacio, apenas modificado, conserva la estructura con forma de bóveda de cañón del túnel volcánico. Tan solo un pequeño hueco en la parte superior de la bóveda permite, en días luminosos, la entrada de un pequeño haz de luz cenital. En el fondo rocoso del lago se puede observar cómo se mueve una singular especie animal, los *jameitos,* unos minúsculos cangrejos, de apenas un centímetro de longitud, que son únicos en el mundo. Convertidos en símbolos del lugar, su adaptación durante milenios a la falta de luz bajo la cueva explica que se trate de animales ciegos y

Jameos del Agua

- ✉ Ctra. de Órzola. Haría.
- ☎ 928 848 484.
- 🌐 https://cactlanzarote.com
- 🕐 Todos los días, de 10 h a 18 h (última entrada: 17.15 h).
- 💶 Entrada adultos: 15 €. Entrada niños: 7,50 €.
- ⚠ Tiempo estimado visita: 1 h.

Noches de Jameos del Agua

- ☎ Reservas: 928 848 484.
- 🕐 Viernes desde 18.30 h.
- ℹ Restaurante ubicado en la gruta volcánica y un auditorio con capacidad para 550 personas. Aparcamiento gratuito en el exterior.

▼ Los Jameos del Agua.

Los Centros de Arte, Cultura y Turismo

Las diversas actuaciones de César Manrique en Lanzarote no son trabajos realizados de forma aleatoria y con un objetivo artístico individualizado. Al contrario, Manrique pensaba de forma global en su isla, y cada intervención se basaba en la idea general de embellecerla y de poner en uso turístico las principales excelencias naturales de Lanzarote de una forma ordenada y respetuosa. Fruto de esta filosofía, se concibieron los Centros de Arte, Cultura y Turismo (CACT) que gestiona el Cabildo de Lanzarote: los Jameos del Agua, la Cueva de los Verdes, el Mirador del Río, el Jardín de Cactus, el Museo Internacional de Arte Contemporáneo del Castillo de San José (Arrecife), el espacio Montañas de Fuego (en el Parque Nacional de Timanfaya), el Monumento al Campesino y La Casa Amarilla. Estos centros son hoy un producto turístico de enorme demanda y un motor económico fundamental para la isla. Tienen la misión de conservar y defender los valores de este territorio declarado Reserva de la Biosfera y Geoparque por la Unesco, así como impulsar y generar una concienciación medioambiental en todas sus acciones. El Cabildo, además, destina una gran parte de los beneficios de su explotación a obra social en la isla.

ℹ Patronato de Turismo de Lanzarote. Centros de Arte, Cultura y Turismo de Lanzarote
☎ 928 848 484.
🌐 https://cactlanzarote.com

Casa de los Volcanes
✉ Ctra. Órzola, LZ-1. Jameos del Agua.
☎ 928 848 484.
🌐 https://cactlanzarote.com
🕐 Todos los días, de 10.15 h a 17 h.
🎟 Entrada conjunta con los Jameos del Agua.

albinos (por falta de pigmentación han perdido su color rosado y son completamente blancos). Quizás por su carácter tan emblemático, los pequeños cangrejos dejan en segundo plano la existencia de otras especies endémicas, más de una docena, en este insólito hábitat acuático subterráneo.

Una pasarela permite salvar el lago por uno de sus laterales y, tras ascender a través una pared ajardinada, se accede al **Jameo Grande.** Allí Manrique emplazó un exuberante jardín de atmósfera tropical, con palmeras, cactus, crotos e higueras, y una piscina de trazado ondulado, fondo blanco y aguas de color azul turquesa que contrastan radical y magistralmente con la oscura roca volcánica.

Al final del Jameo Grande se abre un auditorio natural que fue perfectamente acondicionado, ya en 1987, para realizar conciertos y actuaciones de teatro y *ballet.* Con una capacidad de 600 plazas, entre los espectáculos que allí se programan destaca el prestigioso Festival de Música Visual de Lanzarote. Dispone también de dos bares y pistas de baile, lo que hace muy recomendable dedicar un visita nocturna al lugar.

Junto al acceso a los Jameos se ha ubicado la denominada **Casa de los Volcanes,** un centro de interpretación y museo de vulcanología muy intere-

sante, que conviene visitar antes de disponerse a recorrer toda esta zona septentrional de la isla dominada por la presencia del **volcán de la Corona**. Resulta muy útil para informarse sobre los volcanes y su formación, los procesos de formación de la isla y el origen de los jameos, todo ello presentado de una forma muy didáctica. Además la Casa de los Volcanes organiza una serie de actividades científicas, didácticas y culturales. Desde 2015 Lanzarote y el Archipiélago Chinijo es Geoparque Mundial de la Unesco.

CUEVA DE LOS VERDES ★★

Esta visita está claramente emparentada con la anterior. Muy cercana a los Jameos del Agua, la **Cueva de los Verdes** forma parte del mismo sistema de tubos volcánicos de la zona del **Malpaís de la Corona**. Y a ello hay que añadir que incluye otra de las actuaciones de César Manrique en la isla, otro de los Centros de Arte, Cultura y Turismo.

La oportunidad es única: la Cueva de los Verdes brinda la ocasión de adentrarse en uno de los túneles volcánicos más extensos e interesantes que se conocen en el mundo. No puede recorrerse en su totalidad, pero dos de sus seis kilómetros de longitud están perfectamente acondicionados para el visitante. Una vez más, esta puesta en uso como recurso turístico se planteó a partir de una mirada conservacionista, tanto más loable si se considera que data de la década de 1960, cuando en muchos puntos de España se empezaban a destruir tantos y tantos recursos naturales en un supuesto beneficio del desarrollo turístico y el progreso. La calidad y la sostenibilidad en la gestión

Cueva de los Verdes

✉ Malpaís de la Corona. Haría.

☎ 928 848 484.

🌐 https://cactlanzarote.com

🕐 Todos los días, de 10 h a 16.45 h.

💳 Entrada adulto: 15 €. Entrada niños: 7,50 €. Solo compra *online*.

ℹ Tiempo aprox. visita: 50 minutos.

▼ Volcán de la Corona.

► Pueblo pesquero de Órzola.

del turismo son conceptos muy valorados hoy en día, pero apenas oídos cuando Manrique visualizaba como debería ser su isla.

Así, la actuación en la cueva es leve (a la vez que ambiciosa), pues se basa fundamentalmente en un excelente trabajo de iluminación diseñado por el artista lanzaroteño Jesús Soto. Con su trabajo logró realzar los relieves y las texturas de las paredes y las bóvedas de la cueva, y resaltar la riqueza cromática de las rocas, como los colores rojizos debidos a la oxidación del hierro de los basaltos o las diversas tonalidades ocres que crean los reflejos de la luz sobre eflorescencias salinas producidas por las filtraciones de agua desde la superficie.

Además de la iluminación, la explanada de acceso exterior y el sendero que marca la ruta por el interior constituyen las actuaciones más significativas, por lo que puede decirse que la intervención dentro de la cueva es mínima.

El tramo visitable de la misma está formado por hasta tres niveles superpuestos con interconexiones verticales entre ellos, lo que permite obtener perspectivas diferentes del túnel. En su punto más alto llega a tener unos 50 m desde el suelo a la bóveda, y las mayores anchuras casi alcanzan los 15 m. Durante el recorrido pueden verse diversas formaciones y estructuras pétreas: canales de lava, bloques sólidos arrastrados por la corriente, goterones de lava, depósitos salinos, sucesivos estratos de lava solidificada…

▌ÓRZOLA

Desde la zona donde se hallan los Jameos del Agua y la Cueva de los Verdes se presenta un recorrido, de unos 17 km, hasta llegar a la localidad más septentrional de la isla, Órzola. El trayecto merece la pena. La carretera bordea la costa nororiental de la isla y

▲ Playa de Órzola.

se introduce plenamente en el interior del ***Malpaís de la Corona.*** El paisaje es espectacular, insólito. Se trata de una enorme colada de lava, una irregular alfombra de colores negruzcos y ocres donde el único contraste lo pone el verde de los amplios tabaibales. Se extiende desde la base del ***volcán de la Corona,*** siempre presente ante la vista, hasta las aguas del Atlántico, abriéndose como un abanico y mostrando bien claramente la dirección de la lava cuando tuvo lugar la última erupción del volcán, hace unos 3 o 4 milenios.

A la derecha de la carretera, conforme el viajero se dirige hacia Órzola, quedan camufladas entre el accidentado litoral las pequeñas ***caletas del Gincho, Mojón Blanco*** y el ***Caletón Blanco.*** Esta última está formada por dos diques de colada volcánica entre los que se despliega una superficie de fina, limpia y blanca arena que armoniza con las aguas transparentes y contrasta exageradamente con el entorno rocoso.

Órzola es una población de larga tradición pesquera, lo que se refleja perfectamente en los restaurantes de la localidad. Un plato de cherne o vieja, los pescados más típicos de la zona, son una opción inexcusable si se llega aquí a la hora de la comida.

El caserío es muy pequeño, sin apenas expansión urbanística ligada al turismo y, de hecho, el objetivo de llegar hasta aquí suele ser, por un lado, conocer el insólito paraje del Malpaís de la Corona y, por otro, tomar un barco hacia Caleta de Sebo. Porque, sin duda por ser el más cercano, Órzola es el puerto desde el que parten los barcos que permiten llegar a la **isla de La Graciosa,** la principal del archipiélago Chinijo y la más cercana a la costa lanzaroteña. Dos compañías ofrecen un servicio regular para atravesar el escueto paso de El Río y llegar al embarcadero de Caleta de Sebo.

Líneas Marítimas Romero
Órzola-La Graciosa
- 928 596 107.
- www.lineasromero.com
- Salidas desde las 8.30 h.
- Duración: unos 25 min.
- Ida/vuelta adulto: 28 €.

Biosfera Express
Órzola-La Graciosa
- 928 842 585.
- https://biosferaexpress.com
- Salidas desde las 8 h.
- Duración: unos 25 min.
- Ida/vuelta adulto: 28 €.

**Parque Natural
Marítimo-Terrestre
Archipiélago Chinijo**
✉ Proa, 1. Caleta del Sebo.
La Graciosa.
☎ 928 842 073.
🌐 https://turismolanzarote.
com

Museo Chinijo
✉ Margarona, 27.
Caleta de Sebo.
🌐 www.visitlagraciosa.com
🕐 Cerrado temporalmente.

▼ Panorámica de la isla
de La Graciosa desde el
Mirador del Río.

⎮ LA GRACIOSA   ✱

La Graciosa es una isla de cerca de 29 km², más bien un islote, habitada por poco más de 700 personas. El origen de su nombre es curioso, pues se debe simplemente a que cuando Jean de Bethencourt la avistó en 1402 le pareció "graciosa". Situada a poco más de una milla náutica al noroeste de Lanzarote, su relieve es bastante llano, con varios conos volcánicos que sobresalen en el terreno y con coquetas playas en el litoral que, de hecho, constituyen el principal motivo por el que debe irse hasta allí. Su máxima altura la establecen Las Agujas, con 266 m.

En el norte de la isla, en su "cara oculta", la *playa Lambra* y, sobre todo, la *playa de las Conchas* son sin duda las mejores, mientras que en el sur, la *bahía del Salado*, la *playa Francesa* o la espectacular *playa de la Cocina* son otros buenos puntos para tomar un baño. Para llegar hasta cualquiera de estas playas o descubrir otras, existe una red de caminos y senderos, pero olvídense en La Graciosa de coches, asfalto y prisas. Aquí puede disfrutarse de la naturaleza en su estado más puro.

Caleta de Sebo es un diminuto núcleo de casas tradicionales de pescadores donde se concentra la mayor parte de la población de la isla, que vive de la pesca y el turismo. El **Museo Chinijo,** que se encuentra ubicado en esta población, guarda en su interior secretos que ponen al descubierto algunas de las riquezas ocultas de estas islas del Atlántico. El centro es, sin duda alguna, "el más pequeño del mundo" ya que se trata de un espacio museístico multitemático que en sus 70 metros cuadrados, alberga rincones dedicados a los cetáceos, la sal, el Archipiélago Chinijo, el aloe vera y la orchilla. El otro núcleo es **Pedro Barba,** una modesta urbanización turística, situada en la parte oriental de la isla.

I MIRADOR DEL RÍO ★★

De nuevo en Lanzarote, hay que volver atrás por la carretera de Órzola para enlazar con la LZ 1. La estrecha carretera que da acceso a la Cueva de los Verdes permite realizar este enlace sin tener que retroceder prácticamente hasta Arrieta. El recorrido que proponemos prosigue hacia el norte, y la carretera va elevándose progresivamente a través de las *peñas de Andía,* mostrando el relieve más elevado de este sector septentrional de la isla. El paisaje del Malpaís de la Corona se muestra ahora desde una perspectiva elevada. El entorno es igualmente inhóspito, protagonizado por los campos pétreos de las coladas de lava y la presencia humana se limita a un par de diminutos caseríos. Ya en el punto más septentrional del trazado de la carretera, un cruce lleva hasta el **Mirador del Río.**

El mirador se halla elevado a 470 m, con las aguas del Atlántico a sus pies, prácticamente en el extremo más septentrional de Lanzarote. Tal posición geográfica justifica que el lugar fuera durante el siglo XIX una estratégica plaza de artillería. Y la espectacular belleza del enclave explicaría que César Manrique se fijara en él para proponer una de sus intervenciones artísticas en la isla. En 1973 el artista planteó realizar una excavación en el monte y disponer varias terrazas y ventanales acondicionados como miradores. Una vez más, Manrique logró moldear un espacio natural de belleza extremadamente sensible a cualquier intervención humana sin que su fisonomía se resintiera en absoluto.

La panorámica que se obtiene desde el lugar es de una incuestionable personalidad: se contemplan buena parte de los espectaculares acantilados o *riscos de Famara,* con la *playa del Risco* y las **salinas del Río** a sus pies, el estrecho paso del Río,

Mirador del Río
- 928 848 484.
- https://cactlanzarote.com
- Todos los días, de 10 h a 17 h.
- Adultos: 8 €. Niños: 4 €.
- Tiempo aprox. de la visita: 45 min.

la cercana isla de La Graciosa y, ya a mayor distancia, el resto de islas e islotes que componen el **Archipiélago Chinijo:** Alegranza, Montaña Clara, el Roque del Oeste y el Roque del Este.

Poco después del cruce que permite acceder al Mirador del Río se halla la solitaria población de **Yé,** el mejor punto para iniciar una excursión hasta la cima del *volcán de la Corona,* a 609 m de altitud. Un sendero perfectamente marcado permite afrontar la fácil ascensión. El recorrido es de unos 5 km, que pueden completarse en una hora y media aproximadamente. Evidentemente, las vistas desde la cima del volcán superan en amplitud a las del Mirador del Río, pues alcanzan desde la costa oriental a la occidental de la isla, con el malpaís de la Corona a los pies. En lo alto de la montaña se puede rodear el borde del cráter e incluso entrar en su interior.

Del pequeño y blanco caserío de **Yé** sorprende que entre un paisaje tan árido y rocoso sus habitantes hayan sido capaces de cultivar la viña. Es también pueblo de quesos de cabra.

Después de Yé la carretera ya toma dirección sur, elevada sobre los *riscos de Famara,* unos interminables acantilados que se extienden a lo largo de 22 km desde *punta Fariones,* la punta más septentrional de Lanzarote, hasta cerca de Teguise, en el centro de la isla. Estas elevaciones incluyen la cota más alta de Lanzarote, las *peñas del Chache,* de 670 m de altitud. En su vertiente encarada al mar los riscos muestran una disposición casi vertical, de impactante presencia, y su inaccesibilidad ha facilitado que se conserve uno de los espacios de mayor interés medioambiental del archipiélago canario, con un gran número de endemismos vegetales. Forman parte del **Parque Natural del Archipiélago Chinijo.**

Turismo Haría
✉ Plaza de la Constitución, 1.
☎ 928 835 251.
🌐 http://turismoharia.com

HARÍA ★★

Es una de las más bellas localidades de Lanzarote y también de las más antiguas. No cuenta con edificios monumentales, ni con casonas nobiliarias o grandes creaciones artísticas, pero es quizás el conjunto de arquitectura popular más vistoso de la isla. Se trata de una tranquila población de casas blancas de una sola planta, con sus correspondientes puertas y ventanas de color verde y sus volúmenes cúbicos, sin apenas concesiones ornamentales. Esta arquitectura es el reflejo de una sociedad históricamente pobre, cuyos habitantes huyeron durante décadas de la aparcería y las peonadas agrícolas a las que estaban condenados por los grandes propietarios de

las tierras. El turismo, claro, lo ha cambiado todo. La belleza de esta sencillez arquitectónica la completa el marco en la que se halla enclavada la localidad, un verde paisaje agrícola de explotaciones cuarteadas, con pequeñas parcelas separadas entre sí por muros de piedra y en las que se cultivan leguminosas, cereales, mijo e incluso viñedos. Pero lo que otorga mayor personalidad a la estampa de Haría son las palmeras que se elevan entre las casas del pueblo y a su alrededor, y que conforman una imagen norteafricana. Antiguamente la zona era conocida como el valle de las diez mil palmeras, pero el palmeral queda hoy muy reducido, a pesar de lo cual es el más importante de todo el archipiélago canario.

La localidad, cabeza de un extenso municipio que abarca todo el extremo norte de Lanzarote, cuenta con un modesto **Museo de Arte Sacro Popular.** Junto al museo, en la **iglesia** parroquial, se conserva una imagen de la Virgen tallada por el maestro Luján Pérez.

Una antigua casa de labranza fue la última vivienda que César Manrique tuvo en la localidad y en el cementerio municipal se encuentra su sepultura.

Haría es también un buen lugar para adquirir artesanía insular. Fruto de una larga tradición en el aprovechamiento de las palmeras, se ha desarrollado aquí especialmente el trabajo en pírgano, palma y palmito para producir cestería funcional y decorativa. Pero también se conserva la actividad en labores de rosetas, bordados, muñequería, cerámica y otras. No es de extrañar, pues, que cada sábado por la mañana se instale en la plaza León y Castillo uno de los más famosos **mercadillos de artesanía** de la isla, en el que pueden hallarse infinidad de piezas de toda índole.

Museo de Arte Sacro Popular
✉ Plaza León y Castillo, s/n. Haría.
☎ 928 835 251.
🌐 www.ayuntamientodeharia.com
🕐 Visita: lunes, jueves y sábado, de 10 h a 15 h.

▼ Vista de la villa de Haría.

Museo de la Piratería

✉ Castillo de Santa Bárbara. Montaña de Guanapay, s/n. Teguise.

☎ 928 594 802, 686 470 376.

🌐 https://turismolanzarote.com

🕐 De lunes a domingo de 10 h a 16 h.

▼ Castillo de Santa Bárbara.

CASTILLO DE SANTA BÁRBARA

Nada más salir de Haría la carretera LZ 10 empieza a elevarse mediante un sinuoso trazado para afrontar la zona de orografía más elevada de la isla. Ello ha dado pie a emplazar el llamado **mirador de Haría,** que permite unas amplias vistas sobre este sector de Lanzarote.

Poco después quedan a un lado las **peñas del Chache,** el punto culminante de la isla (670 m), y también la **ermita de las Nieves,** que requiere una parada para disfrutar de las vistas que se obtienen desde su emplazamiento. La ermita data del siglo XVII y alberga a la patrona de la isla, la Virgen de las Nieves, advocación que no deja de ser sorprendente si se tiene en cuenta que aquí no nieva nunca.

La larga carretera va descendiendo finalmente hasta Teguise, pero antes de adentrarse en la localidad conviene tomar otro breve desvío, en este caso la carretera que sube hasta el **castillo de Santa Bárbara,** también llamado castillo de Guanapay porque se halla sobre el volcán de este mismo nombre. Este castillo tiene su origen en el siglo XVI como simple baluarte de vigilancia, pero más tarde se le incorporaron sólidas murallas. En 1586 quedó parcialmente destruido por los corsarios y fue reconstruido poco después (en 1596) por Leonardo Torriani, ingeniero al servicio del rey Felipe II, quien reforzó la estructura de la fortaleza para proporcionarle un carácter marcadamente defensivo: la dotó de aspilleras, escarpes y taludes. Perdida su función defensiva, quedó en desuso y sufrió deterioro, hasta que se llevó a cabo su restauración. Su posición elevada en esta parte central de la isla ya permite intuir que las vistas desde lo alto son prácticamente como desplegar ante la vista un mapa de Lanzarote.

El interior del castillo alberga un singular **Museo de la Piratería**. Por ser Canarias un archipiélago situado en la encrucijada de las rutas americanas fue, desde el descubrimiento de América, un escenario propicio para la piratería internacional que esperaba las flotas que volvían con los tesoros del Nuevo Mundo.

El castillo de Santa Bárbara, además de ser una atalaya desde la que se divisaban los peligros que venían del mar, sirvió también como refugio a la población durante estos ataques. El museo ofrece vídeos con la historia de los piratas más famosos, barcos y paneles explicativos de la historia de la piratería internacional en Canarias.

l TEGUISE ★★

Asentada sobre un poblado prehispánico que recibía el nombre de *Acatife,* la actual población de Teguise tiene su origen en el momento en que Maciot de Bethencourt se casa con la hija del último rey aborigen, en 1418, y comienza la transformación de la aldea originaria en el primer núcleo urbano de Canarias, con construcciones de corte noble y señorial.

Así, Teguise fue la capital de la isla desde la primera mitad del siglo XV hasta 1852, momento en que la capitalidad fue trasladada a Arrecife. Tuvo tiempo suficiente para dotarse de un rico conjunto arquitectónico, con edificios monumentales, palacios y bellas iglesias que ponen bien de manifiesto su relevancia como centro de poder político y religioso en la isla. El resultado es que hoy Teguise no solo posee el más importante conjunto de patrimonio arquitectónico de Lanzarote, sino uno de los más notables de todo el archipiélago canario. Y ello a pesar de que su condición de capitalidad y primer centro económico de la isla también le reportó ser objetivo reiterado de ataques, rapiña y destrucción por parte de los piratas berberiscos.

Calles y plazas adoquinadas, pequeños rincones típicos, bellísima arquitectura popular mezclada con los edificios de mayor empaque… conforman un conglomerado arquitectónico realmente atractivo.

Por ser el más cercano a la carretera, el primer edificio de interés que suele ver el visitante cuando llega a Teguise es la **iglesia conventual de San Francisco,** construida en el siglo XVI y que actualmente alberga un **Museo Diocesano de Arte Sacro.** Su fachada resulta impactante por el exagerado contraste entre el encalado blanco de los muros con la piedra negra del campanario lateral y con la de tonos más rojizos de la portada.

Oficina de Información Turística de Teguise
- Pza. de la Constitución, s/n. (junto al palacio Spínola).
- 928 845 398.
- www.turismoteguise.com https://teguise.es
- De lunes a domingo, de 9 h a 14 h.

Museo Diocesano de Arte Sacro
- Iglesia de San Francisco. Villa de Teguise.
- www.diocesisdecanarias. es/museos-diocesanos

▼ La villa de Teguise en día de mercado.

Desde la misma plaza de San Francisco se accede ya al casco antiguo de la localidad. A la derecha queda la calle Marqués de Herrera, de interesante recorrido, con la **casa palacio del Marqués Herrera y Rojas,** edificio del siglo XVIII, que alberga el departamento de Cultura del Ayuntamiento.

Muy cerca se abre la plaza de San Miguel, centro neurálgico del núcleo antiguo de Teguise. Flanquea la plaza la **iglesia de Nuestra Señora de Guadalupe,** que fue construida en el siglo XV y es la más antigua de Lanzarote, aunque su actual estampa se debe a sucesivas reformas y ampliaciones posteriores. Su estructura es sencilla y su belleza se debe sobre todo a los tonos de la roca volcánica que la componen, muy especialmente al contraste de la piedra rojiza de la torre campanario con el blanco de su graciosa cúpula. El interior muestra tres naves de estilo neoclásico.

Al otro lado de la plaza puede verse la amplia y sencilla fachada del **palacio Spínola.** Construido entre 1730 y 1780, es uno de los mejores ejemplos de arquitectura señorial en la isla, que alberga la **Casa Museo del Timple.**

Desde la plaza, lo mejor es callejear sin prisas por las plazas y calles adoquinadas de este magnífico conjunto arquitectónico. La casa Torres, el palacio del Marqués, la Casa Cuartel, el palacio Herrera o la bellísima **ermita de la Vera Cruz...** hablan del pasado de la población como centro del poder señorial en la isla. Cabe destacar, entre estos edificios, el **convento de Santo Domingo,** fundado en 1698 y situado en la plaza del mismo nombre. Presenta una fachada doble, rematada a su izquierda por un campanario. El interior consta de dos naves, una de las cuales posee un retablo de influencia indiana. Actualmente alberga una **Galería de Arte Contemporáneo** en la que se presentan exposiciones itinerantes.

Pasear por las callejuelas de esta parte antigua nos llevará a descubrir pequeños bazares y tiendas de jóvenes diseñadores y artistas en distintas disciplinas: pintura, escultura, bisutería, así como otras dedicadas a las antigüedades o a los productos típicos de la isla. A esto hemos de añadir que cada domingo se celebra en Teguise un **mercadillo** en el que pueden encontrarse todo tipo de objetos tradicionales y productos de la tierra. Es uno de los más concurridos y animados de la isla, un paréntesis en el habitual ambiente sosegado y parsimonioso de la localidad.

En la cercana población de **Nazaret** se encuentra otra obra de Manrique y Soto, la **casa de Omar Sharif** o **LagOmar,** construida en una antigua cantera.

Casa Museo del Timple
- ✉ Palacio Spínola. Plaza de la Constitución, s/n. Villa de Teguise.
- ☎ 928 845 181.
- 🌐 https://casadeltimple.org
- 🕐 De lunes a sábado, de 9 h a 16 h; domingo y festivo, de 9 h a 15 h.

Galería de Arte Convento de Santo Domingo
- ✉ Guadalupe, 18. Villa de Teguise.
- ☎ 928 845 398.
- 🕐 De 10 h a 14 h. Lunes y sábado cerrado.

LagOmar
- ✉ Los Loros, 2. Nazaret.
- 🌐 www.lagomarlanzarote.com
- 🕐 Restaurante: de martes a sábado de 13 h a 22.30 h. Cocktail bar: de martes a domingo de 18 h a 00 h..

CALETA DE FAMARA ★★

Ya hemos visto que el municipio de Teguise tiene en su fachada marítima de la costa meridional el gran complejo turístico de Costa Teguise. En el litoral norte también tiene salida al mar, pero de características radicalmente distintas. El principal núcleo de esa zona es **Caleta de Famara**, un diminuto caserío de estampa marinera que seguramente es el núcleo de casas que mejor conserva el encanto del urbanismo tradicional en la isla, con calles sin pavimentar y pequeñas casas blancas de una sola planta con sus puertas, ventanas y balcones de color verde. Del desarrollo turístico moderno apenas hay otro indicio que el exquisito cuidado con que se mantiene todo el conjunto. Hay pocas casas y alojamientos de nueva construcción, pero que no alteran en absoluto la estampa tradicional del pueblo.

Junto al caserío se extiende la famosa *playa de Famara,* cerrada a sus espaldas por las contundentes paredes de los riscos de Famara, lo que conforma en conjunto un paraje realmente singular y atractivo. A media altura de la pared de los riscos discurre el antiguo camino desde Teguise a las salinas del Río, situadas a los pies de Mirador del Río, y que también era antiguamente el camino por donde se iba a la isla de La Graciosa; es uno de los itinerarios más atractivos que existen en Lanzarote para los amantes del senderismo, pues permite descubrir aspectos insólitos de la isla.

La playa de Famara es de arena fina, de tonos pardos, y se extiende a lo largo de 3 km. El viento es allí muy activo, por lo que es una de las zonas preferidas de la isla para los amantes del *surf*.

▼ Caleta de Famara.

▼ Playa de Famara.

La ruta por el centro de la isla supone salir de **Arrecife** en dirección norte, hacia las localidades de San Bartolomé, Mozaga y Tiagua, a través del árido paisaje de **El Jable.**

Después viene Tinajo, que ya es puerta del **Parque Nacional de Timanfaya,** y desde donde también es posible acercarse hasta algunas playas del litoral septentrional.

Timanfaya suele visitarse en la guagua que realiza la llamada Ruta de los Volcanes, pero conviene saber que en el interior del parque también pueden realizarse algunas rutas a pie. Las estrellas (✲ o ✲✲) que acompañan a cada punto de la visita hacen referencia a su importancia o especial interés.

Ayuntamiento de San Bartolomé
✉ Plaza León y Castillo, s/n.
☎ 928 520 128.
🖥 www.sanbartolome.es

Museo Etnográfico Tanit
✉ Constitución, 1.
San Bartolomé.
☎ 928 802 549.
🖥 www.museotanit.com
🕓 Lunes a sábado, de 10 h a 14 h. Festivos cerrado.

▶ En la Casa-Museo del Campesino se recrea la arquitectura tradicional de la isla.

▌ El Jable y Timanfaya

Una ruta por el centro de la isla nos permite conocer dos de sus paisajes más carismáticos: los llanos y extensos arenales de la región de El Jable, de apariencia inhóspita pero de rica tradición agrícola y, sobre todo, el paraje más famoso, visitado y promocionado de Lanzarote, el Parque Nacional de Timanfaya. Fruto de las erupciones volcánicas acontecidas en los siglos XVIII y XIX, Timanfaya cuenta hoy con más de una treintena de conos o surgencias volcánicas principales, un inmenso mar de lava y todo tipo de sorprendentes formaciones geológicas.

▌ SAN BARTOLOMÉ

Desde Arrecife, la autovía LZ 20 permite llegar San Bartolomé muy rápidamente. Es esta una de las mayores poblaciones de la isla y quizás también de las menos atractivas. No obstante, quien decida adentrarse en sus tranquilas calles hallará algunos puntos interesantes para visitar.

Hay que dirigirse al centro de la localidad para conocer la **iglesia de San Bartolomé,** erigida en 1787 y en cuyo interior se conservan varias tallas románicas, un retablo del siglo XVIII y un crucifijo de origen desconocido que se atribuye a la escuela italiana. Entre los edificios civiles destacan la **casa-palacio del Mayor Guerra** y la **casa Ajei,** una vivienda señorial con patio interior, aljibe y balcón de madera que hoy alberga una sala de exposiciones. No muy lejos se halla el **Museo Etnográfico Tanit,** que ocupa una antigua casona del siglo XVIII y muestra al visitante un compendio de objetos relacionados con la vida tradicional en la zona (aperos del campo, utensilios domésticos, trajes tradicionales…). Dispone también de una tienda de artesanía.

▌ MONUMENTO AL CAMPESINO/FECUNDIDAD ✲

Saliendo de San Bartolomé hacia el norte por la carretera LZ 20, tras recorrer apenas un kilómetro a través del llano de Zonzamas se llega a una rotonda. No es una rotonda cualquiera, pues se halla en el centro geográfico de Lanzarote y organiza el tráfico en un estratégico cruce de caminos desde el que es posible dirigirse hacia a cualquier punto de la isla. Aquí confluyen también dos zonas o paisajes agrícolas distintos: los enarenados del Jable y La Geria. Fue por esta condición de centralidad que

César Manrique escogió el lugar para la ubicación de otro de los Centros de Arte y Cultura con que hoy cuenta Lanzarote: el conjunto arquitectónico de la **Casa-Museo del Campesino** y el **monumento a la Fecundidad.**

El monumento a la Fecundidad es una escultura de grandes dimensiones (alcanza una altura de 15 m) dedicada al campesino lanzaroteño, por lo que también se la conoce como monumento al Campesino. Está compuesta por antiguos tanques de agua de barcos y diversos objetos pintados y ensamblados entre sí con hierro y hormigón, formando un conjunto de formas cúbicas que simboliza una persona sobre un animal de carga. Realizada en 1968, su diseño es de César Manrique y su confección de Jesús Soto, colaborador habitual de Manrique en la isla.

La Casa-Museo del Campesino abarca un grupo de edificaciones con una planta general semicircular que conforma una plaza central desde la que se distribuyen las diversas dependencias. Toda la construcción está manifiestamente inspirada en la arquitectura tradicional de la isla y reproduce todos sus elementos más característicos. En el interior se exponen numerosos objetos y herramientas relacio-

Casa-Museo del Campesino
- ✉ Ctra. Arrecife- Tinajo. Mozaga.
- ☎ 928 848 484.
- 🕐 https://cactlanzarote.com
- ◷ Centro y cafetería: de 10 h a 18 h en invierno. Restaurante de 12 h a 16 h.
- 🎫 Entrada gratuita.
- ⏱ Tiempo aprox. visita: 50 min.

El valle de Zonzamas

A la salida de San Bartolomé, cerca de la carretera de Arrecife, se halla el principal yacimiento arqueológico de Lanzarote, el poblado de Zonzamas, cuyo nombre proviene de *Zamzâm* ("rostro alegre"), antiguo gobernante de la isla.

El valle o llano de Zonzamas, que recibe las aguas de las montañas que lo circundan, presentaba unas condiciones propicias para la agricultura, y en especial para el cultivo de la cebada, base de la dieta de los isleños. Fue pues una de las zonas más pobladas por los mahos, y existió allí uno de sus principales núcleos de población, que al parecer siguió habitado tras la conquista castellana y hasta bien avanzado el siglo XVIII.

En el yacimiento pueden verse varias de las construcciones conocidas como "casas hondas", un tipo de vivienda primitiva singular entre los pueblos aborígenes canarios, que se caracteriza por tener un piso bajo el nivel del suelo. También se encuentra allí el llamado palacio de Zonzamas, o cueva del Majo, una cavidad de gran tamaño dividida en salas interiores mediante muros de piedra, que los historiadores sospechan que pudo haber sido la vivienda del último cabecilla aborigen de Lanzarote, Guadarfía (*Wadarfi*, "liberado").

Otro elemento muy interesante y singular de la zona es lo que se conoce como la quesera, una estructura exclusiva de Lanzarote cuyo nombre se refiere a su posible uso para prácticas rituales con derramamiento de leche, o a su parecido con las ranuras de una quesera; lo cierto, sin embargo, es que se desconoce realmente su función. Se trata de cinco canales o surcos excavados en un bloque de basalto; tienen 30 cm de alto y entre 27 y 45 cm de ancho, y se disponen en ligera pendiente.

Junto a la Quesera se halla la denominada piedra del Majo, en la que pueden verse varios grabados rupestres, en concreto 14 siluetas de pies humanos (podomorfos). No es la única, pues existen en la zona otros puntos en los que han sido hallados grabados en las rocas.

Hay aún otros muchos elementos dispersos. Desde hace ya bastantes años se está pendiente de la realización en la zona de un parque arqueológico que permita una visita cómoda a tan amplio espacio, con sus correspondientes paneles informativos y sus indicaciones, pero lamentablemente no parece que el proyecto vaya a llevarse a cabo con inmediatez.

nados con cultura insular y la agricultura tradicional en la isla, y hay también talleres donde se realizan piezas de artesanía.

El conjunto de la Casa-Museo y el monumento suponen, pues, una nueva propuesta de Manrique para fundir la arquitectura tradicional lanzaroteña, de la que el artista siempre expresó su admiración, con el arte de vanguardia, lo tradicional con lo moderno.

| TIAGUA

Prosigue la LZ 20 hacia el norte y atraviesa enseguida el caserío de Mozaga para adentrarse plenamente en **El Jable.** Este es el nombre de la amplia y llana región del centro-norte de la isla, que presenta unos paisajes de textura arenosa y apariencia desértica, pero que paradójicamente propicia buenas condiciones para cultivar melones, sandías, calabazas y sobre todo batatas. "Batateros" es como se ha llamado tradicionalmente a los habitantes de San Bartolomé.

El término jable deriva del francés "sable", que significa arena, y se refiere a la arena fina, muy móvil, que recubre la zona y que no solo hace difícil el trabajo agrícola, sino incluso los asentamientos humanos: la propia población de San Bartolomé ha cambiado en varias ocasiones su emplazamiento, ya desde época precolonial (la *Ajei* de los aborígenes), a causa del jable.

Después de Mozaga viene **Tao,** otra modesta aldea, en cuyo alrededor se hallan los indicios de la última erupción que tuvo lugar en la isla, en 1824. Y poco más adelante ya se encuentra **Tiagua,** localidad algo mayor que las anteriores, en la que podemos detenernos a visitar su **Museo Agrícola El Patio.**

Aquí lo que tiene mérito es que pudiera haber agricultura. La finca que acompaña al actual museo se empezó a trabajar cuando en 1845 una veintena de agricultores de Tiagua, desesperados y sin opciones de futuro, pidieron al marqués propieta-

Museo Agrícola El Patio
✉ Echedey, 18. Tiagua.
☎ 928 529 134.
🕐 Cerrado temporalmente.

▼ Molino de viento en el Museo Agrícola El Patio.

rio de los terrenos, por aquel entonces vírgenes e improductivos, que les permitiera cultivarlos. Un siglo después el lugar se había convertido en una de las principales áreas agrícolas de la isla, donde se recolectaban cebollas, papas, tomates y millo principalmente. En la década de 1990 el lugar fue reconvertido en un centro etnográfico de la cultura y las tradiciones lanzaroteñas. En la antigua casona agrícola se emplazó el museo etnográfico, excelente para comprender las dificultades de la vida y el trabajo agrícola en aquellas áridas tierras y conocer las técnicas y útiles tanto del trabajo en el campo como del doméstico. Se conserva perfectamente, por ejemplo, el ingenio de la época para hacer gofio, pero también merece la pena ver las dependencias domésticas para comprender la extrema dureza de la forma de vida de los campesinos.

Ayuntamiento de Tinajo
✉ Plaza de San Roque 1.
☎ 928 840 021.
🌐 www.tinajo.es

❘ TINAJO

A tan solo 4 km de Tiagua se encuentra Tinajo, cabeza del municipio que abarca toda esta zona de la isla y puerta de Timanfaya. La localidad es un conjunto de sencillas casas blancas, con numerosas cúpulas de estilo norteafricano que Agustín de la Hoz definió como "bulbos de cebolla", pero sin excesivas complicaciones arquitectónicas. Ya es mucho, teniendo en cuenta que esta fue antes del siglo XIX una de las zonas más pobres de Canarias, dedicada preferentemente al pastoreo antes de que sus tierras se cultivaran. El único monumento en el núcleo urbano es la **iglesia** parroquial **de San Roque,** originaria del siglo XVII y ampliada en el XVIII, con techumbre de artesonado mudéjar. En su interior hay un Cristo de Luján Pérez y una talla de la

Virgen de la Candelaria de uno de sus alumnos, el escultor Fernando Estévez.

Desde Tinajo, y antes de comenzar la visita a Timanfaya, se puede alargar el recorrido para visitar algunas *playas* del norte, como *La Caleta, La Santa* o *Caleta Caballa*. Es especialmente singular la playa o *playas de la Santa,* que forman un lago artificial rodeado de largas extensiones de fina arena, junto a una urbanización y centro deportivo. Toda esta zona del litoral es muy apreciada por los amantes del surf y el *windsurf*. Para llegar a estas playas se pasa por las aldeas de **Muñique** y **Soo,** donde se pueden ver algunas dunas y cultivos tanto en jable o en rofe de diferentes productos tradicionales como papas, batatas, sandías y melones.

Si optamos por salir de Tinajo en dirección sur por la carretera de Yaiza, se puede visitar la **ermita de los Dolores,** que se halla prácticamente a la salida de Tinajo, en el núcleo de **Mancha Blanca.** Fue construida en 1780 a raíz de la frecuente actividad volcánica que hubo en la zona durante el siglo XVIII, y la leyenda cuenta que la aparición de la Virgen impidió que las coladas de lava llegaran hasta los lugares habitados, por lo que se la conoce popularmente como la Virgen de los Volcanes. Junto a la iglesia se instala el domingo por la mañana un mercado agrícola en el que es posible adquirir excelentes quesos de leche de cabra y productos de la tierra.

También en Mancha Blanca, muy cerca de la ermita, se halla el **Centro de Visitantes del Parque Nacional.** Una amplia exposición y un audiovisual ofrecen una excelente preparación para comprender y valorar todo lo que va a verse en el recorrido por el parque.

◀ Playas de la Santa.

....

Parque Nacional de Timanfaya
Centro de Visitantes
de Mancha Blanca

✉ Ctra. Tinajo-Yaiza,
   km 11,500. Tinajo.
☎ 928 118 042.
🖰 www.miteco.gob.es
🕐 Todos los días, de 9 h a 16 h.
ℹ Informan sobre rutas de
   senderismo: Tremesana
   y Litoral.

❘ PARQUE NACIONAL DE TIMANFAYA   ✷✷

Timanfaya es, sin lugar a dudas, la joya paisajística
de Lanzarote. Se trata de un territorio de 51 km²
formado por una línea de cráteres volcánicos y una
enorme extensión de lavas (denominado "mar de lavas"), además de otros muchos fenómenos geológicos de origen volcánico, que corresponden al último
periodo eruptivo registrado en la isla, en los siglos
XVIII y XIX. El resultado de aquel episodio geológico
es un paraje extremadamente agreste, inhóspito y
árido que cubre completamente lo que antaño fuera
una de las vegas más ricas de la isla. Hoy lo vegetal
se reduce a la presencia de líquenes, musgos y poco
más, y la roca volcánica es protagonista absoluta de
un paisaje que parece estéril, pero que es de una
indiscutible personalidad estética.

Su singularidad geológica, pero también sus valores medioambientales y el hecho de que el paisaje
sea el resultado de un proceso de destrucción y
creación que apenas ha sido alterado por la intervención humana, justifican sobradamente que la
zona esté preservada desde 1974 con la máxima
figura de protección: Parque Nacional.

Hay cuatro posibles recorridos para conocer
Timanfaya: la denominada **Ruta de los Volcanes** o

de las Montañas de Fuego, que es la más habitual; la **Ruta de Termesana,** que es un recorrido guiado, a pie, de unos 2 km por el sur del parque, y que solo puede realizarse previa reserva en el Centro de Visitantes de Mancha Blanca; la **Ruta del Litoral,** que también puede ser guiada previa reserva o bien recorrerse libremente (es un sendero paralelo a la costa que requiere unas 4 o 5 horas de marcha); y finalmente el famoso recorrido en dromedario, con salida desde el **Echadero de los Camellos.**

El acceso para iniciar la **Ruta de los Volcanes** se halla en la carretera de Tinajo a Yaiza (LZ 67), poco después del Centro de Visitantes de Mancha Blanca. Allí se abona el importe de la entrada, que incluye el aparcamiento, las demostraciones geotérmicas y el recorrido en guagua (autobús), pues la entrada de vehículos particulares está prohibida.

El autobús enfila hacia el *islote de Hilario,* una elevación ya existente antes de las erupciones que dieron lugar a la actual fisonomía de Timanfaya. Los "islotes" son elevaciones de terreno anteriores al vulcanismo reciente y hay varios en todo el parque. En el islote de Hilario se encuentra el edificio del **restaurante-mirador El Diablo,** diseñado por César Manrique y perfectamente integrado en el paisaje de

▼ El Parque Nacional de Timanfaya ofrece estampas espectaculares.

....

**Restaurante-Mirador
El Diablo**
- ✉ Ctra. Tinajo-Yaiza, s/n.
- ☎ 928 84 8484.
- 🕐 Cafetería, de 9 h a 16.45 h.
  Restaurante de 12 h
  a 16.45 h.

....

**Museo-Punto de Información
(Echadero de los camellos)**
- ✉ Ctra. de Yaiza a Tinajo
  (LZ 67), km 4.
- ☎ 699 946 819
- 🔗 https://yaiza.es
- 🕐 Todos los días, de 9 h a 15 h.
- 🚌 Ruta en dromedario: 11 €
  por persona.
- ℹ Duración: 20-25 min.

....

**Ruta de los Volcanes
Montañas de Fuego**
- ☎ 928 173 789.
- 🔗 https://cactlanzarote.com
- 🕐 Todos los días, de 9.30 h
  a 17.45 h (última visita).
- 🚌 Adultos 20 €.
  Niños: 10 €.
- ℹ Acceso por el Taro de
  entrada, ctra LZ 67.
  Duración: unas 2.30 h.

▶Representación del *Diablo
de Timanfaya* a la entrada
del Parque Nacional. La
figura nada tiene que
ver con el demonio,
como podría sugerir este
paisaje infernal, sino que
está ligada a una bella
leyenda amorosa de la
isla. El "pobre diablo" fue
un campesino que intentó
salvar a su amada,
sepultada por una colada
volcánica.

la zona. Los asados, parrillas y papas se preparan con el calor del propio volcán. En este punto es también donde se realizan las demostraciones de quema de arbustos en un agujero practicado en el suelo, y de los géiseres artificiales que se activan con cubos de agua. Son, para algunos, unos espectáculos de excesiva artificialidad turística, pero no dejan de ser el reflejo de un fenómeno que impresiona: los 400 ºC de temperatura bajo el suelo, a escasamente dos metros de profundidad, fruto de la existencia de una cámara magmática residual.

Desde el islote de Hilario el autobús inicia un itinerario circular de algo más de media hora de duración a través de las denominadas ***montañas de Fuego,*** el núcleo orográfico principal del parque, que corresponde a los principales conos que originaron el actual paisaje de Timanfaya durante las erupciones del siglo XVIII. Es la denominada **Ruta de los Volcanes,** diseñada por César Manrique y su colaborador Jesús Soto con el trazado de una carretera perfectamente mimetizada con el entorno. El recorrido permite contemplar profundos cráteres, hornitos (pequeños conos formados por gases a presión cuando la roca aún estaba blanda), malpaíses y túneles. También se incluye el espectacular **mirador de Montaña Rajada,** con vistas hacia el **mar de lavas** y su contacto con el océano Atlántico. El mirador se sitúa a 350 m de altura, mientras que el punto más elevado del parque son los 510 m de altura de la montaña de Timanfaya.

Además de todas las formaciones volcánicas y fenómenos geológicos, el parque cuenta también con una notable riqueza de flora y fauna, que suele pasar desapercibida para los profanos. Los tonos negros y rojizos de *lapillis* y arenas, y las oscuras lavas basálticas se ven salpicados de manchas de diferentes colores que corresponden a numerosas especies de líquenes y musgos, los principales colonizadores de estas tierras recién nacidas. Hay también tabaibas, tojíos y otras especies vegetales que apenas se elevan unos palmos del suelo, incluido un buen número de endemismos vegetales. Y en cuanto a la fauna, esta se reduce a algunas especies de aves como la perdiz moruna, el alimoche, la tórtola, la pardela cenicienta, la lechuza común, el cernícalo vulgar y poco más a la vista. Solo hay tres especies de fauna vertebrada: la rata negra, la musaraña canaria y el conejo; y dos reptiles: el lagarto de Haría y el perenquén o salamanquesa.

Los dromedarios de Timanfaya

A poca distancia del acceso principal al parque, en la misma carretera de Tinajo a Yaiza, se halla el lugar conocido como Echadero de Los Camellos. Desde allí parten las excursiones que pueden realizarse a lomos de los dromedarios y que dan lugar a una de las imágenes de Lanzarote más difundidas para la promoción turística. Precisamente, podría pensarse que los dromedarios fueron importados como exótica atracción turística, dado que no se ven más en toda la isla; sin embargo, hay que decir que estos animales llegaron a Lanzarote siglos atrás para ser empleados en labores agrícolas y de transporte, aprovechando su buena adaptación a las difíciles condiciones ambientales del lugar.

El recorrido que realizan es muy breve pero, aparte de ofrecer esta curiosa posibilidad de trasladarse a lomos de un dromedario, permite también una primera aproximación al paisaje de la zona.

En el Echadero de los Camellos hay un Museo-Punto de Información que ofrece una exposición sobre el Parque Nacional, el uso tradicional de los dromedarios, aperos, útiles agrícolas en desuso, etc.

De nuevo tomando **Arreci-fe** como punto de partida, hay que salir en dirección a Tías con el objetivo principal, en primer lugar, de descender hasta el **extremo meridional** de la isla, la **punta Papagayo**. Desde allí se retorna hacia el norte por la LZ 2, y antes de llegar a Yaiza está el cruce que permite acceder a las salinas de Janubio, Los Hervideros y la playa del Golfo. Finalmente, desde Yaiza, la carretera LZ 30 lleva hasta **Mozaga**, cerca de **San Bartolomé**, atravesando el corazón de la región vinícola de **La Geria**. Las estrellas (✳ o ✳✳) que acompañan a cada punto de la visita hacen referencia a su importancia o especial interés.

▮ La Geria y el sur de la isla

La visita al sur de la isla permitirá conocer el insólito paisaje, único en el mundo, de los viñedos de La Geria. Ya en el extremo más meridional, en la histórica zona del Rubicón, la enorme concentración turística de Playa Blanca aún deja lugar a algunas de las más espectaculares playas de Lanzarote. Y, por último, tres espacios impactantes: las salinas de Janubio, Los Hervideros y la playa del Golfo.

▮ TÍAS

Para afrontar esta tercera ruta que proponemos se parte de Arrecife hacia el sur a través de la carretera LZ 2, que es una cómoda autovía. El primer objetivo es la localidad de **Tías**. Un asunto de herencias de estas tierras a finales del siglo XV es la primera referencia que se tiene de la localidad. Sus beneficiarias fueron las hijas de los dos grandes terratenientes de la zona, que permanecieron solteras toda su vida y sus propiedades pasaron mancomunadas a sus sobrinos, lo que dio origen al topónimo del pueblo. El núcleo adquirió mayor importancia tras el episodio volcánico de 1730-1736, cuando mucha gente de

las aldeas amenazadas por la lava se instaló aquí. Durante el siglo XVIII fue importante la industria de la barrilla, pero lo que realmente transformó la vida de Tías e impulsó su desarrollo económico moderno fue el inicio del turismo de masas a finales de la década de 1960.

En su fachada marítima, a tan solo 4 km de Tías, está **Puerto del Carmen,** antaño un modesto núcleo de pescadores conocido como La Tiñosa, que adquirió un notable papel durante la época de esplendor de la exportación de la barrilla, sobre todo en el siglo XVIII. Actualmente es la concentración turística más importante de la isla, favorecida por la presencia de extensas y excelentes playas de arena de color tostado, como *playa Blanca* (también conocida como playa Grande debido a su kilómetro y doscientos metros de extensión), la *playa de los Pocillos,* la *de la Barrilla* o la *de Matagorda,* y ha alcanzado prestigio como zona para la práctica de deportes acuáticos (el buceo o el *windsurf*). El área urbanizada de Puerto del Carmen se extiende a lo largo de un buen tramo del litoral, casi 8 km, y dispone de todo tipo de servicios turísticos. Su oferta comercial es amplísima y muy animada, y quienes busquen en Lanzarote ocio nocturno deben tomar Puerto del Carmen como un referente. Con todo ello, el puerto de pescadores, conocido como **El Varadero,** y el diminuto núcleo antiguo que hay

O.I.T. de Puerto del Carmen
- Avda. de las Playas, s/n.
- 928 510 542.
- www.puertodelcarmen.com
- Lunes a domingo: de 9 h a 16 h.

O.I.T. de Puerto del Carmen El Fondeadero
- Lanzarote, 1- local, 9. Centro Cívico El Fondeadero.
- 928 513 351.
- www.puertodelcarmen.com
- Lunes a domingo: de 9 h a 16 h.

O.I.T. de Playa Blanca
- Varadero, 3. Playa Blanca.
- 928 518 150.
- https://yaiza.es
- Lunes a domingo: de 9 h a 18 h.

▼ Puerto del Carmen.

Saramago

La población de Tías está ya ligada para siempre a un nombre ilustre de la literatura universal, el Premio Nobel portugués José Saramago. El escritor residió, y murió, en esta pequeña villa lanzaroteña a la que llegó autoexiliado. Tras una fuerte controversia con el gobierno portugués por la publicación de su obra *El Evangelio según Jesucristo,* Saramago abandonó su país y recaló en Lanzarote, y aunque más tarde pasó a vivir a caballo entre la isla y Lisboa, nunca dejó de participar intensamente en la vida social y cultural lanzaroteña hasta su fallecimiento en 2010. En sus *Cuadernos de Lanzarote,* Saramago ofrece su visión y sus reflexiones sobre la isla.

A Casa José Saramago
- ✉ Los Topes, 2. Tías.
- ☏ 928 596 087.
- 🔗 https://acasajosesaramago.com
- 🕐 Lunes a viernes, de 10 h a 14 h; martes, jueves y viernes también de 16 h a 18 h; sábado de 10 h a 13 h. Domingo cerrado.
- 💰 Entrada general: 12 €.

Puerto Calero
- 🔗 www.caleromarinas.com

junto él, permiten mantener un cierto encanto en este sector. Es, además, un buen lugar para pasear siguiendo los muelles y la línea de costa.

Algo más al sur hay otro notable núcleo turístico, **Puerto Calero,** bastante distinto al anterior, mucho más pequeño y tranquilo, sin masificaciones. De las cuatro áreas turísticas de la isla (Costa Teguise, Puerto del Carmen, Playa Blanca y el propio Puerto Calero) esta es la más joven y moderna. Como Puerto del Carmen, también se halla guarecida de los vientos, cobijada en este caso tras la vistosa estampa del Monumento Natural de **Los Ajaches,** un macizo volcánico que de paso ofrece buenas opciones para los amantes del senderismo. De su puerto deportivo parten diversas excursiones marítimas, entre las que destaca la atractiva travesía en catamarán hacia la costa de Papagayo. Es también zona muy apreciada para el submarinismo y para la navegación a vela (se organiza aquí una prestigiosa regata).

❙ FEMÉS ✱

Un cruce en la LZ 2 permite tomar la carretera que se dirige hacia Femés, un caserío de sabor genuino, con sus típicas casa blancas. Es un pueblo pequeño pero de gran significado histórico, ya que al parecer es la aldea más antigua de Lanzarote, heredera de los primeros asentamientos en el Rubicón.

La parada en Femés debe hacerse junto a la fotogénica **iglesia de San Marcial,** de un blanco deslumbrante, edificada en el siglo XVII. Frente a la iglesia se abre un espectacular **mirador natural** que pone de manifiesto la excelente posición defensiva del lugar, elevado a 450 m de altura. Desde la atalaya se obtiene una vista inmejorable de todo el sur insular, y en un día despejado incluso se puede divisar Fuerteventura.

▶ Puerto Calero, uno de los grandes centros turísticos de Lanzarote.

▌PLAYAS DE PAPAGAYO ✳

Desde Femés la carretera desciende precipitadamente hacia el extremo sur de la isla y atraviesa una árido terreno en acusada pendiente hasta llegar a **Playa Blanca,** otro de los grandes centros turísticos de Lanzarote.

Este es el país del Rubicón, donde se establecieron los primeros colonizadores normandos del archipiélago a principios del siglo XV. De la antigua población de San Marcial del Rubicón, sin embargo, apenas quedan algunos escasos restos arqueológicos. Nada tiene que ver con ello el **castillo de las Coloradas,** que es una pequeña fortaleza de planta circular elevada sobre la punta del Águila, construida en el siglo XVIII como solución de vigilancia ante la amenaza constante de la piratería. Hoy queda en un extremo de la zona turística de Playa Blanca. En este magnífico entorno, y beneficiándose de la suavidad climática de la zona, se encuentra el **puerto deportivo Marina Rubicón** que, desde su inauguración en el año 2003, ha ido complementando y mejorando sus servicios hasta convertirse en un centro deportivo, comercial y de ocio al más alto nivel y al alcance de todos.

De los casi 8 km de conjunto urbano de Playa Blanca, con modernos y buenos hoteles, destaca la presencia del citado castillo y de un amplio y largo paseo marítimo, con una notable vitalidad comercial, hostelera y de una intensa actividad nocturna.

● ● ● ● ● ● ● ●
📷 www.marinarubicon.com

En la profundidad de estas claras aguas, en la *bahía de Las Coloradas,* se encuentra el **Museo Atlántico,** primer museo submarino de Europa, obra del artista Jason deCaires Taylor, cuyo enclave fue elegido fundamentalmente por las características físicas del suelo submarino. Las esculturas se encuentran entre 15 y 17 m de profundidad, abarcando una superficie de 2.500 m².

Desde el **castillo del Rubicón** (o Torre del águila) se ve el barco fondeado y rodeado de boyas, aquí se encuentran las figuras sumergidas y la embarcación que hace de central de entrada y salvamento. El museo aspira a crear un gran arrecife artificial con las esculturas de hormigón de pH neutro que, con el transcurso del tiempo, servirán para incrementar la biomasa marina.

Dirigiéndonos hacia el extremo oriental de la costa, llegamos a conocer las majestuosas *playas de Papagayo,* que forman un espacio natural protegido dentro de los límites del macizo volcánico de *Los Ajaches.* Allí se suceden cinco playas completamente libres de edificaciones (*playa Mujeres, El Pozo, caleta del Congrio, Puerto Muelas* y *El Papagayo*), todas ellas de fina arena dorada, además de pequeñas calitas en muchas de las cuales se practica el nudismo. Son playas ciertamente muy frecuentadas en verano, pero nunca se percibe esa sensación de saturación propia de los centros turísticos de la isla. Las aguas son transparentes, muy tranquilas y de

Museo Atlántico

- ✉ Ubicación: 28° 51' 44.36" Norte - 13° 48' 0.59" Oeste.
- ✉ Dirección de contacto: calle Lanzarote, 1. Playa Blanca.
- ☎ 928 518 668.
- ⌚ https://underwatermuseum lanzarote.com/es/
- 🕐 Consultad horario y condiciones en la web.
- ℹ️ Las excursiones al Museo Atlántico se llevan a cabo por Dive College Lanzarote, situado en Playa Blanca.

◀ Playa del Papagayo.

Salinas de Janubio
- ✉ Camino de los Hervideros, s/n. Yaiza.
- ☎ 928 804 398.
- 🌐 www.salinasdejanubio.com
- 🕐 Visitas guiadas, todos los días a las 10 h, 12 h, 14 h y 16 h.
- 🎫 Visita guiada y cata flor de sal: 22 € (adulto), 10 € (niño).

▼ Salinas de Janubio.

▼ Los Hervideros.

intenso color azul turquesa. Playas, en definitiva, de aspecto caribeño, que constituyen uno de los mejores puntos para bañarse en Lanzarote, siempre con vistas al islote de Lobos y a Fuerteventura. Precisamente, hay que recordar también que desde el puerto de Playa Blanca parten los ferris hacia Corralejo, en **Fuerteventura,** y que el trayecto hasta la isla vecina solo dura unos 20 minutos.

En el extremo opuesto a la **punta del Papagayo** está la **punta Pechiguera,** con un viejo faro. Remontando el litoral unos dos kilómetros desde el faro, hacia el norte, se llega a otro buen lugar para el baño: **Los Charcones.** Se trata de unas piscinas naturales formadas entre los caprichosos recovecos de la roca volcánica, cuyas aguas son renovadas constantemente por el mar. El lugar es poco conocido, solo puede accederse a pie y, por tanto, está poco frecuentado, lo que ofrece la oportunidad de disfrutar del mar lanzaroteño muy relajadamente.

❙ SALINAS DE JANUBIO ★★
Conviene ahora dejar el sur de la isla a través de la carretera LZ 2, en dirección a Yaiza. Tras haber recorrido unos 9 km entre un agreste paisaje aparece ante la vista una de las panorámicas más fascinantes de cuantas pueden verse en Lanzarote: al pie de los riscos está la extensa cuadrícula de las **salinas de Janubio.** La vista es espectacular, porque las salinas se extienden sobre una especie de laguna interior cuarterada por los centenares de piscinas en las que se obtiene la sal y que componen un conjunto de diferentes tonalidades.

▲ El Golfo.

Creadas en 1895, estas salinas aún se explotan en la actualidad con métodos tradicionales y conservan, además de las piscinas realizadas con muros de piedra volcánica, algunos viejos molinos, edificaciones salineras, hornos de cal y todo un conjunto de gran valor etnográfico. La Bodega Janubio es el punto de envase y venta de la sal, y donde comienzan y terminan las visitas guiadas.

Junto a las salinas está la *playa de Janubio,* flanqueda por la denominada punta del Volcán.

I LOS HERVIDEROS ✱✱

La misma carretera que desciende hasta las salinas de Janubio prosigue luego hacia el norte siguiendo la costa, entre un mar de lava negruzca y con la Montaña Bermeja en el interior.

Junto a la costa se halla lo que se conoce como *Los Hervideros,* uno de los fenómenos geológicos más curiosos de Lanzarote. El enfriamiento y solidificación de la lava más superficial hizo que se formaran tubos o toberas subterráneos que, como el mar de lava, alcanzan hasta la misma línea de costa; cuando las olas del mar golpean sobre la roca del litoral, el agua penetra en los tubos y adquiere presión debido a la estrechez de los orificios, de forma que sale a la superficie por diversos puntos a gran velocidad, como si se tratara de mangueras a presión. Todo un espectáculo.

I EL GOLFO ✱✱

Después de Los Hervideros se abre la breve *playa Montaña Bermeja,* y pocos kilómetros más adelante, siempre siguiendo la línea de costa, se llega

Los Hervideros
- Parque Natural de Los Volcanes. Arrecife.
- www.tinajo.es
- A cualquier hora. Cuenta con caminos de piedra visiblemente delimitados para realizar una visita segura; también existen una especie de balcones para admirar la bravura del mar al llegar a esta zona. Buena señalización.

hasta otro sorprendente fenómeno de hidrovulcanismo: la ***playa del Golfo.*** Su peculiaridad radica en que en medio de la playa hay un pequeño lago de aguas intensamente verdes, el ***lago de los Clicos,*** que corresponde a la oquedad de un antiguo cráter donde queda retenida el agua. El acantilado, el lago y los arenales negros que rodean al lago forman un conjunto paisajístico excepcional.

Al norte de la playa se halla el pequeño núcleo de **El Golfo.** Desde allí se inicia la ruta a pie que permite atravesar todo el Parque Nacional de Timanfaya junto a la costa, en una caminata que requiere entre 4 y 5 horas.

YAIZA

Desde El Golfo hasta Yaiza hay 5 km por una carretera que se aleja del litoral para rodear Timanfaya.

Cabeza del vasto municipio que abarca todo el sur insular, Yaiza es una población de arquitectura blanca y sencilla, bien cuidada, y de urbanismo armónico. Incluso su **iglesia** parroquial **de los Remedios** es un edificio simple, sin alardes ornamentales, pero de gran belleza. Fue construida a finales del siglo XVII y se estructura en tres naves con techumbre de madera. Frente a ella está la **Casa de Cultura Benito Pérez Armas,** una cons-

Casa de la Cultura Benito Pérez Armas
✉ Pza. de los Remedios, 1. Yaiza.
☎ 928 830 275.
🕐 Lunes a viernes, de 9 h a 13 h y de 17 h a 19 h.

▼ Espectacular playa de El Golfo.

trucción de estilo canario del siglo XIX en la que nació y vivió este escritor.

A la salida de Yaiza, a poco más de un kilómetro de esta localidad, se halla el caserío de **Uga,** renacido como el ave fénix sobre la antigua Uga que había quedado sepultada por las cenizas de las erupciones de Timanfaya de 1730-1736. Se trata de un grupo de casas blancas, de rústica y bella estampa en su conjunto, en el que ya se ve anunciada la existencia de algunas pequeñas bodegas entre sus calles. Es el primer indicio de que a partir de este punto nos adentramos plenamente en la región vinícola de La Geria.

| LA GERIA   ✶✶

En el caserío de Uga hay que tomar la carretera LZ 30, que lleva hasta Mozaga por el corazón de **La Geria**. Son unos 15 km de recorrido entre un insólito paisaje: una gran extensión de cenizas volcánicas, negruzcas y grises, que contrastan exageradamente con el verde de cactus, tuneras y tabaibas, pero, sobre todo, con las verdes hojas de la parra. De estética fascinante, el paraje constituye además un ejemplo único de la coexistencia entre el ser humano y la naturaleza, del esfuerzo por la supervivencia y del ingenio ante la adversidad.

Consejo Regulador de la DO Vinos de Lanzarote
📷 https://dolanzarote.com

Bodegas en el Consejo Regulador de la DO Lanzarote

Bodega Cohombrillo 4/24
Bodega El Morro
Bodega Erupción S.L.
Bodega Generación 63
Bodega Jable de Tao
Bodega José Miguel
   Morales Morín
Bodega La Geria
Bodega Rocanegra
Bodega Titerok Akaet
Bodega Valle de Malpaso
Bodega Volcán del Sol
Bodega Vulcano
Bodegas El Grifo
Bodegas Guiguan
Bodegas La Florida
Bodegas La Grieta
Bodegas Los Bermejos
Bodegas Martinón
Bodegas Mochai
Bodegas Reymar
Bodegas Rubicón
Bodegas Stratvs
Bodegas Tierra de Volcanes
Bodegas Timanfaya
Bodegas Vega de Yuco
Finca Fajardo
Producciones Arráez Bravo
Tinajo Natural LN

https://dolanzarote.com

El paisaje está formado por un continuo de hoyos circulares de unos 6 m de diámetro excavados en las cenizas volcánicas para llegar a la capa inferior de tierra vegetal, y nuevamente recubiertos tras plantar la cepa para que las propias cenizas retengan la humedad en una zona en la que el volumen de precipitaciones apenas alcanza los 200 mm anuales; alrededor de cada planta, de cada cepa, se ha construido además un muro o zoco en forma de media luna con roca volcánica, sin argamasa, para proteger a la parra de los vientos cálidos. El resultado de este arduo trabajo de los campesinos conejeros es un lugar único en el mundo, un paraje absolutamente excepcional e inimitable en el que el desastre se convierte en belleza fecunda.

La producción vinícola que se obtiene en La Geria es limitada, pero de reconocida calidad. La variedad de uva que predomina es la malvasía, y la mayoría de vinos que se producen son blancos jóvenes, aunque hay excepciones a todo ello. Uno de los aspectos que suele sorprender a quien procede de la Península o de otros puntos de Europa es que la vendimia se inicia en julio, y el mosto termina su fermentación cuando en el continente europeo aún no se ha iniciado la recolección de la uva. Y también vale la pena comentar que hace pocos años en las bodegas El Grifo se elaboró el primer vino espumoso o champán de la isla, un *brut nature* al que llaman con gran acierto "espuma del volcán".

A lo largo del recorrido se irán viendo, a pie de carretera o en alguna de las escasas aldeas que se atraviesan, diversas bodegas productoras. A pocos kilómetros de Uga está la **Bodega La Geria,** fundada en el siglo XIX y con un edificio que mantiene las características de la arquitectura tradicional. Desde su ubicación se obtiene una amplia panorámica del soberbio escenario vitícola. La bodega está abierta al público y ofrece degustación de algunos de sus vinos de temporada.

Poco más al norte se hallan las **Bodegas Stratvs,** unas de las más modernas de la isla, equipadas con las últimas novedades tecnológicas. Son unas bodegas jóvenes, pero que rápidamente han logrado alcanzar la excelencia en sus productos. Pueden visitarse (visitas guiadas), y disponen de una tienda de exquisiteces y una sala de catas.

Finalmente se llega a **El Grifo,** inmejorable lugar para finalizar el recorrido vinícola. Esta zona forma parte del municipio de San Bartolomé, que abarca una pequeña parte del oriente de La Geria, lo que explicaría sin duda que en el escudo de esta loca-

lidad aparezcan cuatro verdes hojas de parra. En el lugar de **El Grifo** se halla la **bodega** del mismo nombre, no solo la más conocida de Lanzarote, sino también la más antigua de Canarias, fundada en 1775. Sus 40 ha de cuidadas viñas, con palmeras y otros árboles entre la lava, parecen más un jardín que una explotación agrícola.

Pero lo más interesante es que las instalaciones de la primitiva bodega han sido acondicionadas como **Museo del Vino El Grifo**. Su visita permite conocer las más antiguas prácticas de obtención del vino en la zona y admirar piezas como una bomba de trasiego de 1865, una encorchadora de 1870, las antiguas pisadoras de uva, una alquitara de cobre del siglo XVIII, viejísimos ebulloscopios y alambiques, la desfasada maquinaria sulfatadora y pulverizadora, el antiguo lagar donde se realizaba el pisado de la uva o el taller de tonelería. Además, el edificio es un modélico ejemplo de arquitectura tradicional lanzaroteña, sustentado por anchos muros de piedra volcánica y techado con vigas de madera procedentes, en su mayor parte, del desguace de los barcos. La visita culmina en un acogedor rincón de cata, donde puede degustarse, por ejemplo, un malvasía achampanado, perfecto final para este itinerario.

Museo del Vino El Grifo

✉ Ctra. Teguise-Uga (LZ 30), km 11. Bodegas El Grifo. San Bartolomé.

☎ 928 524 036.

🌐 https://elgrifo.com

🕐 De lunes a viernes, de 10.30 h a 18 h.

🎫 Visita con audioguía adultos: 15 €. Incluye la degustación comentada de dos vinos.

▼ Viñedos de La Geria.

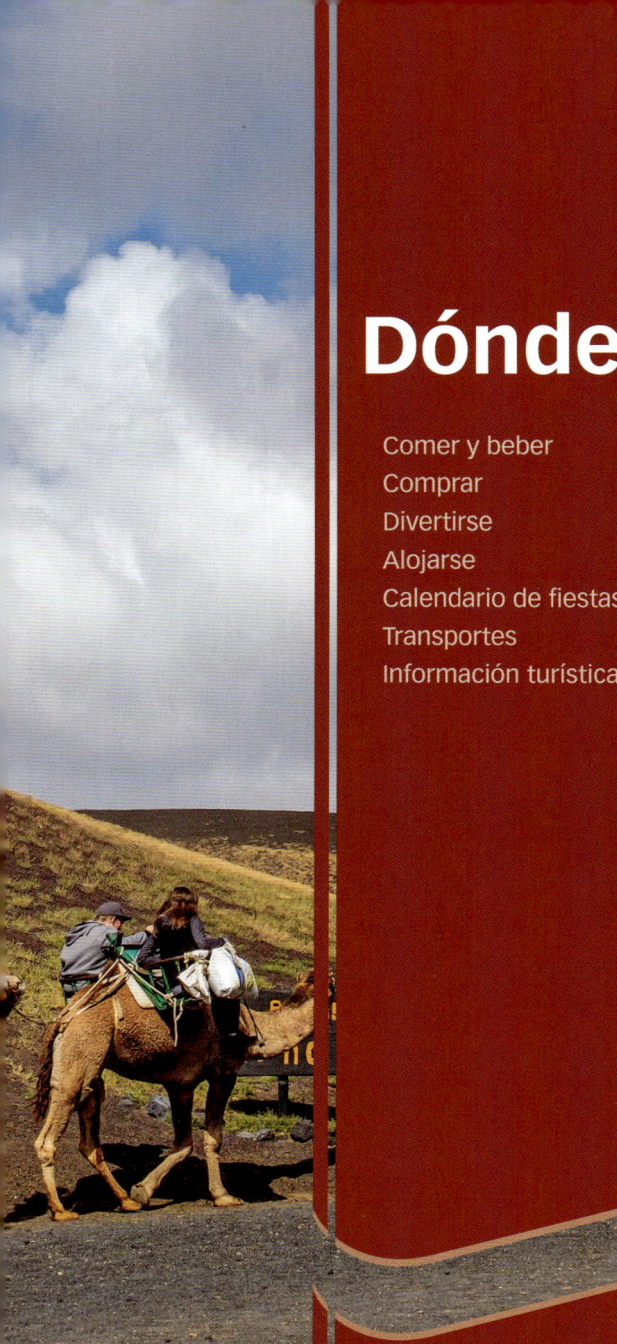

Dónde...

GASTRONOMÍA

El desarrollo del turismo en Lanzarote ha propiciado la existencia de restaurantes de todo tipo. El cosmopolitismo gastronómico resulta más propio de las grandes ciudades que de un pequeño territorio insular, especialmente en los centros turísticos (Costa Teguise, Playa Blanca, Puerto del Carmen…). Esto es una buena noticia, pero tiene una consecuencia menos positiva: la cocina tradicional lanzaroteña suele quedar relegada a un segundo plano. Sin embargo, es un error ignorarla. Hay que buscarla como una forma más –importante– de conocer la isla… y de disfrutarla. La principal característica de la cocina lanzaroteña es la simplicidad, como casi todo en la isla. La escasez de recursos naturales determina la existencia de una cocina tradicional sencilla. Pero si del árido paisaje volcánico o de la rústica arquitectura local nos impacta su belleza, también podremos disfrutar, y mucho, de la sencillez y la autenticidad de los platos lanzaroteños más típicos.

❚ Sopas y potajes

Hay tres sopas típicas de Lanzarote: el caldo de millo, la sopa de pescado y, sobre todo, el potaje, que es un primer plato muy habitual en las comidas domésticas (algo más difícil de encontrar en restaurantes). El potaje se prepara generalmente con alubias, garbanzos o lentejas, además de patatas y diferentes verduras según la temporada.

Más fácil de hallar en los menús es el puchero canario, un plato fuerte que se parece al cocido madrileño. Lleva papas en azafrán, maíz, garbanzos, trozos de carne de cerdo, chorizo y vegetales diversos. Si sobran garbanzos y carnes del puchero se utilizan para preparar un plato de composición simple y curioso nombre: "ropa vieja".

❚ Mojos

Empezamos por una salsa porque si algún elemento está presente casi en cualquier restaurante lanzaroteño es este. Los mojos son la principal seña de identidad de la cocina canaria, también en Lanzarote. Se trata de una salsa fría que tiene básicamente dos variedades: el mojo rojo o colorado, conocido también como mojo picón, y el mojo de ajo. El primero es parecido a la salsa de pimentón y es más picante, mientras que el mojo de ajo está elaborado, como su nombre indica, con ajo, cilantro fresco y perejil, que le otorga un color verde. De todas formas, hay decenas de variedades de mojo, casi tantas como permita la imaginación de quien los prepare y, de hecho, casi todas las localidades tienen su particular variedad local.

Los mojos se preparan en un mortero, con aceite, vinagre, ajo, azafrán, pimentón y hierbas, y se sirven como condimentos. Se utilizan, y mucho, para acompañar el pescado y la carne, aunque quizás lo más característico es tomarlos con las *papas* arrugadas. *Papas* y mojo es un clásico en todas las islas del archipiélago. Las *papas* arrugadas son pequeñas patatas que se hierven con su piel en agua de mar hasta que el agua se evapora; se dejan con la sal incrustada, lo que les da el aspecto arrugado del que proviene su nombre.

❚ Gofio

Todavía le gana al mojo, por tradicional y original, el gofio, que ya comían los aborígenes de las islas. Se trata sencillamente de harina de grano tosta-

do, de trigo o de millo (maíz), que, amasado, suele acompañar a las sopas o caldos formando la textura de un paté.

Un plato basado en el gofio, típico de Lanzarote, consiste en mezclar zumos vegetales con la harina de maíz, formando así una masa de gofio. Este plato se suele comer cogiendo la masa con las capas de la cebolla cruda a modo de cuchara. También se puede amasar el gofio con queso. De todas formas, no es fácil hallar el gofio en los restaurantes, especialmente en las zonas turísticas.

▮ Pescado

El pescado es el plato más común e ingrediente principal de la cocina lanzaroteña. Suele servirse con las salsas de mojo, ya sea rojo o verde. Antes de ir a Lanzarote conviene aprenderse algunos nombres, desconocidos en la Península pero que corresponden a los pescados más habituales en esa zona del Atlántico. El pescado más común es la sama, una especie de dorada de escamas rojizas, de carne blanca, que se cocina tanto cocida como a la plancha o al horno. Otros nombres son el cherne (mero), muy habitual en los restaurantes, y la vieja, un pescado propio de las Canarias que se cuece o se prepara a la plancha y se sirve con patatas cocidas y mojo (muy apreciada por la población local, merece la pena buscarla en las cartas). También interesantes son la cabrilla, que se prepara frita, los gueldes y el tollo (cazón), secado y cortado a tiras, de sabor fuerte y que se suele servir en salsa. De nombres ya más universales, la corvina, la dorada o el gallo son otros pescados fáciles de hallar. Uno de los platos más característicos es el sancocho, un guiso típico a base de cherne, corvina o burro, papas arrugadas, batata y mojo, que además se suele acompañar con gofio amasado con la propia agua del pescado, "sancochado" (cocido en agua), y queso blanco duro. Un aspecto que llama la atención es la posibilidad de comer salmón ahumado de excelente calidad, y es que Lanzarote tiene varias ahumaderías de salmón, una en Uga (la más veterana y reputada) y otra en Mácher. Con el marisco hay que ser cuidadosos. Es sabido que no en todas las zonas de costa se obtiene marisco de todo tipo y de calidad, aunque en muchos restaurante se empeñen en hacernos creer lo contrario. En Lanzarote es muy escaso: clacas, erizos, caracolillos, lapas y poco más. Sorprende lo de las lapas, a las que tienen mucha afición en la isla, y que se comen crudas o se cocinan sobre una

▮ Carnes

De entre las carnes, las especialidades lanzaroteñas son el conejo y, como en todo el archipiélago, el cabrito, que suele prepararse en salmorejo, cocinado con ajo y hierbas. Un plato muy común en los restaurantes de la isla es el cabrito frito, que suele servirse en trozos pequeños, a veces previamente adobado, y frito con generosidad de dientes de ajo. Y también es muy popular la carne de cabra, que se come en una especie de estofado.

Queso

La cabaña de cabras en Lanzarote es muy abundante. Ya hemos visto que tanto la propia carne de cabra como el cabrito son las estrellas en el capítulo de las carnes. Pero además, con la leche de cabra se elabora uno de los productos más conocidos de la isla, el queso. El queso de Lanzarote se prepara con leche cruda o pasteurizada de cabra de la raza majorera, que es la predominante en la isla, seguramente por su fácil adaptación al ambiente árido. Tras la coagulación, el resultado del proceso es prensado, pero no cocido.

El queso fresco tiene un aspecto, tanto externo como interno, de color blanco, y es de sabor suave y aroma delicado. Su corteza es muy fina, casi inexistente, y en sus bordes destaca el dibujo tradicional de la pleita de palma trenzada.

Los quesos madurados presentan en el exterior unas tonalidades distintas, que van del blanco marfil al pardo oscuro. Como en Fuerteventura, también aquí el queso se sirve habitualmente con aceitunas y como aperitivo.

parrilla con unas gotitas de aceite y vinagre o con mojo. De cualquier manera, este escaso marisco lo cogen los pescadores y sus mujeres en las rocas, y suele estar muy fresco. El pulpo también es fresco y de excelente calidad.

Vinos

Sobre la cultura vinícola de Lanzarote ocurre un hecho singular: es más famoso el paisaje que genera que el producto que se obtiene. Esto no es de extrañar si se tiene en cuenta la singularidad del paraje de La Geria, único en el mundo por sus características, pero también por el hecho de que la producción de vino en Lanzarote es escasa y no es fácil hallar vinos lanzaroteños fuera de la isla. La creación de la DO Lanzarote en 1993 dio impulso a una producción que décadas atrás se limitaba a satisfacer las necesidades domésticas e incluso amenazaba con desaparecer, con el consiguiente riesgo de pérdida del singular paisaje vinícola. La DO abarca toda la isla, no solo la región de La Geria, pues en realidad pueden verse viñedos esparcidos por muy distintos puntos de Lanzarote, y hay en la isla casi una veintena de bodegas productoras, la mayoría muy pequeñas. En más de tres cuartas partes de los hoyos que protegen a los viñedos se vendimia la uva del tipo malvasía, pero en la DO hay otras variedades autorizadas de uva blanca (burra blanca, breval, diego, listán blanco, moscatel y Pedro Ximénez). La malvasía se utiliza tanto para la elaboración de vinos blancos secos como para semidulces y dulces; con la variedad moscatel se elaboran principalmente vinos dulces, mientras que el resto se destina fundamentalmente a vinos blancos secos. En cuanto a la uva negra, se cultivan las variedades listán negra y negramoll, y se fabrica una pequeña cantidad de tintos de crianza tradicionalmente envejecidos en grandes barricas de 500 litros, aunque actualmente ya se utilizan barricas de menor capacidad.

De todas formas, la estrella de los vinos de Lanzarote es su famoso malvasía, que representa más de la mitad de la producción de vino blanco, ya sea seco, semiseco o dulce. Para el malvasía seco, que es el más apreciado de los vinos de la isla, las uvas maduras se prensan ligeramente y después el vino fermentado se envejece en barricas de roble durante dos o tres meses, para almacenarse a continuación en bodegas excavadas en la lava.

▌ Restaurantes

ARRECIFE

Castillo de San José
- ✉ Castillo de San José. Puerto de Naos, s/n.
- ☎ 928 812 321.
- 🌐 https://cactlanzarote.com
- 🍽 Precio medio: 35-40 €.

Comer o cenar en su espectacular terraza acristalada es todo un lujo ya que es uno de los lugares más destacados para apreciar la belleza de la marina de Arrecife. La gastronomía mediterránea es el punto de partida de su cocina, apostando por productos de proximidad y de gran calidad. Esta base la aderezan con unos toques de vanguardia que se traduce en platos con modernas presentaciones y atrevidas mezclas de sabores.

La Puntilla
- ✉ Avda. César Manrique, 51. El Charco de San Ginés.
- ☎ 928 816 042.
- 🌐 www.lapuntillacomidas.es.
- 🍽 Precio medio: 25-30 €.

Lugar acogedor con una carta variada y alguna sorpresa. Buena calidad del producto.

Cantina La Lupe
- ✉ Coronel Benz, 9.
- ☎ 828 086 120.
- 🌐 https://lalupecantina.com
- 🍽 Precio medio: 25-30 €.

Auténtica cocina mexicana fusionada con cocina canaria. Margaritas y tequilas de calidad.

Kokoxili Sushi
- ✉ Rambla Medular, 75.
- ☎ 928 817 135.
- 🌐 www.grupokokoxili.com

Cocina asiática de calidad, con gran variedad de platos y precios muy ajustados.

ARRIETA

El Chiringuito
- ✉ Playa de la Garita.
- 🍽 Precio medio: 15-20 €.

Comida variada y pescado fresco. Excelentes mojos. Buenísimo el bienmesabe. Gran ambiente junto al mar.

Casa de la Playa
- ✉ Playa de la Garita, 1.
- ☎ 928 173 339.
- 🍽 Precio medio: 20-30 €.

Restaurante de cocina marinera frente a la playa.

La Nasa
- ✉ La Garita, 62.
- ☎ 928 848 149.
- 🍽 Precio medio: 20-30 €.

Comida casera y pescado fresco. Especialidades: paellas, arroz negro y fideuá de marisco. También opciones vegetarianas.

CALETA DE FAMARA

Sol
- ✉ Montaña Clara, 48.
- ☎ 928 528 788.
- 🌐 www.restaurantesolfamara.com
- 🍽 Precio medio: 25-30 €.

Cocina canaria y conejera. Parrilladas de pescados y marisco fresco, arroces, morena frita, lapas, entre otros. Estupendas vistas.

El Risco
- ✉ Montaña Clara, 30.
- ☎ 928 528 550.
- 🌐 www.restauranteelrisco.com
- 🍽 Precio medio: 30 -35 €.

Uno de los mejores restaurantes de la isla. Cocina canaria tradicional reinterpretada por su chef. Pescados y productos locales como la gambita de La Santa o el crujiente de morena con chips de batata de jable o el arroz negro.

COSTA TEGUISE

La Bohemia
- ✉ Avda. Las Canarias, 11, local 6. Centro Comercial Los Charcos.
- ☎ 928 591 772.
- 🍽 Precio medio: 25-30 €.

El mejor de la zona. Necesario reservar, está siempre lleno. Uruguayo-argentino especializado en carnes. Platos generosos.

El Maestro
- ✉ Las Olas, 2.
- ☎ 928 826 001.
- 🌐 www.cesarrestaurantes.com
- 🍽 Precio medio: 40 €.

Cocina moderna e internacional con estupendas tapas, carnes, pescados y pasta. Gran terraza con jardines.

Taberna El Bocadito
- ✉ Avda. Islas Canarias, 15. Centro Comercial Los Charcos.
- ☎ 928 346 794.
- 🍽 Precio medio: 20-25 €.

Freiduría y buenas tapas. Agradable, con terraza.

FEMÉS

Balcón de Femés
- ✉ Plaza San Marcial, 5.
- ☎ 928 836 341.
- 🍽 Precio medio: 25-40 €.

Cocina típica canaria: carne de cabra, cabrito, conejo…

EL GOLFO

Casa Roberto Lago Verde
- ✉ Avda. Marítima, 46.
- ☎ 928 173 311.
- 🍽 Precio medio: 30 €.

Cocina marinera local. Pescado fresco con papas y mojo: sargo, dorada, viejas, bocinegros, gallos… Fantástica terraza.

El Caletón

- ✉ **Avda. Marítima, 66.**
- ☎ **650 064 693.**
- 🍴 **Precio medio: 25-30 €.**
Lapas, papaya con marisco, gofio escaldado, quesos de Lanzarote, paella…

HARÍA

Centro Cultural La Tegala

- ✉ **Plaza León y Castillo.**
- ☎ **696 900 652.**
- 🍴 **Precio medio: 15-20 €.**
Casa tradicional y centro de cultura. Cocina canaria típica abundante y a buen precio.

La Puerta Verde

- ✉ **Fajardo, 24.**
- ☎ **928 835 350.**
- 🍴 **Precio medio: 25-30 €.**
Platos originales, con excelente calidad y buen servicio.

LA GRACIOSA

El Marinero

- ✉ **García Escámez, 14. Caleta de Sebo.**
- ☎ **928 842 070.**
- 🍴 **Precio medio: 20-25 €.**
Pescados a la espalda, fritos o en caldo. También carnes rojas.

Enriqueta

- ✉ **Mar de Barlovento, 6.**
- ☎ **629 911 966.**
- 🍴 **Precio medio: 20-25 €.**
Carne, pescado, arroces caldosos. Pescado fresco.

LAS BREÑAS

Casa Marcos

- ✉ **La Cancela, 20.**
- ☎ **928 830 101.**
- 🍴 **Precio medio: 25-30 €.**
Especialidad en carnes a la brasa. Vistas increíbles.

MÁCHER

Asadero de Mácher

- ✉ **Carretera Tías-Yaiza 110, Camino de los Olivos, 4.**
- ☎ **928 527 432.**
- 🍴 **Precio medio: 25-30 €.**

Excelente calidad en los platos de cocina mediterránea que preparan y en las especialidades de parrilla.

NAZARET

Lagomar

- ✉ **Los Loros, 2.**
- ☎ **928 845 665.**
- 🌐 **www.lagomarlanzarote. com**
- 🍴 **Precio medio: 25-30 €.**
Local de moderna arquitectura, que aprovecha los peñascos de una cantera de roca volcánica. El edificio está realizado según un diseño original de César Manrique. Cocina mediterránea.

ÓRZOLA

La Maresía

- ✉ **Quemadita, 18.**
- ☎ **928 842 516.**
- 🍴 **Precio medio: 25-30 €.**
Cocina medierránea, además de opciones vegetarianas y veganas.

La Nasa restaurante El Norte

- ✉ **El Embarcadero, 6.**
- ☎ **928 848 327.**
- 🍴 **Precio medio: 20-30 €.**
Pescados y cocina local. Buenas vistas y excelente relación calidad-precio.

Os Gallegos

- ✉ **La Quemadita, 6.**
- ☎ **928 842 502.**
- 🍴 **Precio medio: 20-25 €.**
Pescado fresco. Buena parrillada de pescado.

Mirador El Roque

- ✉ **Peña de Señor Dionisio, 8.**
- ☎ **928 842 632.**
- 🍴 **Precio medio: 25-30 €.**
Cocina tradicional y sorpresas creativas en un lugar tranquilo con vistas al mar.

PLAYA BLANCA

Brisa Marina

- ✉ **Avda. Marítima, 97-99.**
- ☎ **928 517 206.**
- 🍴 **Precio medio: 25-30 €.**

Cocina canaria y marinera. De las bodegas mejor surtidas de la isla. Amable servicio.

Kampai

- ✉ **Princesa Yaiza Suite Hotel Resort. Avda. Papagayo, 22.**
- ☎ **928 519 300.**
- 🌐 **www.princesayaiza. com**
Exclusivo restaurante de cocina japonesa acorde a un alojamiento de su categoría, que cuenta con otro restaurante italiano, uno de tapas y un pool bar.

La Casa Roja

- ✉ **Puerto deportivo Marina Rubicón.**
- ☎ **928 519 644.**
- 🌐 **www.lacasaroja-lanzarote.com**
- 🍴 **Precio medio: 25-30 €.**
Especialidades en calamar en tempura con cebolla caramelizada y crujiente de queso, lomo de pescado con salsa de uva pasa y mango…

PLAYA QUEMADA

Salmarina

- ✉ **Avda. Marítima, 13.**
- ☎ **928 173 562.**
- 🌐 **www.salmarina restaurante.com**
- 🍴 **Precio medio: 25-30 €.**
Restaurante marinero en el pequeño pueblo pesquero de Playa Quemada. Agradable terraza junto al mar.

Casa Tino

- ✉ **Caserío Playa Quemada, 53.**
- ☎ **928 174 064.**
- 🍴 **Precio medio: 20-25 €.**
Pequeño local frente al mar. Pescados frescos.

PLAYA PAPAGAYO

Be papagayo - El Chiringuito

- ✉ **Punta del Papagayo, s/n.**
- ☎ **928 173 833.**
- 🍴 **Precio medio: 30-40 €.**

Vistas espectaculares de la playa del Papagayo, situado sobre la misma. Pulpo y atún a la plancha, deliciosas ensaladas.

PUERTO DEL CARMEN

La Cascada del Puerto
- ✉ Roque Nublo, 5.
- ☎ 928 512 953.
- 🌐 www.restaurante-lacascada.com
- 🍴 Precio medio: 30-40 €.

Magníficas carnes: cochino negro canario, cordero lechal, vaca de reserva mayor Txogitxu.

Toro Grill-asador
- ✉ Reina Sofía, 70.
- ☎ 682 450 024.
- 🍴 Precio medio: 25-35 €.

A la salida del pueblo. Magnífico sitio para una parrillada o un asado. Excelente presentación de los platos.

Mardeleva
- ✉ Los Infantes, 10.
- ☎ 928 510 686.
- 🍴 Precio medio: 30-40 €.

Vistas al puerto de La Tiñosa. Pescado fresco de sus propias capturas: samas, viejas, meros, salmonetes, sardinillas, atún, cabrillas, calamares…

PUNTA MUJERES

Jameos del Agua
- ✉ Jameos del Agua.
- ☎ 928 848 024.
- 🍴 Precio medio: 30-35 €.

Preparan cocina internacional en un ambiente excepcional. Su diseño retro, acompañado de música *chill out,* lo convierten en el escenario perfecto. Espectáculos los sábados.

SALINAS DE JANUBIO

El Mirador de las Salinas
- ✉ Los Molinos, 5.
- ☎ 928 171 316.
- 🌐 http://miradordelassalinas.com
- 🍴 Precio medio: 30-50 €.

Gran variedad de arroces y pescados con unas soberbias vistas a las salinas en un elegante local.

SAN BARTOLOMÉ

Monumento al Campesino
- ✉ Ctra. Arrecife-Tinajo. Mozaga.
- ☎ 928 520 136.
- 🍴 Precio medio: 20-30 €.

Cocina canaria donde poder degustar las mejores tapas de la cocina canaria: papas arrugadas, queso de cabra, atún escabechado, garbanzos de carne de cochino, entre otros. Situado en el edificio diseñado por César Manrique.

TEGUISE

Ikarus
- ✉ Pza. Clavijo y Fajardo, 6.
- ☎ 928 845 701.
- 🍴 Precio medio: 30-40 €.

Casona tradicional decorada con dos estancias principales y lo que fue el clásico patio canario como corazón del restaurante.

Selección de menús vegetarianos.

TIMANFAYA

Restaurante El Diablo
- ✉ Ctra. Tinajo-Yaiza, s/n.
- ☎ 928 801 500.
- 🍴 Precio medio: 30-35 €.

En pleno Parque Nacional. Para la cocción de sus platos se aproveche el calor natural del volcán.

TINAJO

Casa Ignacio
- ✉ Avda. de los Volcanes, 10.
- ☎ 928 838 003.
- 🍴 Precio medio: 15-20 €.

Buenas carnes, trato y precio. Excelentes el cabrito frito y las garbanzas. Carta de postres caseros muy sabrosos.

YAIZA

La Bodega de Santiago
- ✉ Montañas de Fuego, 27.
- ☎ 928 836 204.
- 🌐 https://labodegadesantiago.com
- 🍴 Precio medio: 30-45 €.

Casa del siglo XIX. Nominado en cuatro ocasiones a "Mejor Restaurante de Canarias".

YÉ

Volcán de la Corona
- ✉ Malpaís, 8.
- ☎ 678 181 456.
- 🍴 Precio medio: 25-35 €.

Deliciosas carnes, como el solomillo de toro, y verduras a la plancha. Servicio atento.

Tapeo

ARRECIFE

Tasca La Raspa
✉ **Avda. César Manrique, 20. Charco de San Ginés.**
☎ **928 808 405.**
Tapas y vinos de calidad. Buena relación calidad-precio. Albóndigas de choco, milhojas de pulpo o croquetas de cocido.

Malecón Restaurante & Copas
✉ **Avda. César Manrique, 6. Charco de San Ginés.**
☎ **928 813 562.**
Especialidad en chipirones, marisco, pescado y atún. Selección de ginebras. Lugar acogedor para el tapeo.

COSTA TEGUISE

La Tabla
✉ **Avda. Islas Canarias. Centro comercial Maretas.**
☎ **633 965 368.**
🏠 **https://latablafamily.com/**
Local emplazado en el centro comercial, con una amplia y acogedora terraza, con variedad de tapas y grill de carnes y pescados.

PUERTO DEL CARMEN

Taberna de Nino
✉ **Timanfaya, 2. Centro Comercial Playa Blanca.**
☎ **928 510 658.**

Tapas y pinchos originales y de alta calidad, a muy buen precio, en un acogedor bar.

SAN BARTOLOMÉ

El Moreno
✉ **Camino del Quintero, 24.**
☎ **928 520 287.**
Auténtico tapeo en la barra con ricos platos como gambas al ajillo, atún encebollado, sancocho, garbanzas, cabra vieja… todo acompañado con vino de la zona.

Casa Tere
✉ **Avda. Playa Honda, 33.**
☎ **928 8217 06.**
Cocina casera con platos abundantes y bien preparados: papas con mojo, pulpo, puntillas, gambas… Con terraza frente al mar. Buen lugar para ir con niños.

Bar La Plaza
✉ **Plaza León y Castillo, 10.**
☎ **601 511 349.**
Lugar perfecto para tapear o comer en el centro del pueblo. Comida casera y ambiente familiar.

TÍAS

La Ermita tapas bar
✉ **Av. Central, 63.**
☎ **928 524 076.**
Lugar acogedor con buenas tapas. Buen precio y servicio atento.

UGA

Casa Gregorio
✉ **Joaquín Rodríguez, 17.**
☎ **928 836 997.**
🏠 **https://restaurantecasagregorio.com**
Cocina tradicional, casera, y vino local.

Casa Juan
✉ **Las Malagueñas, 2.**
☎ **928 830 090.**
Puchero canario, queso frito. Ambiente agradable y tranquilo.

Bodega Uga
✉ **Ctra. Playa Blanca-Arrecife, km 21.**
☎ **928 830 147.**
Carta breve pero buena, pulpo a la brasa, chipirones, atún. Vinos de la tierra. Con una agradable terraza exterior. Trato excelente y ambiente acogedor.

YAIZA

El Chupadero
✉ **La Geria, 3.**
☎ **928 177 365.**
Finca-bodega especializada en vinos y tapas. Se trata de una vieja casona reformada, ubicada en medio del paraje vinícola de La Geria, con vistas a las Montañas del Fuego. Un lugar realmente muy recomendable. Carta no muy extensa, pero cuidada. Tranquilidad y paisaje.

Compras

Las principales zonas comerciales de la isla se hallan en Arrecife y en los grandes centros turísticos. Pero también en el resto de poblaciones se abren muchas posibilidades gracias a los mercados itinerantes especializados.

ARRECIFE
El núcleo comercial en la capital se concentra en la **calle León y Castillo** y **alrededores,** así como las **avenida del paseo marítimo** y las calles **Manolo Millares, Fajardo y Canalejas,** en las que podemos encontrar todo tipo de establecimientos

orientados al turismo, en el que los precios suelen ser muy competitivos para el turista.

Los mercadillos son una tradición en la isla, destacando en la capital el antiguo mercado de artesanía de **La Recova** (junto a la iglesia de San Ginés; sábados de 9 h a 14 h). De estilo neocolonial, está dispuesto en 2 grandes plantas, con patios abiertos, ofreciendo un espacio de compras pero también el lugar adecuado para hacer un descanso en el recorrido turístico por la capital de la isla.

ARTESANÍA Y GASTRONOMÍA

Para la artesanía tradicional y los productos gastronómicos de la isla, hay que saber que en todos los **Centros de Arte y Cultura** hay un espacio dedicado a su venta. Destaca especialmente, para la artesanía, el del **Monumento al Campesino**.

Otro escenario perfecto para ver y comprar artesanía y productos lanzaroteños son los **mercadillos de Haría** (pza. de la Constitución; sábado, de 9 h a 14 h), **Marina Rubicón** (miércoles y sábado, de 9 h a 14 h) con gran variedad y calidad de productos, o el **mercado Agrícola y Artesanal de Tinajo** (domingo, de 9 h a 14 h) con forma de U, distribuido por rastros de piedra que se organizan por productos agrícolas, ganaderos, productos pesqueros, y de artesanía. Es perfecto para quedarse con un recuerdo de lo más tradicional y auténtico de Lanzarote degustando una muestra de tafeña (tostado de millo) o probar el gofio.

TEGUISE

Teguise merece un comentario especial en el capítulo de las compras, ya que en su casco antiguo se halla un coqueto comercio de productos tradicionales, y uno de los **mercadillos** de productos artesanales más afamados de la isla (domingo, de 9 h a 14 h). Los quesos y vinos al igual que los elaborados a base de cactus y aloe son los productos estrellas. Aparte, es un sitio donde los artistas locales suelen vender sus trabajos. Por su originalidad no podemos dejar de mencionar las simpáticas figuras de "Los Novios de El Mojón", una pareja de novios con grandes atributos sexuales que antiguamente intercambiaban los prometidos. También en la visita a esta villa no se deben pasar por alto establecimientos como **Artesanía Lanzaroteña** (pza. de la Constitución, 12; telf. 928 845 106, cerámica típica, textiles, bisutería y objetos de regalo), **Emporium Home Deco** (Notas 15, en el curioso edificio del antiguo cine. Telf. 928 845 069, https://emporium.es/es), el **Bazar de Artesanía** (pza. San Francisco, 4, telf. 928 845 466) alfarería y mantelería artesanal. **Galería de Arte Ángel Cabrera** (Hotel Meliá Salinas. Costa Teguise. Telf. 653 955 032. https://angelcabrera-art.com) acuarelas, cerámica, sedas. Teguise es el mejor lugar para quienes deseen comprar un timple, el instrumento musical más típico de Canarias.

También hay que destacar el **Paseo Artesanal de Costa Teguise** (miércoles de 18 h a 22 h), auténtico mercado artesano ubicado en un lugar incomparable diseñado por el artista César Manrique, como es el Pueblo Marinero de Costa Teguise, donde poder comprar un original regalo y conocer a su creador, además de disfrutar de música en directo, agradables terrazas y animación infantil.

❚ Cafés

ARRECIFE

San Francisco
✉ León y Castillo, 10.
☎ 928 813 383.
Buen lugar para desayunos y meriendas, con churros y chocolate. La terraza es bastante agradable.

Blue 17 Rooftop Bar
✉ Arrecife Gran Hotel. Parque Islas Canarias.
📱 www.aghotelspa.com

Cafetería del Arrecife Gran Hotel, edificio que destaca por su altura entre la modesta fachada marítima de Arrecife. Está ubicada en la 17ª planta del edificio, por lo que ofrece unas vistas espectaculares.

COSTA TEGUISE

Bonbon Café
✉ Av. de las Islas Canarias 15.
☎ 673 844 678.
📱 www.bonboncafe lanzarote.com
Estupendo lugar para desayunar tanto dulce como salado. Buen *brunch* y zumos de fruta fresca.

Villa Toledo
✉ Avda. Los Cocederos. Playa Bastián.
☎ 928 590 626.
📱 https://restaurantevilla toledo.com

El restaurante Villa Toledo ofrece una de las más agradables terrazas junto al mar de toda esta gran zona turística. Ideal para tomar relajadamente un café, una cerveza o un batido.

HARÍA

Mirador del Río

📍 https://cactlanzarote.com

Una de las principales actuaciones de César Manrique en el conjunto del Mirador del Río es la terraza-cafetería, que permite sentarse a disfrutar de unas vistas espectaculares frente a unos amplios ventanales. Cobran entrada.

PLAYA BLANCA

Santo Zumo

✉ Tegala, 1.
☎ 627 741 522.

Buen lugar para desayunar, con una gran variedad de zumos, pasteles y productos caseros. Una opción para merendar al volver de la playa.

PUERTO DEL CARMEN

Amura

✉ Urb. Puerto Calero.
☎ 928 513 181.
📍 https://restaurante amura.com

Situado en Puerto Calero, al sur de Puerto del Carmen, el Amura es uno de los restaurantes más prestigiosos de Lanzarote, al que suelen acudir los famosos que se pasan por la isla y cuya minuta, evidentemente, no es barata. Por ello, puede visitarse tan solo para tomar un café o

un refresco, y disfrutar de su terraza.

TEGUISE

Casa Cejas

✉ Pza. San Francisco, 5.
☎ 928 845 101.

Quizás el café de aspecto más señorial en Lanzarote. Ocupa una vieja casona del casco antiguo de Teguise, con sus mesas de mármol y sus sillas de madera, y con un acogedor patio interior.

Hespérides

✉ León y Castillo, 3.
☎ 928 593 159.

Otra opción muy agradable en una casa de arquitectura tradicional lanzaroteña (casa León). Todo tipo de elaboraciones con cafés y tés.

❚ Niños

Aquapark Costa Teguise

✉ Avda. el Golf, s/n.
☎ 928 592 128.
📍 https:// aquaparklanzarote.es
🍽 Adultos: desde 19 €. Niños: desde 15 €.

El mayor parque temático de Lanzarote. Atracciones acuáticas para toda la familia, piscinas, tirolinas, *paintball indoor*, cars y mucha diversión…

Club Santa Rosa

✉ Avda. del Mar, 19 (Costa Teguise).
☎ 828 124 810.
📍 www.clubsantarosa. com

Todo tipo de juegos para niños que se complementan con oferta para los adultos.

Lanzarote Aquarium

✉ Centro Comercial El Trébol. Avda. Las Acacias, s/n (Costa Teguise).

☎ 928 590 069.
📍 https://aquarium lanzarote.com
🍽 Adultos: 16 €. Niños: 11 €.

Treinta y tres acuarios con un gran número de especies marítimas propias del litoral canario. Se puede practicar el buceo en el Oceanarium, la piscina principal del Aquarium, donde hay tiburones, además de otras especies, sin certificado de submarinismo.

Rancho Texas Lanzarote

✉ Alcalde Cabrera Torres, s/n, prolongación calle Noruega (Puerto del Carmen).
☎ 928 516 897.
📍 https://ranchotexas lanzarote.com
🍽 Entrada al parque: 42 € (adultos) y 28 € (niños).

Exhibiciones de animales, rapaces, papagayos, leones marinos, mapaches, tigres blancos, cocodrilos… Se

puede montar en canoa o en pony. Ofrecen un show de lazo vaquero, piscinas, cocina tejana y la "Noche Country".

Aqualava Water Park

✉ Avda. de Gran Canaria, parcela, 26. Montaña Roja (Playa Blanca).
☎ 673 808 560.
📍 www.aqualava.net
🍽 Adultos: 25 €. Niños: 18 €.

Parque acuático que homenajea al espectacular paisaje volcánico de la isla.

Museo de la Piratería

✉ Castillo de Santa Bárbara. Montaña de Guanapay (Teguise).
☎ 928 594 802, 686 470 376.
📍 https://turismo lanzarote.com

Historia de la piratería en Canarias con vídeos con la historia de los piratas y barcos más famosos.

Vida nocturna

También el ambiente nocturno lanzaroteño se concentra fundamentalmente en los grandes centros turísticos y en la capital de la isla.

ARRECIFE
La noche de los viernes y sábado, empieza a coger forma en el entorno del Charco de San Ginés. Bares como **La Miñoca** (avda. César Manrique, 22) son ideales para empezar la noche. Desde cafetería del **Islote de Fermina** (abierta desde las 10 h) se tienen unas vistas impresionantes del océano y de la fachada marítima de Arrecife. Sobre la 1 h la gente se desplaza poco a poco hacia la zona del parque José Ramírez Cerdá. **El Callejón Liso** (Luis Morote, 6), disco pub abierto en una antigua casa tradicional, es uno de los pubs más antiguos de la capital. En el puerto, **Karma Lanzarote** (avda. Olof Palme, s/n) es una coctelería con un ambiente agradable donde se puede bailar que también programa conciertos.

PUERTO DEL CARMEN
Es el núcleo turístico más antiguo de la isla y, por tanto, es donde se hallan los pubs y discos más veteranos. Cuenta con dos zonas principales de ambiente nocturno: los alrededores del puerto de El Varadero y la avenida de Las Playas. En la primera se concentran los restaurantes y locales de tapas donde cenar, para empezar a continuación con las primeras copas en las terrazas abiertas al mar, como la de la **cervecería San Miguel** (buenos mojitos) o

Heineken Varadero, que ofrece buenos cócteles. Frente a las playas de Puerto del Carmen se suceden un buen número de locales de distinto pelaje, muchos de ellos, concentrados en el **C.C. Atlántico**. El **Café la Ola**, ofrece zona *chill out* y los fines de semana dj y en verano, un show brasileño. Junto al él, se encuentra el **Gran Casino de Lanzarote**, que cuenta con una de las mejores selecciones de ginebra de la isla. Ya más avanzada la noche hay que dirigirse hacia la zona de Playa Grande para conocer el **Ruta 66**, que recuerda al soho londinense, o el **Beach Terrace Fariones**, debajo del hotel y con una privilegiada terraza a pie de mar.

COSTA TEGUISE
Lo mejor de la noche tiene la ventaja de hallarse muy concentrado en **Pueblo Marinero** (en el C.C. Las Cucharas), un conjunto arquitectónico de estilo tradicional canario, que le confiere un encanto especial a este lugar de ocio en el que se suceden restaurantes, bares y pubs. Los miércoles hay mercadillo y conciertos en la pérgola. De los locales, destaca **Las Brasas Flamenco Bar**, bar típico andaluz con muy buen ambiente. Un lugar nocturno que cuenta con un atractivo diferente en el Pueblo Marinero, es el **Hook Cocktail Bar**, que hace de su estancia principal un tributo al mundo pirata. Apuesta sobre seguro con la música: soul, pop, rock... Su terraza resulta muy agradable. Otro local es **The Snug**, pub irlandés que ocupa el antiguo quiosco central del centro comercial.

En el Centro Comercial La Plaza Tandarena (avda. Islas Canarias) se encuentra el **Jesters**, con karaoke. Por último, en el interior de esta parte norte de la isla, cerca de Teguise, está **La Cueva de LagOmar** (Los Loros, 2. Nazaret), junto al restaurante del mismo nombre. Se trata de un local muy especial, pues aprovecha las paredes de una vieja cantera, con cavidades y pequeñas cuevas, para crear distintos ambientes, del más marchoso al más relajante, y conformando un conjunto realmente agradable.

PLAYA BLANCA
En el sur de la isla, Playa Blanca es otro de los puntos de concentración de la vida nocturna, especialmente alrededor de su avenida marítima, aprovechándose de su extraordinaria ubicación con vistas a la vecina isla de Fuerteventura. En la primera línea del Puerto Deportivo Marina Rubicón hay locales con amplias terrazas, vistas espectaculares y ambientes relajados.
La noche se extiende hasta bien entrada la madrugada, en terrazas como **One Sailors Bar**, también en Marina Rubicón, en el faro, literalmente con el agua en los pies y con buena música. No muy lejos está **Centro Comercial El Pueblo**, en primera línea de Playa Dorada, que cuenta con locales de ambientes variados (unos juveniles y de música electrónica, otros de ambiente tranquilo y los clientes de mediana edad). También es obligado citar los lujosos bares del **Hotel Princesa Yaiza**, con actuaciones en vivo y conciertos de jazz.

Deportes

EQUITACIÓN

Lanzarote a caballo
- ✉ Ctra. Arrecife-Yaiza, km 17.
- ☎ 626 593 737.
- 🌐 https://lanzarote acaballo.com
- 🎫 Desde 25 €.

Paseos a caballo o en camello, *paintball* y rutas en *buggies*.

GOLF

Costa Teguise Golf
- ✉ Avda. El Golf, s/n.
- ☎ 928 590 512.
- 🌐 https://lanzarote-golf.com

Lanzarote Golf
- ✉ Ctra. Tías-Puerto del Carmen, s/n.
- ☎ 928 514 050.
- 🌐 https://lanzarotegolf.com

PIRAGÜISMO

Kayak de Mar
- ✉ Hotel The Mirador Papagayo. Playa Blanca
- ☎ 928 585 636.
- 🌐 www.kayak lanzarote.com

PUERTOS DEPORTIVOS

Puerto de Arrecife-Naos
- ✉ Muelle de Los Mármoles.
- ☎ 928 300 404.

Puerto del Carmen
- ✉ Tías.
- ☎ 828 181 149.

Puerto Calero
- ✉ Urb. Puerto Calero. Edif. Varadero, 2ª pl.
- ☎ 928 510 850.

Marina de Rubicón
- ✉ Urbanización Castillo del Águila. El Berrugo, 2. (Playa Blanca).
- ☎ 928 519 012.

Puerto de Playa Blanca
- ✉ Yaiza.

Puerto de La Graciosa
- ✉ Caleta de Sebo.
- 🌐 https:// puertoscanarios.es

SUBMARINISMO

Rubicón Diving
- ✉ Centro de buceo Marina Rubicón. Playa Blanca.
- ☎ 928 349 346.
- ✉ Centro de buceo Puerto Calero.
- ☎ 928 849 544.
- 🌐 www.rubicondiving. com

Scuba Legends
- ✉ C. C. Puerto cinco, local 50. Anzuelo, 54 (Puerto del Carmen).
- ☎ 662 091 468.
- 🌐 https://scuba-legends. com

Pura Vida
- ✉ Avda. Islas Canarias, 1. Playa Blanca. C.C. Punta Limones, local 33.
- ☎ 620 281 900.
- 🌐 http://puravida lanzarotediving.com

Centro de Buceo La Graciosa
- ✉ Avda. Virgen del Mar, local 119A. Caleta del Sebo. La Graciosa.
- ☎ 629 451 430.
- 🌐 https://buceolagraciosa. com

SURF Y KITESURF

Las costas de Lanzarote son apreciadas por los amantes de estos deportes. Calas como las de Montaña Amarilla, Playa Francesa, El Corral, San Juan y el muelle de Famara, Caleta Caballo, Caletón Blanco, Jameos, Punta Mujeres… son escenarios en los que se mueven los surfers, aunque sus preferidas, y a las que acuden practicantes de todo el mundo, son las playas de La Santa y El Quemao, en el noroeste de la isla. Para el *kitesurf*, las playas de Famara y de Guacimeta son las más apreciadas.

Franito Surf School
- ✉ Timón, 41. La Santa.
- ☎ 669 075 970.
- 🌐 https://franitosurfhome. com

Surf San Juan Lanzarote
- ✉ Av. El Marinero, 5. Famara.
- ☎ 620 186 161.
- 🌐 www.surfsanjuan lanzarote.com

Calima Surf
- ✉ Avda. El Marinero, 13. Caleta de Famara. Teguise.
- ☎ 626 913 369.
- 🌐 https://calima surf.com

WINDSURF

Para los amantes del *windsurf*, las playas de Punta Mujeres, Las Cucharas y Los Charcos de Costa Teguise y Guacimeta, en Playa Honda, son las mejores para la práctica de este deporte.

Kaboti Surf school
- ✉ Don Jaime Quesada El Maestro, 12. Playa Blanca.
- ☎ 696 856 789.
- 🌐 www.kabotisurf.com

Windsurfing Club Las Cucharas
- ✉ C.C. Las Maretas. Marajo.
- ☎ 928 590 731.

❙ Alojamiento

ARRECIFE

Arrecife Gran Hotel & Spa*****

- ✉ Parque Islas Canarias.
- ☎ 928 800 000.
- 🖥 www.aghotelspa.com
- 🛏 Habitación doble: desde 165 €.

Lujo y comodidad junto a la playa de El Reducto. Alberga el restaurante *Alarz Bahía Club* con vistas panorámicas y una excelente carta de cocina tradicional.

Hotel Lancelot***

- ✉ Avda. Mancomunidad, 9.
- ☎ 928 805 099.
- 🖥 https://hotellancelot.com
- 🛏 Habitación doble: desde 110 €.

Frente a la playa de El Reducto. Habitaciones amplias y modernas, con excelentes servicios.

Hotel Miramar***

- ✉ Avda. Coll, 2.
- ☎ 928 810 438.
- 🖥 www.hmiramar.com
- 🛏 Habitación doble: desde 105 €.

A 2 minutos de la playa. Habitaciones luminosas.

ARRIETA

Caleta Campos Bungalows

- ✉ Caleta del Campo.
- ☎ 658 952 518.
- 🖥 https://caletacampos. com
- 🛏 Habitación doble: desde 70 €.

Doce bungalós con vistas al mar. Tranquilidad asegurada.

Finca de Arrieta - Eco Retreat

- ✉ Avda. Islas Canarias 12. C.C Las Maretas, local 33.
- ☎ 928 826 720.
- 🖥 https://lanzarote retreats.com

Casas de vacaciones, que van desde yurtas mogolas y cabañas tradicionales a las villas de lujo. Zonas de relajación comunes y aventuras para los niños.

CALETA DE FAMARA

Bungalows Playa Famara

- ✉ Cascabelillo, 2.
- ☎ 928 845 132.
- 🖥 www.bungalows playafamara.com
- 🛏 Precio medio: desde 65 €.

Bungalós y villas en una de las zonas más bonitas de la isla. Entorno paradisíaco.

COSTA TEGUISE

Hotel Paradisus by Meliá Salinas Lanzarote*****

- ✉ Avda. Islas Canarias, s/n.
- ☎ 928 590 040.
- 🖥 www.melia.com
- 🛏 Habitación doble: desde 300 €.

Hotel de lujo para adultos rodeado por dos playas de arena blanca. Varias piscinas con forma de laguna.

Hotel Beatriz Costa & Spa****

- ✉ Atalaya, 3.
- ☎ 928 590 828.
- 🖥 www.beatrizhoteles. com
- 🛏 Habitación doble: desde 150 €.

El complejo cuenta con un centro deportivo, piscinas en un jardín tropical y centro de talasoterapia.

Grand Teguise Playa****

- ✉ Avda. del Jablillo, 1.
- ☎ 928 590 654.
- 🖥 www.teguise playahotel.com
- 🛏 Habitación doble: desde 160 €.

A escasos metros de la playa. El restaurante buffet *El Jabillo* sirve almuerzos y cenas a base de platos de la cocina mediterránea.

H10 Suites Lanzarote Gardens****

- ✉ Avda. Islas Canarias, 13.
- ☎ 928 590 100.
- 🖥 www.h10hotels.com
- 🛏 Habitación doble: desde 139 €.

Alojamiento ideal para familias con niños, con espacios y actividades pensados para los más pequeños.

Hotel THB Lanzarote Beach****

- ✉ Plaza Janubio, 2.
- ☎ 928 827 260.
- 🖥 www.thbhotels.com
- 🛏 Habitación doble: desde 123 €.

Hotel todo incluido con acceso directo a la playa de Las Cucharas.

EL GOLFO

El Hotelito del Golfo***

- ✉ Avda. Marítima, 6.
- ☎ 928 173 272.
- 🖥 www.hotelitodelgolfo. com
- 🛏 Habitación doble: desde 80 €.

Hotel rural de ambiente familiar y atmósfera relajada. Habitaciones espaciosas y bien equipadas con vistas tanto a la zona de lava como al mar. Piscina de agua salada.

Casa Rural Caletón del Golfo

- ✉ Avda. Marítima, 3.
- ☎ 659 713 728.
- 🖥 www.caletondelgolfo. com
- 🛏 Apartamento/día: desde 105 €.

Preciosa casa rural a pie de mar y colindando con el Parque Nacional de

Timanfaya.Cuenta con tres apartamentos totalmente equipados dispuestos en torno a un patio con aljibe. Amplia terraza con piscinas de agua dulce. Recomendable.

HARÍA

Casa rural Villa Lola y Juan

- ✉ Fajardo, 16.
- ☎ 928 835 256.
- 🖰 www.lolayjuan casarural.com
- 🛏 Habitación doble: desde 110 €.

Hotel rural en una antigua casona colonial, con habitaciones y apartamentos. Estos disponen de salón con sofá y zonas de cocina bien equipada. Terraza-jardín.

Delmás Hotel Emblemático

- ✉ El Palmeral, 1.
- ☎ 672 446 981.
- 🖰 www.delmashotel emblematico.com
- 🛏 Habitación doble: desde 160 €.

Villa emblemática construida en el s. XVIII en el casco urbano y rodeada de palmeras.

LA GRACIOSA

Evita Beach Apartamentos y Suites

- ✉ Avda. Virgen del Mar 59. Caleta de Sebo.
- ☎ 625 339 586.
- 🖰 www.evitabeach.club
- 🛏 Apto. de 1 dormitorio: desde 86 €.
  Suite desde 155 €.

Apartamentos equipados con vistas al mar. La suite de estilo colonial cuenta con 2 dormitorios.

PLAYA BLANCA

Princesa Yaiza Suite Hotel Resort*****L

- ✉ Avda. Papagayo, 22. Yaiza.
- ☎ 928 519 206.

- 🖰 www.princesayaiza. com
- 🛏 Habitación doble: desde 210 €.

De lo más lujoso de Lanzarote. Seis piscinas y varios restaurantes (entre ellos, el *gourmet Isla de Lobos*). También ofrece jacuzzi, talasoterapia y varios bares (*Mararía, Mencey, La Papaya*...).

H10 Timanfaya Palace****

- ✉ Gran Canaria, 1. Montaña Roja.
- ☎ 928 517 676.
- 🖰 www.h10hotels.com
- 🛏 Habitación doble: desde 150 €.

Renovado en un estilo contemporáneo, este hotel dirigido a los adultos cuenta con varios bares y restaurantes (*Kasbah*, con cocina de fusión mediterránea y árabe, *La Bocaina, La Geria*) además de un disco bar.

PUERTO DEL CARMEN

La Isla y el Mar Hotel Boutique****

- ✉ Reina Sofía, 23.
- ☎ 828 150 400.
- 🖰 www.laislayelmar.com
- 🛏 Habitación doble: desde 320 €.

Entre los 10 mejores hoteles de España en sostenibilidad. Vistas al Atlántico, piscinas al aire libre y zonas de hidromasaje.

Lani´s Suites Deluxe

- ✉ Avda. de las Playas, 26.
- ☎ 928 596 068.
- 🖰 www.lanissuites.com
- 🛏 Suites: desde 480 €.

Lujo en primera línea de playa. Recomendable solo para adultos.

Costa Volcán y Spa

- ✉ La Graciosa, 5.
- ☎ 928 511 225.
- 🛏 Apartamento: 75-90 €.

Apartamentos a 200 m de la playa. Piscina y balneario.

Bluesea Los Fiscos****

- ✉ Los Cabezos, 4.
- ☎ 928 514 819.
- 🛏 Apartamento: desde 75 €.

Apartamentos equipados a un kilómetro de Playa Grande.

Bungalows Villas Blancas

- ✉ Paseo de La Barrilla.
- ☎ 928 511 225.
- 🛏 Habitación doble: desde 170 €.

Sencillos pero en verdadera primera línea.

SAN BARTOLOMÉ

Hotel Finca de La Florida

- ✉ El Parral, 1.
- ☎ 928 521 124.
- 🖰 www.hotelfinca laflorida.com
- 🛏 Habitación doble: desde 187 €.

Hotel rural rodeado de viñedos. Espectaculares vistas a La Geria.

Caserío de Mozaga

- ✉ Malva, 8.
- ☎ 928 520 060, 628 170 133.
- 🖰 https://caseriode mozaga.com
- 🛏 Habitación doble: desde 105 €.

Caserío rural del siglo XVIII catalogado como Patrimonio Histórico de Lanzarote. Excelente restaurante de cocina innovadora. Vistas al paisaje volcánico.

TINAJO

Hotel Rural El Rancho Grande

- ✉ Seguidilla 1.
- ☎ 686 603 626.
- 🖰 www.el-rancho-grande.es
- 🛏 Habitación doble: desde 40 €.

Siete habitaciones en una antigua casa canaria junto a las Montañas de Fuego.

UGA

Casa el Morro

- ✉ El Morro, 1.
- ☎ 699 417 871.
- 🖥 https://casaelmorro.com
- 🛏 Alojamientos: 113-176 €.

Siete casas modernizadas totalmente equipadas y una yurta. Yoga, masajes y terapias naturales.

YAIZA

Casa de Hilario

- ✉ Los Rostros, 5.
- ☎ 928 836 262.
- 🖥 www.casade hilario.com

- 🛏 Habitación doble: desde 95 €.

Casa con 7 habitaciones, terraza y piscina al lado de un mar de lava.

La Casona de Yaiza

- ✉ Valle de Fenauso, 11.
- ☎ 928 836 262.
- 🖥 https://casonadeyaiza.com
- 🛏 Habitación doble: desde 105 €.

Hotel que recrea el arte del Renacimiento italiano en su interior. Con un restaurante de gran calidad.

Hotelito La Era B&B

- ✉ Calle El Barranco, 3.
- ☎ 928 830 016.
- 🖥 http://hotelito.laera.com
- 🛏 Habitación doble: 100 €.

Silencio y tranquilidad. Decoración con gusto y comodidad.

Hotelito el Campo B&B

- ✉ Vista De Yaiza.
- ☎ 660 675 188.
- 🛏 Habitación doble: desde 70 €.

Alojamiento cómodo y bien ubicado, tranquilo y con desayuno.

▌Calendario de fiestas

▌Febrero

Carnaval

Desde luego, no tienen la proyección internacional de los carnavales de Tenerife y Las Palmas, pero el de Arrecife es también de una vistosidad y alegría que sorprende al visitante. En la villa de Teguise desfilan los Diabletes.

▌Marzo

Sonidos líquidos

Festival de música en el corazón de La Geria. Música, vino y gastronomía en un entorno espectacular. Realizan conciertos en distintas bodegas de La Geria.
https://sonidosliquidos.com

▌Junio

Corpus Christi

Una de las fiestas más importantes de la isla. En Canarias es habitual que se realicen alfombras de flores frente a las iglesias, pero como en Lanzarote las lluvias son escasas, los habitantes de la isla

realizan alfombras de sal teñida de colores.

▌Julio

Canarias Jazz & Mas

Inició su andadura en 1992 en Gran Canaria y con músicos de las islas, alcanzando un notable prestigio internacional. Se realiza en la Avenida Marítima de Arrecife.
https://canariasjazz.com

▌Agosto

Fiestas de san Ginés

Fiesta grande en Arrecife y una de las más importantes de Lanzarote. Y es en verano cuando se concentran el mayor número de fiestas patronales, aunque las más destacadas las en-

contraremos en localidades costeras como Punta Mujeres, Arrieta, Caleta de Famara y La Santa.

▌Septiembre

Festividad de los Dolores

Se celebra el 15 de septiembre en el municipio de Tinajo en honor a la Virgen de los Dolores o de los Volcanes (patrona de Lanzarote). Los ciudadanos de Tinajo, en el siglo XIII, pidieron el amparo de la Virgen frente a la amenaza de las coladas de lava que se aproximaban a sus casas. Alcanzar Mancha Blanca y presentar los respetos a la Virgen forma parte del ritual.

TRANSPORTES

Aéreos

Aeropuerto de Lanzarote
✉ A 7 km de la capital de la isla, Arrecife.
☎ 913 211 000.
🖰 www.aena.es

Iberia
☎ 913 336 701.
🖰 www.iberia.com

Vueling
☎ 900 645 000.
🖰 www.vueling.com

Air Europa
☎ 911 401 501.
🖰 www.aireuropa.com

Ryanair
🖰 www.ryanair.com

Binter Canarias
☎ 928 327 746.
🖰 www.bintercanarias.com

Desplazamientos desde el aeropuerto

Taxi:
🖰 www.lanzarotetaxi.com
   www.rideways.com

Autobuses:
Paradas en la T1 y T2.
☎ 928 811 522.
🖰 https://arrecifebus.com
Línea 22: Arrecife-Aeropuerto.
Línea 23: Arrecife-Aeropuerto-Playa Honda
Línea 61: Aeropuerto-Puerto del Carmen-Uga-Playa Blanca
Línea 161: Aeropuerto-Puerto del Carmen-Playa Blanca
Línea 162: Estación Arrecife-Aeropuerto-Puerto del Carmen-Playa Blanca

Líneas marítimas

Armas Trasmediterránea
☎ 902 220 225, 928 517 912.
🖰 https://armastrasmediterranea.com
Enlaces desde Arrecife con Cádiz, Fuerteventura, La Palma, Gran Canaria y Tenerife.

Fred Olsen Express
✉ Playa Blanca.
☎ 922 290 070, 928 290 070 .
🖰 www.fredolsen.es
Enlaces desde Playa Blanca con Fuerteventura (Puerto de Corralejo) con una duración de 25 minutos.

Líneas Marítimas Romero
☎ 928 596 107.
🖰 www.lineasromero.com
Salidas desde Órzola y La Graciosa desde las 8.30 h (duración de 25 min). También enlace de Lanzarote (Playa Blanca) con Fuerteventura (Puerto de Corralejo).
🚢 Ida/vuelta adulto: 28 €.

Biosfera Express
✉ Las Quemaditas, s/n. Puerto de Órzola.
☎ 928 842 585.
🖰 https://biosferaexpress.com
🚢 Ida/vuelta adulto: 28 €.
Línea marítima regular Órzola-La Graciosa. Salidas desde las 8 h (duración de 25 minutos).

Excursión en catamarán

I Love la Graciosa
☎ 928 842 055.
🖰 www.lineasromero.com
🕐 Salida de Órzola a las 11h, llegada media hora después a La Graciosa. Vuelta a Órzola a las 16 h en invierno y a las 17 h en verano.
🚢 Adultos: 69 €; niños: 45 €.
Catamarán de las Líneas Romero. Paella preparada a bordo, barra libre y actividades acuáticas; snorkel, kayaks y grandes colchonetas.Visita a la localidad de Caleta de Sebo con guía. Autobús desde el hotel.

Water taxi La Graciosa
✉ En el muelle.
☎ 676 901 845.
Excursiones por el Archipiélago Chinijo-La Graciosa, desde Lanzarote, Famara y Órzola.

Transporte terrestre

Las guaguas o autobuses son el medio de transporte más económico para moverse por la isla. Hay combinaciones para llegar a casi todos los pueblos y principales centros turísticos. En la Estación de Guaguas se pueden adquirir bonos, con los que cada viaje sale un 20% más barato.

Estación de Guaguas
de Arrecife
✉ Rambla Medular, s/n.
☎ 928 811 522.
🖰 https://arrecifebus.com

❙ Taxis

Radio Taxi Arrecife
☎ 928 800 806.
🖰 www.taxidearrecife.com

Lanzarote Taxi
☎ Haría: 982 835 368.
Teguise: 982 806 233.
Playa Honda: 982 520 176.
Tías: 982 524 220.
Tinajo: 982 524 222.
San Bartolomé: 982 520 176.
Yaiza: 982 524 222.
🖰 www.lanzarotetaxi.com

❙ Alquiler de automóviles

Oferta muy variada. Oficinas en el aeropuerto de Lanzarote y en muchos puntos de la isla.

Auto Reisen
☎ 928 846 255.
🖰 https://autoreisen.com

Autos Cicar
☎ 928 822 900.
🖰 www.cicar.com

Europcar
☎ 911 505 000.
🖰 www.europcar.es

Hertz
☎ 928 846 190.
🖰 www.hertz.es

Payless
☎ 928 822 900.
🖰 www.payless.es

Topcar
☎ 828 913 118.
🖰 https://top-car-hire.com

❙ Alquiler de bicicletas

Bike Graciosa Island
✉ La Caletilla, 2. Caleta del Sebo.
☎ 626 507 458.
🖰 www.bicicletaslagraciosa.com

Papa Rent
☎ 628 577 761.
🖰 https://paparentlanzarote.weebly.com

Papagayobike
✉ La Tegala, 13. Playa Blanca.
☎ 928 349 861.
🖰 www.papagayobike.com

OFICINAS DE TURISMO

O.I.T. Intercambiador de Guaguas
✉ Av. Fred Olsen, 29. Arrecife.
☎ 928 155 999.
🖰 www.arrecife.es
🖰 https://turismolanzarote.com

O.I.T. Puerto de los Mármoles
✉ Muelle de los Mármoles, s/n. Arrecife.
☎ 928 844 690.

O.I.T. Marina Lanzarote
✉ A. Olof Palme, s/n. Local B7. Arrecife.
☎ 928 844 690.

O.I.T del Aeropuerto de Lanzarote
✉ Terminal de llegadas T1.
☎ 928 347 293.

O.I.T. de Costa Teguise
✉ Avda. Islas Canarias, s/n (junto al Pueblo Marinero).
☎ 928 592 542.
🖰 www.turismoteguise.com

O.I.T. de Haría
✉ Plaza de la Constitución, 1.
☎ 928 835 251.
🖰 http://turismoharia.com

O.I.T. de Playa Blanca
✉ Varadero, 3. Playa Blanca.
☎ 928 518 150.
🖰 https://yaiza.org

O.I.T. de Puerto del Carmen
✉ Avda. de las Playas, s/n.
☎ 928 510 542.
🖰 www.puertodelcarmen.com

O.I.T. de Puerto del Carmen El Fondeadero
✉ Centro Cívico El Fondeadero. Lanzarote, 1- local 9.
☎ 928 513 351.

Ayuntamiento de San Bartolomé
✉ Plaza León y Castillo, s/n.
☎ 928 520 128.
🖰 www.sanbartolome.es

O.I.T. de Teguise
✉ Pza. de la Constitución, s/n (junto al Palacio Spínola).
☎ 928 845 398.
🖰 www.turismoteguise.com
https://teguise.es

Índice de lugares